**伊藤塾** 試験対策問題集

ITO JUKU
SHIKENTAISAKU
MONDAISHU

予備試験 論文

**8**

伊藤 真[監修] 伊藤塾[著]

# 行政法

第2版

弘文堂

## 第2版　はしがき

　2021年で11回目となる予備試験は，年々受験者が増え，合格者数も初回の116人から2021年には467人と約４倍となった。そういう意味では合格しやすくなったといえるが，予備試験における天王山である論文式試験は，第３回目以降合格率が20％前後と変わっていない。この20％のなかに入れるかどうかは，学習の仕方次第であることは間違いない。そして，学習の初期段階で，自分にとって必要な情報をどう見つけ，どう活かせるかが大きく影響してくる。

　2020年に世界中に発生したCovid-19によるパンデミックは国民生活を一変させたのみならず，数多くの行政法上の問題を提起した。わが国では，飲食店や百貨店等に対する営業時短・休業要請が連発され，日本経済全体が疲弊したが，そのようななかにおいても，飲食店等に対する損失補償の要否や憲法の平等原則について十分に議論が尽くされたとはいえない。国民・市民は法律による行政がいかに重要なことかを実感しただけでなく，地方自治のあり方にも大きな関心をもつようになった。このように，昨今公法の領域について国民的な関心が高まっており，公法学習がより意義のあるものになっているといえる。

　伊藤塾は，25年を超える司法試験受験指導の経験をもち，設立当初から圧倒的な合格実績をあげてきた。また，予備試験制度開始時から試験の傾向と対策について研究をしている。そして，そのノウハウを活かして，ちまたにあふれている膨大な情報から予備試験対策に必要なものを集約し，作成したのが本書である。

　第２版では，それらの成果として得たデータをベースに近年の試験傾向を精緻に分析し，刊行することとした。

　初版出版以降も予備試験合格者の司法試験合格率は，2017（平成29）年は72.5％，2018（平成30）年は77.6％，2019（平成31）年は81.8％，2020（令和２）年は89.36％，そして2021（令和３）年は93.5％と更に高くなっている。

　2022年からは，論文式試験において選択科目が追加される。これによって，更に１科目に割ける時間がかぎられてくるだろう。本書は，予備試験合格者および司法試験合格者が出題可能性を意識し議論を重ねて作成したオリジナル問題と，全年の過去問題を掲載しているため，無駄のない学習ができるような構成となっている。かぎりある時間を有効活用し，重要度に応じたメリハリをつけた学習をするためにも，まずは本シリーズを利用して論文式試験を突破し，その先へ着実に進んでほしい。

　最後に本書の改訂に際しては，多くの方のご助力を得た。特に，行政法という科目の特性から，弁護士永野達也氏（新65期）には，実務家としての観点から細部にわたって目をとおしていただいた。また，2020年予備試験合格発表の僅か３か月後に実施された2021年司法試験に優秀な成績で合格された井手俊輔さん，小澤瑞生さんを中心とする伊藤塾の誇るスタッフ，そして，弘文堂のみなさんの協力を得てはじめて刊行することができた。この場をお借りして，深く感謝を申し上げる次第である。

　2021年11月

伊藤　真

# はしがき

## 1 はじめに

　2011年から導入された予備試験も制度として定着し，合格者の数も，毎年大きく増えてきている。

　予備試験を受験する最大のメリットは，経済的・時間的負担がないことである。法科大学院に進学する道を選べば，少なからぬ経済的・時間的負担を強いられる。もちろん，法科大学院には独自の存在意義があるのだが，法科大学院に進学する経済的余裕がない学生や，法科大学院の講義を受ける時間的余裕がない社会人にとって，法科大学院を卒業することは法曹をめざすうえで大きな壁となって立ちはだかっていることだろう。しかし，法曹となるうえで各自の経済的事情や可処分時間の多さは本来関係ないはずである。予備試験は法曹を志すすべての者に門戸を開いている点で法曹の多様性を維持するため必要不可欠な制度であろう。

　予備試験受験のメリットは，経済的・時間的負担がないことだけではない。司法試験の合格率はおよそ20％程度であるが，予備試験合格者は司法試験において高い合格率を誇っている。予備試験合格者がはじめて司法試験を受験した2012（平成24）年の司法試験では全体合格率の約３倍である68.2％を記録し，2013（平成25）年は71.9％，2014（平成26）年は66.8％，2015（平成27）年は61.8％，2016（平成28）年は61.5％，2017（平成29）年は72.5％と圧倒的な合格率を維持している。もちろん，この合格率は予備試験合格者がはじめて司法試験を受験した2012年から2017年にいたるまで６年連続で全法科大学院を差しおいて１位の合格率である。

　このように，予備試験にはいくつものメリットがあり，予備試験に合格することは，みずからの可能性を広げることにほかならない。そして，本書は，その予備試験合格への道を切り開くものである。

　本書を通して，法科大学院卒業生に勝るとも劣らぬ実力を身につけ，ひとりでも多くの受験生が予備試験に合格されることを切に望んでいる。

## 2 本書の特色

### 【1】問題の厳選

　予備試験に合格するためには，短答式試験，論文式試験，口述試験のすべてに合格しなければならない。そして，そのなかで最大の難関が論文式試験である。論文式試験では，憲法，行政法，民法，商法，民事訴訟法，刑法，刑事訴訟法，法律実務基礎科目として刑事実務基礎科目と民事実務基礎科目，一般教養科目から出題される＊。したがって，論文式試験に合格するためには，これらの科目について十分な対策をしなければならない。

＊　初版当時の試験科目である。2022（令和４）年より，一般教養に替え，司法試験と同じ選択科目が加わる。

　しかし，闇雲に勉強をしては，すべての科目に十分に目をとおすことはできない。本書は，かぎられた時間のなかで最大の成果をあげるために，予備試験合格に直結するよう最良の問題を選定し

ている。

　本書では短期間で高い学習効果が得られるように，予備試験においても圧倒的な合格実績をだしている伊藤塾の『伊藤塾　試験対策問題集』（弘文堂）のなかから予備試験での出題可能性が高い問題を選定して掲載している。また，予備試験実施からの全年の問題を登載しているばかりでなく，予備試験合格者が出題可能性を意識して，議論を重ねて作成したオリジナル問題を登載している。厳選されたこれらの問題に取り組むことによって本試験でも通用する真の実力を身につけられるであろう。

## 【2】初学者への配慮

　初学者にとっては，本書のような問題集を用いて問題演習を行うことは，ハードルが高いと思われるかもしれない。しかし，本書は，そのような受験生であっても十分に問題演習の効果が得られるようにこれまでにない工夫をしている。

　「第2部　応用編」では，それぞれの問題に「思考過程」という項目を設けた。ここでは，予備試験合格者の思考過程を忠実に再現するのみならず，各問題についての基本的知識への言及や判例・学説の紹介などをできるだけ丁寧に説明をした。予備試験合格者の思考過程をここまで丁寧に再現した問題集はほかにはないと自負している。

## 【3】過去問の徹底的な分析

　予備試験の論文式試験対策において，もっとも重要な位置を占めるのが，過去の予備試験問題の分析である。過去問の分析なくして試験対策の完成はありえない。そこで，本書では，これまで実施されたすべての予備試験過去問に対して徹底した分析を加えた。

　たとえば，初版刊行時の2017（平成29）年予備試験論文問題のなかには，過去問と同様の論点が出題されている科目もある。この事実から過去問の徹底的な分析は合格のために非常に有意義であるといえる。

## 3 本書の構成

　本書は大きく分けて2部構成になっている。以下で詳しく述べる「第1部　基礎編」と「第2部　応用編」をこなすことによって，予備試験合格に必要な重要論点が網羅できるものとなっている。予備試験合格にとって重要な鍵のひとつは重要論点の網羅である。問題選定にあたっては，基礎編と応用編で論点の重複がなるべく生じないように配慮している。

　第1部の基礎編は，『伊藤塾　試験対策問題集』のなかから特に学習効果が高く予備試験対策に資する問題を厳選して収録している。基礎編は，予備試験において出題可能性が高い基本的論点を身につけてもらうことを意識して問題を選定している。基礎編の問題を通じて磐石な基礎を身につけてほしい。

　第2部の応用編は，今まで実施された予備試験論文式問題をすべて収録している。また，予備試験合格者作成のオリジナル問題も収録している。

　予備試験合格のためには，過去問を深く吟味することが必要不可欠である。過去問を中心に，過去問と質，難易度の双方において遜色ないオリジナル問題を繰り返し学習してほしい。

## 【1】第1部　基礎編

### (1)　問題

　前述したように，第1部では『伊藤塾　試験対策問題集』のなかから特に学習効果が高く予備試験対策に資する問題を厳選して収録している。応用編とあわせて1冊で論点を網羅しているため，基本的知識の確認・論述の方法を基礎編で身につけて，応用編に進んでほしい。また，第1部では学習の便宜上分野別に問題を並べている。

　法律の学習において，メリハリづけはきわめて重要である。学習レベルや可処分時間に応じてマスターしておいたほうがよい問題が異なる。重要度は，論点の重要性，予備試験における出題可能性等を総合的に勘案して設定している。もっとも，問題を厳選しているため，重要度が低い問題はほとんどない。時間に余裕があれば，すべての問題に目をとおしておくべきであろう。ランクづけについては，以下の目安に従ってほしい。

　　　必ずおさえるべき問題　Aランク：予備試験に出題される可能性が十分に高い論点を含む問題。
　　　　　　　　　　　　　　　　　　　　必ず論証をおさえておくべき問題である。

　　　まわりと差をつける問題　B⁺ランク：Aランクには及ばないものの，予備試験に出題される
　　　　　　　　　　　　　　　　　　　　可能性がある問題。ここについてもマスターしておく
　　　　　　　　　　　　　　　　　　　　必要がある。

　　　一読しておくべき問題　Bランク：他の問題と比較して，論点の重要性はやや下がる問題。余
　　　　　　　　　　　　　　　　　　　　裕のある者は，論述の流れだけでもおさえておけるとよい。

### (2)　答案例

#### ア　論述部分

　各問題について答案例を付した。各答案例には，伊藤塾がこれまで築きあげてきた答案作成のノウハウが詰まっている。各答案例を吟味して，答案作成のノウハウを学んでもらいたい。

　また，答案例は，理想の答案を示すと同時に現実的な答案となるように心掛けた。答案はかぎられた時間および紙面で作成されるものである。予備試験では4頁以内の答案を作成しなければならない。そこで，基礎編の答案例では，問われている内容の量からして，多くの受験生の標準であると思われる1行27字程度を目安に作成している。

　なお，答案例は数ある正解のなかのひとつでしかない。ここに掲載した答案例以外にも正解の道筋がある。答案例を分析するのみでなく，ほかにどのような正解の道筋があるかを考えてみることで，より問題に対する分析力や法的思考力が身につくことだろう。また，答案例以外の道筋については，優秀答案や答案作成上の注意点において言及している。ほかの道筋を考えるうえで参考にしてもらいたい。

　答案例の作成にあたって，心掛けている点を以下にまとめた。特に初学者は論述の参考にしてほしい。

#### (ア)　流れのある答案となるように心掛けた

　答案の善し悪しは流れで決まる。そこで，本書では接続詞を多用して，論理的な文章を心掛けている。合格答案のイメージづくりの参考にしてほしい。

　特に初学者は，初期からしっかりした答案のモデルに触れることが短期合格の秘けつである。おおいに参考にしてほしい。

　また，答案の論理の流れも，できるだけ単純なロジックを心掛けた。単純明快でわかりやすい答案ほどレベルが高いと考えられるからである。言い換えると，シンプルで読みやすい答案ほど評価

が高い。そこで，論理の流れは次のように単純化している。これにより，理解が容易になり，さらに，理解した後の記憶の負担が劇的に減少する。論理の流れがワンパターンとの批判もありうるであろうが，むしろパターン化したほうが，自分の考えを正確に伝えることができるし，問いに答えた答案を作りやすい。判決文のパターンをまねるべきである。たとえば，

「たしかに，しかし，したがって（そこで），……」

「この点，そうだとすれば，したがって，……」

「この点，そうだとすれば，もっとも，そこで，……」等

(イ)　積極的に改行して余白部分を作り，視覚的に読みやすい答案をめざした

答案は読んでもらうものである。採点者は1通にそれほど時間をかけられず，しかも，かなりの数の答案を読まなければならない。読み手の負担を軽減する方策をとることは，読み手に対する礼儀である。まず視覚的に読みやすい印象を与えることはきわめて重要なことだと考えている。

「たとえば，」「本来ならば，」「また，」「さらに，」で改行するのは，日本語の使い方としておかしいであろうが，採点者の便宜を考えて，積極的に改行している。

(ウ)　法的三段論法を意識したナンバリングにした

法律文書の基本は，法的三段論法である。そこで，大前提として規範を立てる部分と，小前提として事実認定をする部分と，あてはめによる結論部分とを意識的に改行して項目立てを分けている。

特に初学者は，このナンバリングを参考に法的三段論法の書き方をマスターしてほしい。

イ　右欄のコメントおよび該当する答案部分の作成方法

答案例の分析の手助けとして右欄にコメントを付した。右欄コメントでは論述の際の注意点や事実および事実に対する評価の部分などがわかるように記載している。答案例の分析に役立ててもらいたい。

以下は，コメントをするに際しての指針である。特に初学者であれば答案作成のノウハウとしてぜひ一読してほしい。

(ア)　問題文からの要件定立（オウム返し）

問題文：「……，甲は乙に対して売買代金の請求ができるか。」

書き方：「甲が乙に対して，売買代金の請求ができるためには，売買契約が成立していることが必要である。」など

よくないオウム返し（形式的オウム返し）の例：「甲は乙に対して売買代金の請求ができるか。まず，前提として，売買契約が成立しているかが問題となる。」

読み手（採点者）は，思わず「あなたに聞いているんですよ。」とツッコミたくなるであろう。

(イ)　問題点の抽出

事実から入り，問題点を抽出する。

答案を作るにあたって，事案を解決するために論点を書くという姿勢が不可欠である。つまり，なぜ論点となるのか，という思考過程を示すのである。問題文を見てはじめて現場で考えて書くべき部分なので，書き手の実力がそのまま現れることになる。事実から離れて論点を展開すると，いかにも論点主義的な印象を与え，さらに思いつきでしか論点を抽出しないため，論点落としや論点外しの危険を伴うことになる。これらを避けるという点で大きなメリットとなる。

しかし他方で，文章が長くなる，あてはめと重複する可能性があるなどの短所もあるので，答案構成の段階でしっかりと考えてから書くべきである。

(ウ) 事案の問題提起

問題点の抽出をした後，事案の問題提起（当該事案固有の問題提起を伊藤塾ではそうよんでいる）をしてから，論点の問題提起（抽象論）を展開するのが理想である。

また，事案の問題提起に対応させて，三段論法の帰結を書くのが理想である。

(エ) 論点の問題提起

論点自体の問題提起のことで普遍的なものを伊藤塾ではこうよんでいる。これは事前に準備できる部分である。この問題提起のところだけを読んで，何の論点について論じるのかが明らかになるよう心掛けた（抽象的な問題提起を避けた）。

また，できるだけ中立的な問題提起にした。つまり，問題提起部分のみを読んで特定の立場に立つことがわかってしまう表現は避けた。

そして，条文解釈の姿勢を示すことを心掛けている。できるだけ条文の文言に引きつけて問題提起することが重要である。

こうした点を意識して，普段から典型論点については事前の準備を怠らないようにしたい。

(オ) 原則

多くの場合，論証は原則から入って例外の必要性と許容性を論じることになる。この場合の原則をできるだけ示した。この原則には気を遣ってほしい。原則を間違えると法律がわかっていないと思われ，致命的な結果を招くことがある。

また，例外とは，あくまで例外であるから，「……の場合には」，「……のときには」という留保が付くことに注意すべきである。

原則の後には，必要性や不都合性などの価値判断が入る。なぜなら，原則の結論が正しいのであれば，例外や修正を示す必要がないからである。だからこそまた，原則の後にいきなり法律構成をもってくるのは避けるべきであろう（原則→価値判断→法律構成の順番で書くのが理想である）。

(カ) 論証

できるかぎり，趣旨，本質，根拠，保護法益などの根本からの論証を心掛けた。そのほうが論証に厚みがでるからであるが，より根本的には，法律家の命ともいうべき説得力がこの部分で試されることになるからである。本書では，その場での思いつきのような，場あたり的な理由づけは避けるようにしている。

答案例の立場については，司法試験・予備試験が実務家登用試験であることを考慮して，判例・通説をベースにしている。さらに，試験対策という実践的な要請から書きやすさという点にも配慮している。そのため，大学の学部試験においても有用であろう。

基礎編では，特に初学者の学習効果を高めるために，答案例中の論証部分を色枠で囲んだ。この囲み内の論証は，今後，自分なりの論証を書くうえにおいて基礎となるものである。ベーシックな論証がどのように答案で使われているかを学び，応用編へ進んでほしい。

基礎がしっかりしていないと応用ができないのは言うまでもない。そのため，この囲み内の論証を覚えて試験会場で答案に書き写すのではなく，応用編に進むころには，この論証部分の構造を理解し，本書で学習をし終わるころには，自分なりの論証を書けるようになってほしい。

また，論証は，かぎられた試験時間内に答案を仕上げるにあたり，便利なツールである。1つの論点において，論証が1つということはないから，いくつか作成してみて，試験会場ですんなりと

書けるものを用意しておくと更によいだろう。最初は難しいかもしれないが，答案例ばかりでなく優秀答案も参考にして，自分の論証を考えてみよう。

なお，応用編の答練例においては，画一した論証がないことを意識してもらうためにも，論証部分を色枠で囲んでいない。

㈔　規範

論点の問題提起に対応させたかたちで書く。

　　問題提起：「……が許されるかが問題となる。」

　　書き方：「……は許されると解する。」または「……は許されないと解する。」

　　悪い例：問題提起は「許されるか。」なのに，「……は認められると解する。」「否定すべきである。」

問題提起に対応していないものが悪い書き方の典型である。自分の立てた問題提起に対応させないで規範を定立するのは，日本語の文章としておかしいという感覚をもつことが大切である。

基礎編の答案例においては，規範を定立している部分を色文字で目立つようにした。上記を意識しながら，読んでほしい。

㈗　あてはめ

伊藤塾では創立当初から，あてはめの重要性を訴えてきた。具体的な問題を解決するために法律を使いこなすのだから，このあてはめ部分の重要性は明らかである。また，本試験では，問題文を見なければこの部分は書けないのだから，具体的に考えることができるかという本人の実力がそのまま反映される部分でもある。

まず，問題文の事実の引用を省略しないことである。これは事案を解決するために規範を定立したのであるから当然である。

次に，問題文の事実に評価を加えて認定するのが理想である（事実→評価→認定）。法的三段論法の特長は，このように小前提たる事実認定にも評価が入る点である。事実を自分がどうみるのかを指摘できれば，採点者にアピールできる。ただ，紙面（＝答案用紙）のスペースとの関係で評価を加えながら事実を認定した答案例もある。なお，問題文にない事実を付け加えるのは厳禁である。

あてはめを規範に対応させることも大切である。規範定立したのに，それに対応させないのはあまりにもお粗末である。自分の定立した規範に従ってきちんとあてはめをすることである。これは自分の書いた文章に責任をもてということでもある。

㈘　三段論法の帰結

あてはめの後，事案の問題提起に対応させて，三段論法の帰結を書くのが理想である。ただし，本書ではスペースの関係でできなかったものが多い点はご容赦いただきたい。

㈙　形式的に問いに答える

問題文の問い掛けに形式的に答えることは答案の基本であるが，意外にできていない人が多い。この点は各自の答案ですぐに検証できる部分なので，早い時期から気を遣い，問いに答えられるようにしたい。

　　問題文：「……は適法か。」

　　書き方：「以上より，……は適法である。」「違法である。」

　　悪い例：「以上より，……は許される。」「……は認められない。」など問いに答えていないもの

ウ　条文・定義・趣旨の重要性

㋐　条文

あたり前のこととして軽視されがちであるが，すべての出発点は条文である。条文を正確に示すことも実力のうちということを認識してほしい。法令名や条文番号だけでなく，項や号，前段・後段・本文・ただし書まで正確に引用する方法を参考にしてほしい。

たとえば，行政手続法でいうと，審査基準（行政手続法2条8号），理由提示（行政手続法8条）などの引用は不正確である。それぞれ，審査基準（行政手続法2条8号ロ），理由提示（行政手続法8条1項）などと，正確に引用する必要がある。不正確な条文引用は減点事由となることを認識しておくべきであろう。

㋑　定義

定義が不正確だと，採点者に対して，マイナスの印象を与えてしまう。いわば不合格推定がはたらくといってもよいだろう。ただ，むやみに丸暗記するのではなく，定義のなかのどの言葉が本質的で重要なのかを意識して記憶するようにしてほしい。

㋒　趣旨

定義と並んで，あるいはそれ以上に重要である。法律の解釈は趣旨に始まり趣旨に終わるといってもよいほどよく使うので，理解して正確に表現しなければいけない要素である。

論点を論述する際には，趣旨から論証できると説得的になり高い評価が得られるであろう。

(3)　優秀答案

周囲の受験生のレベルを知るひとつの手段として優秀答案を付した。優秀答案であるからもちろんよく論述できている部分もあるが，完璧な答案を試験時間内に作成することは至難の業であり，どのような答案でもミスや論述が不足している部分は存在する。優秀答案からはよい部分はそのまま自己の糧とし，悪い部分は反面教師として学ぶ必要がある。

また，そのための一助として優秀答案にも右欄にコメントを付し，よい部分，悪い部分を明確に指摘した。これによって，より深く優秀答案の分析ができることだろう。

なお，予備試験の場合，論述は4頁（1頁22行目安）以内に収めなければならない。書くスピードは人によってさまざまであるから，試験時間内に自分がどれだけの分量を書くことができるかを知っておくことも重要である。

(4)　答案作成上の注意点

受験生が誤りがちなポイントや高得点をとるためのポイントについて記載している。答案例とは異なる見解からの論述についても言及している。

合格者が作成しているため，合格者であればどのように答案を作成するのかという視点も知ることができる。

(5)　答案構成例

答案構成にも2種類のものがある。実際に答案を書く際に，15分から20分くらいで作成するメモ書きとしての答案構成と，ある問題を学習した後に復習として作る答案構成である。本書の答案構成は後者にあたる。これは試験直前に，それまで勉強したことを総復習する際に，手軽に記憶を喚起できるように作成したものである。

## 【2】第2部　応用編

### (1) 問題

前述したように，第2部では，予備試験過去問を中心に収録している。

### (2) 思考過程

思考過程では，実際の予備試験合格者の思考過程をできるかぎり丁寧に記述した。実際の答案は，多くの思考を経たうえで作成されている。しかし，通常の問題集にはその思考過程が十分示されることはなく，どのような思考過程を経て答案例が作成されているのか不明であることが多い。また，実際の予備試験合格者の思考過程を知る機会はほとんどないが，予備試験合格者が，問題を見てどのような思考過程を経たうえで答案を作成しているのかを学ぶことは，予備試験対策としても非常に有意義である。

そこで，本書ではできるかぎり丁寧に思考過程を記述することで，予備試験合格者の思考過程を追体験してもらうことを試みた。この思考過程を徹底的に分析することで，予備試験合格者の思考過程を身につけてもらいたい。

### (3) 答案例

応用編は，問題の難易度も比較的高度なものとなっており，答案例は，いちおうの完全解を想定しているが，合格レベルに達するには，ここまで書ける必要はない。答案例を目標にしつつ，自分であれば，いかなる答案を書くことができるのか，理想の答案を確立してほしい。

なお，応用編の答案例では，本試験における多くの受験生の標準であると思われる1行31字程度を目安に作成している。

### (4) 優秀答案

優秀答案は，すべて予備試験合格者が書いた答案である。各年の予備試験に合格した者のA評価の答案を採用している。また，合格発表前の問題については，予備試験合格者が，A評価相当であることと試験時間内に書ける答案であることを意識して作成している。オリジナル問題についても，予備試験合格者が作成した答案を優秀答案としている。

予備試験合格者といえども，時間内で完璧な答案を書くことは至難の業である。どの程度書ければA評価の答案に達するのかを知り，感覚を養ってほしい。また，合格者でもこの程度かと自信をもってもらってもよいだろう。

### (5) 出題趣旨

各問題に，問うている事柄や能力を明確にするために出題の趣旨を用意した。予備試験については，法務省が公表している出題の趣旨を掲載した。また，オリジナル問題については，当該問題を掲載した理由についても言及している。

### (6) 優秀答案における採点実感

答案全体のよい部分や悪い部分，更には右欄のコメントでは説明しきれなかった部分を優秀答案における採点実感で説明した。答案の採点官が実際に答案を読んだときにどのように評価する可能性があるかを示している。この部分から採点官は，答案のどのような部分を評価し，どのような部分を評価しないのかを学びとってもらいたい。

### (7) 再現答案からみる合格ライン*

本書は，平成29年予備試験論式試験合格発表前に制作されたものである。そのため，いかなる論点が書けていればよいか，いかなる論点は落としてもかまわないかについては明確には断言できないところがある。

予備試験の論文式試験に合格するためには，すべての科目においてA評価をとる必要はない。合格するためには，むしろE〜F評価をとらないことが重要である。今までの予備試験をみると合格ラインは，B〜C評価の答案といえる。この評価をとるためには，他の受験生が書いている論点に言及し，まわりに差をつけられない守りの姿勢が重要となる。

そこで，伊藤塾に集められた数多くの再現答案を読み，どれだけの水準に達していれば十分であるか受験生の相場の分析を試みた。

また，他の受験生が実際にかぎられた時間内で作成された答案がどのようなことを書いているかを知ることは非常に有意義なことである。「再現答案からみる合格ライン」を読んで，みずからの答案を合格答案にしてほしい。

*本項目は，本書の制作終了までに，法務省より予備試験論文式試験の出題趣旨が公布されていない場合に設けている。

## 【3】論点・論証一覧

本書の末尾には，実際に答案で用いた論証を一覧にしてまとめている。読者の復習の際の便宜を考え，答案例から実際に用いられた論証を抜粋して末尾に記載することとした。

ちまたに出版されている論証集は，冗長にすぎるものが散見される。長い論証では，理解の助けにはなるものの，実際に現場で答案を書くときには，そのすべてを吐きだすことはできない。予備試験はかぎられた時間内での戦いであるから，実際にそのまま貼り付けることのできる論証を事前に準備することが合格のための重要なポイントとなる。

本書の論証一覧は，実際に答案例で用いられている論証をまとめているため，そのまま自分の答案に表すことも可能である。また，本書の論点・論証一覧をベースとしつつ，現場で書きやすいように自分なりのアレンジを加え，よりよい論証を事前に準備して，本番にのぞんでほしい。

## 【4】条文の表記

本シリーズは，原則，書名にある法律名の記載を省略している。つまり，「民法」の本であれば，民法以外の法律名が表示されないかぎり「民法」と表記していない。

しかし，本書においては，行政事件訴訟法，行政手続法，行政不服審査法，国家賠償法といった主だった法律のほか，建築基準法，都市計画法，旅館業法などの個別法分野も多数掲載されている。そこで，答案例においては，原則としてすべて法律名を表記することとし，法律名の表記が重複する場合には，例外的に法律名の記載を省略することとした。

答案例においては，実際に答案を書く際に利用できるような表記としている。

# 4 本書の使い方

## 【1】初学者（まだ答案を書いたことがないか，書き方がわからない人）

まずは，ここまでに示した答案のノウハウを熟読し，しっかりと理解・記憶してほしい。そのうえで，Aランクの問題を先に解いてみてほしい。

その際，いきなり答案構成をしたり，答案を書いたりすることは，非効率的で，およそ不可能である。まず，問題文と答案例を対照して，どのように書いたらよいのかを分析してみよう。そのと

きには，右欄のコメントを参考にするとよいだろう。

　また，条文，定義，趣旨などの基本事項がいかに重要であるかを認識してほしい。もちろん重要性を認識したら，カードを作るなどして繰り返し覚える努力を惜しまないでほしい。

　答案作成の方法がわかったら，実際に答案構成をしてみるか，答案を書いてみるとよい。わかったつもりでいたところが，いざ書いてみようとすると記憶が曖昧で書けないなど，自分の弱点が見えてくるはずである。弱点を突きつけられたとしてもそれに負けずに，一歩一歩確実にしていくことが今後の力となる。

　そして，一度答案構成をしたり答案を書いた問題でも，何度か繰り返してやってみてほしい。それによってその問題が解けるだけではなく知識や答案の書き方が身についてくる。問題文の右上にCHECK欄を作ったのは，何回勉強したか自分で記録するためのものである。

## 【2】中級者以上（答案を書いたことがあるが，本試験や答練でよい評価を得られない人など）

　まずは，問題を見て，答案を作成してほしい。少なくとも答案構成をしてほしい。問題文を読んで即座に思考過程や答案例を読むことはお勧めしない。実際に答案構成をし，答案を作成するなど各問題と深く向き合うことで，はじめて真の実力が身につく。したがって，時間があるかぎり，答案を実際に作成するのがよいだろう。特に，過去問については実際に答案を作成してほしい。

　次に，自分の答案を答案例や優秀答案と見比べて，どこが違っているかを確認する。たとえば，事実を引用せずに，いきなり「それでは，……であろうか。」などと問題提起をしていないか。つまり，「それでは」は，前の文章を受けていないので，論理が飛躍し，読み手に論述の流れが伝わらない危険性が高い（「まず，前提として」も同じ）。もちろん，これらを使ってはいけないということではない。本当に「それでは」でつながるのか，本当に「まず，前提」なのかを自分でチェックしてみることである。

　また，抽象的な問題提起をしている，定義が不正確である，あてはめと規範が対応していない，問いに答えていない，など自分の欠点を見つけ，改善すべきところを探る。こうして自分の書いた答案を添削するつもりで比較検討するのである。欠点のない人はいないのだから，それを謙虚に認めることができるかどうかで成長が決まる。

　そして，答案例や優秀答案から基本事項の大切さを読みとってほしい。この点の再認識だけでもおおいに意味があると思う。答案作成にあたって，特別なことを書く必要はないということが具体的に実感できるであろう。ぜひ，基本事項の大切さを知ってほしい。人と違うことを書くと，大成功することもあるが，大失敗する危険もある。そのリスクに配慮して書かない勇気というものもある。また，たとえ加点事由でもあっても，基本事項を抜きにして突然書いてみてもほとんど意味がない。基礎点のないところに加えるべき点数などないことを知るべきである。

　また，答案例・思考過程を読み過去問を分析することは予備試験合格にとって重要なことである。過去問の分析をすることにより，予備試験ではどのような問題が出題されるのか，ある問題に対してどこまで論述できなければならないのか，合格ラインに達する論述を行うためにはどのような学習をする必要があるのかということが明確になるだろう。ゴール（過去問＝本試験問題）から逆算して，どのような学習を行えばよいのかを考えることで，合格に直結する最短距離での学習ができるはずである。本書を有効に活用し，過去問を徹底的に分析してもらいたい。

　最後に，自分の答案の表現の不適切さなどは，自分自身では気づかない場合が多い。本書の問題を使って答案を作成した後に，できれば合格者に答案を見てもらう機会をもてるとよい。また，受

験生同士で答案の回し読みをすることも一定の効果があるので，ゼミを組んで議論するのもひとつの手であろう。ほかの人に答案を読んでもらうことによって，独りよがりの部分に気がつくこともしばしばある。ただし，ゼミの目的と終わりの時間をしっかりと決めて参加者で共有しておかないと，中途半端なものとなり時間の無駄に終わることがあるので注意してほしい。

## 5 おわりに

　本書は，予備試験論文式試験における合格答案を書くためのノウハウが詰まっているテキストである。冒頭でも述べたが本書は，予備試験合格への道を切り開くものである。本書を十分に学習すれば，問題分析の仕方や予備試験合格者の思考，論述作成の方法などを知ることができ，行政法はもちろん他の科目にもよい影響を与えることができるだろう。そういった意味では，本書はすべての科目に共通する分析の仕方，考え方，論述の仕方を示しているといってよい。

　本書に収録されている問題と深く向き合い，本書を有効に活用することでひとりでも多くの受験生が予備試験に合格することを切に望んでいる。

　なお，本書の制作に際して，多くの方のご助力を得た。特に2016年に予備試験に合格し，翌2017年に司法試験に合格した青木祐也さん，秋元勇研さん，田中貴大さん，野口智之さん，武藤敏之さん，山田智裕さんの6名には，優秀な成績で合格した力をもって，彼らのノウハウを惜しみなく注いでいただいた。また，伊藤塾の書籍出版において従前から貢献していただいている永野達也氏（新65期）には，実務家としての必要な視点をもってして内容をチェックしていただいた。そして，伊藤塾の誇る優秀なスタッフと弘文堂のみなさんの協力を得て，はじめて刊行することができた。ここに改めて感謝する。

　　　2017年9月

伊藤　真

## ★参考文献一覧

　本書をまとめるにあたり多くの文献を参照させていただきました。そのすべてを記すことはできませんが主なものを下に掲げておきます。なお，本書はいわゆる学術書ではなく，学習用の教材ですので，その性質上，学習において必要な部分以外は引用した文献名を逐一明記することはしませんでした。ここに記して感謝申し上げる次第です。

　　宇賀克也・行政法概説Ⅰ［第7版］（有斐閣・2020）

　　宇賀克也・行政法概説Ⅱ［第7版］（有斐閣・2021）

　　宇賀克也・新・情報公開法の逐条解説［第8版］（有斐閣・2018）

　　小澤道一・逐条解説土地収用法（上）（下）［第4次改訂版］（ぎょうせい・2019）

　　櫻井敬子＝橋本博之・行政法［第6版］（弘文堂・2019）

　　塩野宏・行政法Ⅰ［第6版］（有斐閣・2015）

　　塩野宏・行政法Ⅱ［第6版］（有斐閣・2019）

　　高木光＝宇賀克也・行政法の争点（有斐閣・2014）

　　宇賀克也＝交告尚史＝山本隆司・行政判例百選Ⅰ・Ⅱ［第7版］（有斐閣・2017）

　　吉野夏己・紛争類型別　行政救済法［第3版］（成文堂・2012）

　　中原茂樹・基本行政法［第3版］（日本評論社・2018）


【その他】

判例時報（判例時報社）

判例タイムズ（判例タイムズ社）

法学セミナー（日本評論社）

法学教室（有斐閣）

# 目　　次

# ❨ 伊藤塾合格エッセンス ❩

　試験対策問題集シリーズに掲載されている問題やここで記載したような学習方法は，伊藤真塾長や伊藤塾で研究・開発した数多いテキストや講義のうちの一部を紹介したにすぎません。「伊藤塾の講義を体験してみたい」，「直近合格者の勉強方法をもっと知りたい」，「伊藤塾テキストを見たい」，「伊藤真塾長ってどんな人かな」……。そう思ったら，伊藤塾ホームページにアクセスしてください。無料でお得な情報が溢れています。

　　　パソコン・スマホより → https://www.itojuku.co.jp/index.html

┌─────────────────────────────┐
│ 　　**伊藤塾ホームページにある情報の一例**　　 │
└─────────────────────────────┘

　　　塾長雑感（塾長エッセイ）
　　　無料体験講座
　　　合格者の声─合格体験記・合格者メッセージ─
　　　合格後の活躍─実務家レポート─
　　　講師メッセージ
　　　伊藤塾の書籍紹介

　講座は，受験生のライフスタイルに合わせ，在宅（通信）受講と通学（校舎）受講，インターネット受講を用意しています。どの受講形態でも学習フォローシステムが充実しています。

第1部

# 基礎編

　Y市ではリゾート都市宣言を採択し，市長Aが市の広報紙でリゾートホテル誘致を希望する談話を発表するなど，かねてからリゾート施設の誘致による地域振興を計画していた。そこで，2018（平成30）年1月，X企業（以下「X社」という）は，Y市内の海岸にリゾートホテル（以下「本件ホテル」という）の建設を計画し，用地を取得したほか，廃水処理設備の発注や建築資材の搬入等，本件ホテル建設の準備を進めていた。2019（平成31）年3月，Aは，X社の本件ホテル建設に全面的に協力することを言明するとともに，積極的にこれを支援していた。ところが，現場周辺が希少生物の生息地であったことから，周辺住民による大規模な反対運動が起きていた。2021（令和3）年1月に行われた市長選では，この建設の是非が大きな争点となった。そして，新市長の候補者のひとりであったBは，豊かな自然こそがY市が中核市として持続的に繁栄しうる唯一の道であり，いかなる開発も抑制されるべきだと力説した。その結果，Bが周辺住民の支持を得て新市長に選出された。その後，Y市は，リゾート都市宣言を撤回して，地域振興計画を中止するという計画変更を行った（以下「本件計画変更」という）。それに伴い，Y市は，本件ホテル建設に反対する意向を固めたため，X社は，Y市の協力を得ることができなくなり，Y市内の海岸に本件ホテルを建設する計画を断念せざるをえなくなった。その結果，X社は，本件ホテルの準備に要した費用など，多大な損害を被った。

1　X社は，Y市が一方的に協力を拒否したことにつき，Y市に対して国家賠償を請求したい。Y市による本件計画変更につき，X社との関係で，国家賠償法上の違法性が認められるか，論じなさい。

2　かりに，X社が，Y市からの協力の約束や積極的な支援を得ることなく，Y市の計画を一方的に信頼して本件ホテル建設を進めていた場合には，本件計画変更につき，X社との関係で，国家賠償法上の違法性が認められるか。

【論　点】
1　行政計画の変更と信頼保護の原則（信義則）
2　個別的具体的措置を伴わない計画と信義則

第1　小問1について

1　本件計画変更につき，X社との関係で，国家賠償法1条1項の違法性が認められうるか。

　　そもそも，行政計画は社会情勢への対応の必要性から，内在的に変更の可能性を有しており，また，私人は計画の可変性を考慮して行動すべきであるから，計画の中止による損害はみずから負担すべきものとも考えうる。そうだとすると，本件行政計画の変更それ自体はただちに違法とはいえない。　　➡原則

　　もっとも，本問のように，Y市がX社の本件ホテル建設を積極的に支援していたなどの事情がある場合には，計画に伴う個別的具体的措置等をとおして，特定の私人と行政主体との間に一定の信頼関係が形成されていることが通常である。そうだとすれば，信義則上，そのような私人の信頼を法的に保護すべき場合があるといえる。　　➡修正

　　そこで，本件計画変更は，X社との関係において信義則違反を理由として違法性が認められうると考える。　　➡結論

2　では，私人と行政主体の間に個別的具体的措置等がある場合に，信義則違反を理由として違法性が認められるためには，どのような要件をみたす必要があるか。　　➡論点の問題提起

　　そもそも，私人は行政計画に内在する可変性を考慮して行動すべきであり，変更による損害を受忍しなければならないのが原則である。そこで，国家賠償法上の違法性が認められるためには，特定の私人の信頼保護の必要性が強いことに加え，損害が受忍限度を超える場合であることが必要であると考える。

　　具体的には，①施策の決定が，単に一定内容の継続的な施策を定めるにとどまらず，特定の者に対して特定内容の活動をすることを促す個別的，具体的な勧告または勧誘を伴うものであること，②その活動が相当長期にわたる当該施策の継続を前提としてはじめてこれに投入する資金または労力に相応する効果を生じうる性質のものであること，③社会観念上看過することのできない程度の積極的損害を及ぼすこと，④地方公共団体において損害を補償するなどの代償措置を講じなかったこと，⑤代償措置なく計画変更することがやむをえない客観的事情によるのでないことが必要であると解する。　　➡規範定立
➡最判昭和56年1月27日（判例シリーズ3事件）

3(1)　本小問では，Y市はX社の本件ホテル建設を積極的に支援し（要件①），X社は本件ホテル建設の準備を進めている（要件②）。ところが，X社は施策変更により，本件ホテルの準備に要した費用がすべて無駄になるなど社会観念上看過できない損害を被っている（要件③）。また，Y市は損害を補償するなどの代償措置を講じていない（要件④）。したがって，①から　　➡あてはめ（規範に対応させる）

④までをみたす。

（2）次に，⑤やむをえない事情の有無について，選挙に
よる市長の交替を機に計画を中止したことがこれにあ
たるかが問題となる。

たしかに，市長の交替による計画の中止は，住民自
治の原則からして，住民の意思を反映するものとして
合理性を有する。しかし，住民自治の原則は，地方公
共団体の行動が住民の意思に基づくかぎり，何らの法
的責任も伴わないことを意味するものではない。また，
そもそも計画が実行されることを信頼していた私人を
法的に保護すべき必要性には，何ら変わりはない。

そこで，やむをえない事情は，計画が実行されると
信頼した私人の側に帰責性があるような場合に限定し
て考えるべきであり，選挙による市長の交替を機に計
画を中止したことは，やむをえない事情にはあたらな
いと考える。

それゆえ，X社に特段の帰責性がない本件では，⑤
もみたす。

（3）以上より，本小問では，X社との関係で，国家賠償
法1条1項の違法性が認められる。

第2　小問2について

1　X社がY市の計画を一方的に信頼したことにより損害
を被った場合，本件計画変更につき国家賠償法1条1項
の違法性が認められるか。①の要件を欠くため問題とな
る。

2　そもそも，私人が一方的に計画を信頼した場合には，
私人と行政主体との間に個別的具体的措置等がある場合
のような法的保護に値する信頼関係は生じないため，計
画の変更が信義則違反にあたる場合はないようにも思え
る。

3　しかし，法で保護されるべき私人と行政主体の信頼関
係は，必ずしも個別的具体的措置等がある場合にのみ生
じるわけではなく，一般私人との間にも生じうる。

また，行政計画が実効性をあげるためには私人の協力
が要請されるが，計画が改廃されて被害を受けた場合に，
何らの救済も得られないのであれば，協力の調達は困難
になる。それゆえ，信義則違反となる行為の範囲を広げ，
私人の救済の余地を広げることで，計画の実効性を担保
する必要がある。

4　したがって，個別的具体的措置等がなくとも，計画変
更は信義則違反となりうるから，X社が一方的に計画を
信頼したことにより損害を被った本小問でも，本件計画
変更には信義則違反を理由に国家賠償法1条1項の違法
性が認められる。　　　　　　　　　　　　　　　　以上

45

→問題点の抽出

50

→反対利益

→自説

55

→規範定立

60

→結論

65

→問題提起

70

→反対利益

75

→自説

80

→結論

85

1 小問1について

(1) たしかに，住民自治の原則は地方公共団体の基本原則 ⬅〇以下，十分な論証である
であるため，民意の変化に伴い，政策が変化することは
当然ありうることである。そのため，もともとの政策を
信頼した者について，当該政策が変更されたことによっ 5
て損害が生じたとしても，原則として，違法性は認めら
れないと解する。

　しかし，一定の密接な関係を有するにいたった当事者
間においては，相手方に不測の損害を被らせないように
する信義則上の義務が生じると解すべきである。 10

　そこで，このような信義則違反を理由として，違法性
を認めうると解する。

　そして，そのための要件としては，①行政主体が私人 ⬅△判例の規範を正確に論述でき
に特定の施策に従った特定の活動を促す個別具体的な行 ると更によい
為をし，②その活動が施策の相当長期間の継続を前提と 15
するものである場合に，③当該私人に重大な損害を及ぼ
し，かつ，④やむをえない客観的事情によるものでない
ことが必要であると解する。

(2) ①について。本問についてみるに，Y市ではY市議会 ⬅〇あてはめOK
がリゾート都市宣言を採択し，市長Aが市の広報紙でリ 20
ゾートホテル誘致を希望する談話を発表するなど，かね
てからリゾート施設の誘致による地域振興を計画してい
た。そして，X社は，本件ホテルの建設用地を取得した
ほか，廃水処理設備の発注や建築資材の搬入等，ホテル
建設の準備を進めていた。これに対しY市長は，X社の 25 ⬅△正確には「Y市長A」とする
本件ホテル建設に全面的に協力することを言明するとと べき
もに，積極的にこれを支援していた。このような協力態
勢を示すことは，X社において信頼を生じさせ，特定の
活動を促す個別具体的な行為といえる。それゆえ，①を
みたす。 30

　②について。ホテルの建設・運営は，莫大な初期投資 ⬅〇あてはめOK
が必要であるところ，その初期投資を何年もかけて回収
していき，長期的な視野で利益をあげていく活動である。
それゆえ，地域振興の施策が相当長期間継続することを
前提とした活動であるといえ，②をみたす。 35

　③について。前述のように，X社は，本件ホテルの建 ⬅〇あてはめOK
設用地を取得したほか，廃水処理設備の発注や建築資材
の搬入等，ホテル建設の準備を進めていた。本件のよう
なリゾートホテルの建設用地は広大なものが必要であり，
高額といえる。廃水処理設備や建築資材も規模の大きな 40
ものが必要となることから，これらも高額である。そし
て，これらに費やした費用が回収できないとなると，重
大な損害が生じる。それゆえ，③もみたす。

　④について。本問において，特にやむをえない事情は ⬅△やむをえない事情の有無につ
いては，判例を参照してもう少

うかがわれないため，④もみたす。

　　よって，X社との関係で，国家賠償法上の違法性が認められる。

2　小問2について

（1）　前述のように，信義則違反を理由として不法行為責任を追及できるのは，密接な関係を有するにいたったために相手方に不測の損害を被らせないようにする信義則上の義務が生じるからである。そして，Y市からの協力の約束や積極的な支援を得ることなく，Y市の計画を一方的に信頼してホテル建設を進めていた場合には，いわばX社の投資ミスといえ，X社とY市との間で密接な関係が形成させるにいたったとはいえず，X社の信頼は法的保護に値するとはいい難い。

（2）　むしろ，一方的な信頼まで保護して市の賠償責任を肯定してしまうと，行政活動が硬直化するおそれもある。

（3）　そのため，X社が，Y市からの協力の約束や積極的な支援を得ることなく，Y市の計画を一方的に信頼してホテル建設を進めていた場合には，X社のY市に対する国家賠償法上の違法性が認められないと考える。

以上

45
50
55
60

し厚く論じてほしい

⬅○問いに答えている

⬅○思考過程がしっかり示されている

⬅○この結論もOK

⬅△文意がわかりにくい。「X社との関係で，国家賠償法上の違法性」とすべきである

　小問1に関して，行政主体に対する損害賠償請求を考える場合，国家賠償法1条に基づく請求を検討するのが一般的である。本問の素材となった判例（最判昭和56年1月27日〔百選Ⅰ25事件〕）では，国家賠償法1条によるか民法709条によるかは明示していないが，小問1は国家賠償法上の違法性について検討することを求めている。いずれの条文を根拠にする場合でも，行政側の行為の違法性が認められなければならない。この点，行政計画は，内在的に変更される可能性を有している。そのため，行政主体は，原則として，当初の計画内容に拘束されない。しかし，このような原則論を貫くと，計画を信頼した私人が不測の損害を被る場合がある。そこで，信義則を用いて両者のバランスを図ることになる。法律による行政の原理との抵触がない場合には，最高裁は比較的柔軟に信義則の適用を認めていることを覚えておいてほしい。

　小問2では，特定の私人ではなく，一般私人の計画に対する信頼保護の必要性について，小問1と対比しつつ論じていくことになる。答案例では，法で保護されるべき私人と行政主体の信頼関係は必ずしも個別的具体的措置等がある場合にのみ生じるわけではないことなどの理由から違法性が認められるという結論を導いているが，いずれの結論でもかまわないであろう。

　なお，個別的具体的措置の存在がなく計画を変更する場合に信義則がはたらくか，という問題に関しては，計画担保責任という概念が提唱されている。計画担保責任とは，自治体側からの個別的・具体的な信頼を与える行為がなかったとしても，自治体の計画を信頼して行動した者が後の計画変更によって損害を被ったときには，自治体が損害賠償責任を負うべき，という法概念である。もっとも，日本の判例はこのような概念を用いたことはなく，同概念についての議論はいまだ成熟していないため，答案例では言及していない。

## 答案構成 ▌▌▌

第1　小問1
　1　違法性（国家賠償法1条1項）が認められうるかについて
　　　そもそも，行政計画は内在的に変更の可能性があり，私人は変更を受忍すべき
　　　もっとも，特定の私人と行政主体との間に一定の信頼関係が形成されている場合，信義則上，信頼が保護されるべき
　　　そこで，信義則違反を理由として国家賠償請求が認められる場合がある
　2　違法性が認められるための要件について
　　　①個別的，具体的な行為をし，②私人の活動が計画の長期継続を前提に資本投入している場合に，③社会観念上看過できない程度の損害を及ぼすこと，④代償的措置を講じなかったこと，⑤やむをえない客観的事情によるのでないこと，が必要

　3　あてはめ
　　⑴　本小問では，①から④までの要件をみたす
　　⑵　⑤について，やむをえない事情は，計画が実行されると信頼した私人の側に帰責性があるような場合に限定
　　⑶　以上より，違法性が認められる
第2　小問2
　1　違法性の有無が問題となる
　2　そもそも，私人が一方的に計画を信頼した場合，信義則違反にはならないとも思える
　3　しかし，信頼関係は個別的具体的措置等がある場合にのみ生じるわけではない
　4　したがって，信義則違反を理由に，違法性が認められる
　　　　　　　　　　　　　　　　　　　以上

【参考文献】
試験対策講座3章2節[2]【2】⑵。判例シリーズ3事件。

# 第2問 B⁺  公定力

　以下の各小問において，各括弧内の行為が取り消されていないまま，当該訴訟において，原告は，当該括弧内の行為の違法を主張することができるか。なお，各小問における括弧内の行為には，無効事由はないものとする。
1　減給処分を受けた公務員である原告が，当該減給処分後の差額分の給与の支払を求める訴訟を提起した場合（減給処分）
2　タクシー運転手である原告が，自動車運転免許停止処分によって営業上の損害を被ったことを理由に，国家賠償請求訴訟を提起した場合（免許停止処分）
3　納税者である原告が，固定資産の価格を過大に決定されたことによって損害を被ったことを理由に，国家賠償請求訴訟を提起した場合（課税処分）

【論　点】
1　公定力の意義
2　公定力と国家賠償請求

答案構成用紙

第1　小問1について
　1　小問1における主張の可否は，本件減給処分の法的性
　　質に関わるため，まずこの点を検討する。

　　　⟶問題点の抽出

　　　本件減給処分は，原告の本来の給与を得る地位を一方
　　的に失わせる行為であり，公権力の行使としての性格を　5
　　有している。そのため，本件減給処分は行政行為にあた
　　る。

　　　⟶行政行為であることの認定

　2　そして，行政行為は公定力を有する。

　　　⟶行政行為の効力（公定力）

　　　公定力とは，行政行為はたとえ法令に違反していても，
　　権限ある機関によって取り消されるまでは，いちおう有　10
　　効なものとしてその効力が認められることをいう。

　　　⟶公定力の定義

　　　行政行為が一般的に公定力を有するとされる根拠は，
　　取消訴訟を定める行政事件訴訟法の存在そのものに求め
　　られる。すなわち，立法者が取消訴訟という訴訟類型を
　　特に設けた以上（行政事件訴訟法3条2項，3項），処　15
　　分になんらかの違法があるときには，もっぱらこの手続
　　で争うことが想定されており，それ以外の訴訟類型で処
　　分の有効性を争うことは原則としてできないと考えるの
　　である。これは，取消訴訟の排他的管轄と表現される。

　　　⟶公定力の根拠

　3　したがって，本件減給処分は公定力を有する。そして，20
　　給与支払訴訟（実質的当事者訴訟，行政事件訴訟法4条
　　後段）は，本件減給処分の無効を前提とするものなので，
　　本件減給処分の違法の主張は，公定力に抵触するものと
　　いえる。

　　　⟶あてはめ（規範に対応させる）

　4　よって，本件減給処分が取り消されていないまま，給　25
　　与の支払を求める訴訟において，本件減給処分の違法を
　　主張することはできない。

　　　⟶問いに答える

第2　小問2について
　1　本件免許停止処分は，自動車免許の効果を一方的に失
　　わせる行為であり，公権力の行使としての性格を有する。30
　　したがって，本件免許停止処分は行政行為にあたる。

　　　⟶行政行為であることの認定

　　　よって，本件免許停止処分は公定力を有する。

　　　そこで，免許停止処分取消訴訟の取消判決を得ずに国
　　家賠償請求訴訟（国家賠償法1条1項）においてその違
　　法性を主張することが，公定力に抵触しないかが問題と　35
　　なる。

　　　⟶事案の問題提起

　2(1)　この点につき，前述した公定力の根拠からは，公定
　　　力とは取消訴訟の排他的管轄の効果として行政行為を
　　　有効なものとして扱う効力にすぎず，行政行為を適法
　　　なものとする効力までは有していないといえる。　　40

　　　⟶公定力の根拠から

　　　　したがって，取消訴訟以外の訴訟で当該行政行為の
　　　違法性を主張することは，行政行為の有効性を争わな
　　　いかぎり，行政行為の公定力に反せず，許されると考
　　　える。

　　　⟶規範定立

（2）　本小問についてみると，国家賠償請求訴訟では，本 45
　　件免許停止処分の適法性が争われるにすぎず，その有
　　効性が争われるわけではない。
（3）　判例においても，行政処分が違法であることを理由
　　として国家賠償請求をする際には，あらかじめ行政処
　　分の取消判決や無効確認判決を得ておく必要はないと 50
　　の判断が確立している。
　　　したがって，国家賠償請求訴訟において本件免許停
　　止処分の違法性を主張しても，公定力に反しない。
3　よって，本件免許停止処分が取り消されていないまま，
　国家賠償請求訴訟において，本件免許停止処分の違法を 55
　主張することができる。
第3　小問3について
1　本件課税処分は，一方的に納税義務を課す行為であり，
　公権力の行使としての性格を有している。したがって，
　本件課税処分は行政行為にあたる。 60
　　　そこで，小問1，2と同様に，課税処分取消訴訟の取
　消判決を得ずに国家賠償請求訴訟においてその違法性を
　主張することが，公定力に抵触しないかが問題となる。
2（1）　本小問では，国家賠償請求訴訟において行政行為の
　　違法性を主張する場合であるから，小問2によれば， 65
　　本件課税処分の違法を主張することができそうである。
（2）　もっとも，本件課税処分のように，金銭を納付させ
　　ることを直接の目的とする行政処分の場合，当該処分
　　の違法を理由に国家賠償請求を認めてしまうと，当該
　　処分の取消しと同様の経済的効果を得られることとな 70
　　る。そこで，この場合においては，取消訴訟の排他的
　　管轄を認めた趣旨に反するのではないかが問題となる。
　　　ここで，取消訴訟と国家賠償請求訴訟はその目的・
　　要件・効果を異にしている。すなわち，取消訴訟は違
　　法な行政処分自体の取消しを求めるものであるのに対 75
　　して，国家賠償請求訴訟は，国民の損害の填補を目的
　　とし，違法性のほかに主観的要件等も必要とされ，そ
　　の効果も，損害賠償責任を負わせるというものである。
　　　そのため，両者は被害者救済のための別個独立の手
　　段ということができるから，たとえ同様の経済的効果 80
　　が得られる場合であったとしても，取消訴訟の排他的
　　管轄を認めた趣旨に反しないということができる。
（3）　したがって，国家賠償請求訴訟において本件課税処
　　分の違法性を主張しても，公定力に抵触しない。
3　よって，本件課税処分が取り消されていないまま，国 85
　家賠償請求訴訟において，本件課税処分の違法を主張す
　ることができる。
　　　　　　　　　　　　　　　　　　　　　以上

➡あてはめ（規範に対応させる）

⇨最判昭和36年4月21日（民集15
　巻4号850頁）

➡三段論法の帰結（事案の問題提
　起に対応させる）

➡問いに答える

➡行政行為であることの認定

➡事案の問題提起

➡小問2からの帰結

➡問題点の抽出（課税処分の特殊
　性）

➡論点の問題提起

➡目的・要件・効果の比較

➡比較からの帰結
➡論点の結論
⇨判例（最判平成22年6月3日
　〔判例シリーズ17事件〕）

➡三段論法の帰結（事案の問題提
　起に対応させる）

➡問いに答える

1　本問の各事例では，各訴訟において，各行為を取消さな
いまま当該行為の違法を主張することが行政行為の公定力
に抵触し，許されないのではないかが問題となる。

←○本問はすべて公定力について
の問題なので，総論を立てる構
成もOK

　　ここで，公定力とは，一度なされた行政行為が法令に違
反するものであっても，それが無効なものでない限り，権
限ある機関によって取消されるまでは一応有効なものとし
て扱われる，という行政行為一般に認められる効力である。

←○公定力の定義OK

　　この公定力が認められる根拠は，行政目的の早期実現，
及び行政上の法律関係の安定性の観点から，立法者があえ
て取消訴訟（行政事件訴訟法3条2項）を規定したことに
ある（取消訴訟の排他的管轄）。

←○公定力の根拠OK

　　本問では「無効事由はない」ので，各主張は公定力との
抵触が問題となりそうである。そこで，以下，それぞれの
場合について論述する。

←○定義にあてはめる姿勢がよい。
ただ，厳密には各行為が行政行
為にあたるかの認定が必要

2　小問1について

　　本小問での原告の給与支払請求訴訟（4条後段）におけ
る，減給処分が違法であるとの主張は許されるか。

(1)　この主張は，減給処分が違法であることから，それは，
取消されることにより効力を失い，それによって減給処
分後も公務員としての地位を有しており，その地位に基
づく支払請求は認められるべき，とするものである。

←○丁寧なあてはめである。ただ，
「取消されることにより効力を
失い」という表現は不適切

　　とすると，本小問のこの原告の主張は，減給処分の効
力の有無を争うものであり，一応有効なものとして扱う
という公定力に抵触することになる。

(2)　よって，本小問の原告は違法を主張することはできな
い。

←△同じ接続詞が連続している。
(3)と同内容であり，書かなくて
よい

(3)　よって，減給処分が取消されていないまま，給与支払
請求訴訟において，原告は減給処分の違法を主張するこ
とができない。

←○問いに答えている

3　小問2について

　　本問の国家賠償請求訴訟（国家賠償法1条1項）におけ
る原告の免許停止処分の違法主張は許されるか。

(1)　この主張は，当該行為が国家賠償法1項1項の「違
法」に当たる，とするものである。

　　すなわち，小問1とは異なり，本小問の行為の効力の
有無を争っているのではなく，適法か違法かという点を
争っているにすぎない。

←○ポイントをつかめている。
「小問1とは異なり」というア
ピールもよい

　　そして，公定力は前述のとおり，行政行為を一応有効
なものとして扱うというものであり，適法なものとして
扱うというまでのものではない。

←○公定力の理解OK

　　とすると，この違法の主張は，公定力とは次元を異に
するものであり，公定力との抵触は問題とならない。

←○結論OK

(2)　よって，本小問の原告はこの違法を主張することがで
きる。

←○問いに答えている

4　小問3について

　本小問の国家賠償請求訴訟における原告の課税処分の違法主張は許されるか。

(1)　この主張は小問2と同様，当該行為が国家賠償法1条1項の「違法」に当たる，とするものである。

　もっとも，小問2とは異なり，この主張が認められる場合の効果は，課税処分の無効を前提として，過大な固定資産の価格相当分についての不当利得返還請求訴訟（行政事件訴訟法4条後段）において，課税処分の違法を主張する場合と同様である。そして，この場合は，小問1と同様に，この違法を主張することができない。

　とすると，本小問のこの違法の主張は，取消訴訟の排他的管轄を潜脱するものであり，実質的にみて公定力に抵触することになる。

(2)　よって，本小問の原告はこの違法を主張することができない。

以上

45

50

55

60

⬅○本小問の特殊性に気づけており，好印象。「小問2とは異なり」という比較の視点で分析できているのがよい

⬅○判例とは理解が異なるが，このような指摘ができていれば十分評価できる

⬅○問いに答えている

　まず，各小問の行為が行政行為にあたることを示したうえで，各訴訟における主張が公定力に抵触しないかを論じることが要求されている。公定力の概念については，真正面から問われることは少ないものの，重要基本概念である。

　小問1は，典型的な公定力抵触の場面である。前述のとおり，公定力は重要基本概念であるため，受験生には，公定力の定義，および趣旨について正確に答案上に示すことが強く期待される。これができたか否かが，差がつくポイントとなるだろう。なお，公定力の定義については判例（最判昭和30年12月26日〔百選Ⅰ67事件〕）を参照してほしい。

　小問2は，公定力と国家賠償請求という著名論点に関するものである。この点については，判例（最判昭和36年4月21日〔民集15巻4号850頁〕）が公定力との抵触を否定しており，通説もこれに賛成していることから，答案でもこの見解に立ち論述することが無難である。

　小問3も公定力と国家賠償請求の問題であるが，小問2とは異なり，問題となる処分が金銭の納付を命ずる処分である。このような処分につき，その違法を理由とする国家賠償請求を認めれば，実質的に出訴期間を超えて取消訴訟を提起することを認めることに等しい。そのため，公定力との抵触を肯定し，国家賠償請求を否定または限定する学説も存在する。しかし判例（最判平成22年6月3日〔百選Ⅱ233事件〕）は，このような場合についても公定力との抵触を否定した。いずれの説に立ってもよいが，答案を作成する際には，上記判例を意識した論述が求められる。重要判例であるため，小問3の事案の特殊性に気づかなかったならば，この判例を熟読してほしい。

## 答案構成

第1　小問1
1　本件減給処分は行政行為にあたる
2　行政行為の効力として公定力
　　公定力とは，行政行為が違法でも，権限ある機関によって取り消されるまでは，いちおう有効なものとしてその効力が認められること
　　公定力の根拠は，取消訴訟の排他的管轄
3　本件減給処分の違法の主張は，公定力に抵触
4　よって，違法を主張できない
第2　小問2
1　本件免許停止処分は行政行為にあたる
　　国家賠償請求訴訟での本件免許停止処分の違法の主張は公定力に抵触しないか
2(1)　公定力の根拠からは，行政行為を適法なものとする効力までは有していない
　　　したがって，取消訴訟以外の訴訟で当該行政行為の違法性を主張することは，行政行為の有効性を争わないかぎり，行政行為の公定力に抵触せず許される
　(2)　国家賠償訴訟では，本件免許停止処分

の有効性が争われるわけではない
　(3)　したがって，公定力に抵触しない
3　よって，主張できる
第3　小問3
1　本件課税処分は行政処分にあたる
　　そこで，国家賠償訴訟において本件課税処分の違法性を主張することが，公定力に抵触しないか
2(1)　小問2からは問題なく抵触しないとも
　(2)　もっとも，金銭を納付させることを直接の目的とする行政処分の場合，当該処分の違法を理由に国家賠償請求を認めると，当該処分の取消と同様の経済的効果となるため，取消訴訟の排他的管轄を認めた趣旨に抵触しないか
　　　ここで，取消訴訟と国家賠償請求訴訟はその目的・要件・効果を異にしている
　　　そのため，両者は別個独立の手段といえるから，取消訴訟の排他的管轄を認めた趣旨に抵触しない
　(3)　したがって，公定力に抵触しない
3　よって，主張できる　　　　　　　　以上

【参考文献】
試験対策講座4章2節□1【3】(1)。判例シリーズ15事件，17事件。

# 第3問 B⁺ 行政行為の瑕疵

1 「(i)行政行為の瑕疵は，原則として行政行為を取り消しうるものとするにすぎないが，(ii)瑕疵が重大かつ明白な場合には，例外的に行政行為は無効とされるべきである。」との見解がある。

　　下線部分(i)(ii)は，それぞれどのような根拠に基づくものであると考えられるか。

2 Aの友人Bは，債権者からの差押えを回避するために，自己の所有する土地および家屋（以下「本件不動産」という）について，Aに無断で，A名義への所有権移転登記を行っていた。そして，その後，Bは必要に迫られて，A作成名義の売買契約書を偽造して本件不動産をCに売り渡したところ，本件不動産の登記簿に所有権移転登記の変遷が記録されていることを根拠として，所轄税務署長Dは，Aの不動産譲渡所得を認定し，課税処分を行った。しかし，Aは，本件不動産に関する当該売買契約および所有権移転登記にはまったく心あたりがないため，当該課税処分は無効であると主張している。

　　このAの主張は認められるか。なお，本件不動産につきA名義の所有権移転登記がなされたことについて，Aには何らの帰責性もなく，Bに対して課税する余地も十分ありうるものとする。

【論　点】

1　取り消しうる行政行為と無効な行政行為

2　明白性の要件の要否

答案構成用紙

## 答案例

第1　小問1について
　1　行政行為の瑕疵とは，行政行為に違法または公益に反
　　する不当な瑕疵があることをいう。
　　　また，取り消しうる行政行為とは，瑕疵ある行政行為
　　のうち，取消権限を有する機関が取り消すことによって　　　5
　　はじめて，さかのぼって法的効力を失う行政行為をいう。
　　　一方，無効な行政行為とは，瑕疵ある行政行為のうち，
　　取消権限を有する機関が取り消すまでもなく，はじめか
　　ら何ら法的効力を有しない行政行為をいう。
　2　下線部分(i)について　　　　　　　　　　　　　　　　　10
　　　瑕疵ある行政行為が，原則として取り消しうるものと
　　されるにすぎないのは，行政行為が一般に公定力を有す
　　るとされているためである。公定力とは，行政行為はた
　　とえ法令に違反していても，権限ある機関によって取り
　　消されるまでは，いちおう有効なものとしてその効力が　　　15
　　認められることをいう。
　　　行政行為が一般的に公定力を有するとされる根拠は，
　　取消訴訟について規定する行政事件訴訟法という法律の
　　存在そのものに求めることができる。すなわち，立法者
　　が取消訴訟という訴訟類型をわざわざ設けた以上（行政　　　20
　　事件訴訟法3条2項，3項），処分になんらかの違法が
　　あるときには，もっぱらこの手続を使うことが想定され
　　ているため，それ以外の訴訟で処分の有効性を争うこと
　　はできないということである（取消訴訟の排他的管轄）。
　3　下線部分(ii)について　　　　　　　　　　　　　　　　25
　　　公定力の根拠を前述のように考えるのであれば，行政
　　行為が取消訴訟の排他的管轄に服するのは，取消訴訟を
　　経ることによってはじめて無効とされる程度の瑕疵があ
　　るにすぎない場合ということになる。すなわち，行政行
　　為に取消訴訟を経ないでも無効と扱うことが妥当とされ　　　30
　　るような重大な瑕疵がある場合には，取消訴訟の排他的
　　管轄に服さないと考えられる。
　　　もっとも，国民が各自の判断で重大な瑕疵の有無を判
　　断することとなれば，法的知識に乏しい一般国民が不測
　　の損害を被るおそれがある。そのため，一般国民たる第　　　35
　　三者が行政行為の有効性を信頼する余地がある場合には，
　　行政行為を一律無効と解するのは妥当でない。
　　　そこで，行政行為が無効とされるには，第三者に対し
　　て行政行為の有効性への信頼が生じないこと，すなわち，
　　瑕疵の存在が客観的に明白であることも要求されると解　　　40
　　するべきである。
　4　本小問の見解は，以上を根拠としていると考えられる。
第2　小問2について
　1　Aの無効主張が認められるためには，小問1の見解が

→行政行為の瑕疵の意義

→取り消しうる行政行為の意義

→無効な行政行為の意義

→問いに答える

→公定力の定義

→下線部分(i)を受けての帰結

→不都合性

→自説

→問いに答える

→小問1を受けての規範

示す基準によれば，Dの課税処分の瑕疵が重大かつ明白　45
なものでなければならない。

2(1)　まず，瑕疵の重大性は認められる。Dの課税処分は，　➡あてはめ
不動産譲渡所得がまったくないAに対してなされた点
において，課税要件という課税制度の根幹に関わる重
要な要件に違反しているからである。また，本小問の　50
不実の登記はAがまったく関知しないものであり，こ
れがなされたことにつきAには何らの帰責性もないた
め，Aに不実の登記に基づく課税処分の効力を甘受さ
せることは著しく不当であるといえるからである。

(2)　では，瑕疵の明白性は認められるか。　55　➡あてはめ（規範に対応させる）
本小問では，たしかに不実の登記ではあるものの，
登記簿の記載の変遷という客観的な記録が存在してい
る以上，形式的には，Aの不動産譲渡所得を認定する
ことが可能である。そうだとすれば，Aの不動産譲渡
所得を認定したうえでの課税処分について，瑕疵が客　60
観的に明白であるとまではいえない。

(3)　したがって，小問1が示す見解を前提とすれば，明　➡形式的帰結
白性の要件をみたさないため課税処分は無効ではなく，
Aの主張は認められないことになる。

3(1)　しかし，瑕疵の明白性が求められる趣旨からは，行　65　➡不都合性
政行為を無効とすることによって第三者の信頼を害さ
ないのであれば，瑕疵が明白でない場合にも行政行為
を無効とすることに不都合はない。また，瑕疵ある行
政行為によって不利益を受ける国民の救済のためには，
一律に明白性の要件をみたすことを要求すべきではな　70
い。

そこで，第三者の信頼保護を考慮する必要がない行　➡規範定立
政処分については，課税行政上格別の支障・障害をも
たらすものでないかぎり，瑕疵が重大であることのみ
をもって，行政行為を無効とすることができると考え　75
る。

(2)　課税処分は，課税庁と被課税者の間を規律する処分　➡あてはめ（規範に対応させる）
であり，そもそも行政行為の有効性を信頼する第三者
の保護を考慮する必要はない。また，Bについて課税
する余地も残されているのであるから，本件課税処分　80
を無効としたとしても，課税行政上格別の支障・障害
をもたらすものであるともいえない。したがって，D
の課税処分が無効であるか否かを判断する場合には，
瑕疵が重大であることのみを要件とすべきである。

4　そうだとするならば，前述（第2 2(1)）したようにD　85　➡問いに答える
の課税処分には重大な瑕疵があるので，無効となる。
よって，Aの主張は認められる。

以上

1　小問1について
　(1)　行政庁の行う，国民の権利・義務や法律関係を個別具
　　　体的に変動させる行政行為について，処分に違法または
　　　公益に反し不当が認められるといった瑕疵が存在する場
　　　合，行政行為自体は有効なものであるが，瑕疵を理由に　5
　　　取消訴訟（行政事件訴訟法3条2項参照）を提起して行
　　　政行為を取り消すか，権限ある行政庁が当該行政行為を
　　　取り消しうるにとどまるとするのが原則とされている。

　　　　上記のように，行政行為は取消訴訟の排他的管轄に基
　　　づく公定力を認められているが，このような公定力が認　10
　　　められるのは，行政行為は権限ある行政庁が行うもので
　　　あるから，その法的安定性も認めないと，後続する行政
　　　行為も不安定なものとなり，また国民も行政行為に基づ
　　　いて行動するため，指針としても不安定なものとなり，
　　　実際に行政行為によって権利・義務や法律関係が変動し　15
　　　た当事者や第三者にとっては，その信頼が害されるから
　　　である（下線部分(i)の根拠）。

　(2)　上記のような根拠からすれば，瑕疵が行政庁や国民に
　　　とって明白であれば，行政行為が有効なものであるとの
　　　信頼というのはもともと生じないわけであるから，法的　20
　　　安定性を認める必要はないといえる。また，瑕疵が処分
　　　の名宛人の権利を害するほど重大であれば，名宛人の権
　　　利を保護する必要性が高い一方で，このような重大な瑕
　　　疵が他者にとって明白であれば，上述のとおり保護する
　　　必要性のある信頼は生じない。　25

　　　　そこで，瑕疵が名宛人の重大な権利を害するほど重大
　　　であり，それが行政庁や国民にとって明白である場合に
　　　は，名宛人の権利を保護するため，例外的に行政行為は，
　　　無効とされるべきであるということができる（下線部分
　　　(ii)の根拠）。　30

2　小問2について
　　　Bが Aに無断で B所有不動産について A名義の所有権移
　　転登記を行った後，A作成名義の売買契約書を偽造して本
　　件不動産を Cに売り渡しているが，これは Aの関与しない
　　ところで行われた売買契約であるといえる。　35

　　　　そして，所管税務署長 Dは上記売買に基づく Aの不動産
　　譲渡所得を認定し，課税処分を行っているが，上述のとお
　　り Aは取引に関与していないから，当然所得は生じていな
　　い。

　　　　そこで，当該課税処分は無効であると Aは主張している　40
　　が，行政行為が例外的に無効とされるには上述のとおり行
　　政行為の瑕疵が重大かつ明白である必要があるため，Aの
　　主張が認められるためには当該課税処分の瑕疵が重大かつ
　　明白であるといえる必要がある。

⬅○原則OK

⬅○問いに答えている

⬅○原則からの帰結，問いに答えている

⬅△内容は正しいが，表現がやや冗長である

⬅△着目する事実はよいが，もう少しコンパクトにまとめたい

⬅△正しくは，「所轄税務署長」

ところが，当該課税処分は，所得がないAに課税する点で重大な瑕疵があるといえるが，本件不動産の登記簿にはBからAに所有権が移転したことについての登記の変遷が記録されているため，表面上はDにとって明白とはいえない。

　そこで，Aの主張は認められるか。瑕疵ある行政行為の無効が認められるにはいかなるときにも上述の要件をみたす必要があるか，問題となる。

(1)　思うに，瑕疵に明白性の要件が求められるのは，上述のとおり，明白であれば行政行為が有効であることについての信頼が行政庁や国民にそもそも生じないから，保護すべき信頼が存在しないためといえる。

　とすれば，瑕疵が明白でなくても，行政行為によって保護すべき信頼が生じなかったとすれば，行政行為の無効を認めても不都合はないといえる。

　そこで，瑕疵ある行政行為につき，有効であることについて保護すべき信頼がないときは，無効を主張するのに明白性の要件は不要であると解する。

(2)　これを本小問についてみると，当該課税処分は，Aと所轄税務署長Dの間でのみ行われているから，当該課税処分が有効であることにつき，他の第三者にとって保護すべき信頼があるとはいえない（Bについては，本件取引について悪意であり，後に所得に課税されたとしても，正当な課税であるから，保護すべき信頼とはいえない）。

　また，Dについても，Dは所得のあるところに課税することをその職務としており，本来課税すべきでないAに課税することについては，保護すべき信頼があるとはいえない。

　したがって，当該課税処分につき，有効であることについて保護すべき信頼がないといえるから，Aが当該課税処分の無効を主張するのに明白性の要件は不要であるといえる。

(3)　よって，上述の通り当該課税処分の瑕疵は重大であるから，明白でなくても無効とされるべきであり，Aの主張は認められる。

以上

45

50

55

60

65

70

75

80

←○具体的事情から問題点を抽出している

←○問題提起OK

←○趣旨からの論述ができている

←○規範定立OK

←○規範に対応している

←○問いに答えている

## 答案作成上の注意点

　小問1については，議論の出発点は「行政行為には公定力が認められる」という原則論であるので，まずこのことを示すことが要求される。そして，この原則の根拠を示し，そのうえで，根拠があてはまらない場合には無効としてもよい，という流れで議論を進めていくことができれば，十分合格答案になるといえるだろう。

　小問2については，事案をみるかぎり，明らかにAにとって酷な状況であるので，課税処分はただちに無効とされるべきであるといえる。しかし，「重大かつ明白」をストレートにあてはめても，Dは現に存在する所有権移転登記に基づいて課税処分を行っている以上，瑕疵が外形上客観的に明白であるとはいえないため，この結論を導くことはできない。そこで，どのように法律構成してAを救済するか，ということが小問2で問われている。この問題点は，瑕疵の明白性の意義（なぜ明白性の要件が要求されているか）がきちんとわかっていなければ気づかないものであるといえる。気づかなかったならば，試験は暗記だけでは太刀打ちできないということを再認識する必要がある。

## 答案構成

第1　小問1
1　行政行為の瑕疵の定義
　　取り消しうる行政行為の定義
　　無効な行政行為の定義
2　下線部分(i)
　　行政行為の瑕疵が，原則として行政行為を取り消しうるものとされるのは，一般に公定力を有するため
　　公定力の定義
　　その根拠は，取消訴訟について規定する行政事件訴訟法という法律の存在そのもの（取消訴訟の排他的管轄）
3　下線部分(ii)
　　行政行為に重大な瑕疵がある場合には，取消訴訟の排他的管轄に服さない
　　もっとも，第三者保護の必要
　　そこで，行政行為が無効とされるには，瑕疵の存在が客観的に明白である必要
4　本小問の見解は，以上を根拠としている
第2　小問2
1　小問1の見解によれば，Dの課税処分の瑕疵が重大かつ明白である必要
2(1)　まず，瑕疵の重大性は認められる
　(2)　では，瑕疵の明白性は認められるか

　　本小問では，不実の登記であるものの，客観的な記録が存在
　　とするならば，瑕疵が客観的に明白であるとまではいえない
　(3)　したがって，小問1の見解を前提とすれば，明白性の要件をみたさず，Aの主張は認められない
3(1)　しかし，そもそも瑕疵の明白性を絶対的な要件と考えるべきではない
　　瑕疵の明白性が求められる趣旨から，第三者の信頼保護を考慮する必要がない行政処分については，課税処分上格別の支障・障害をもたらすものでないかぎり，瑕疵が重大であることのみをもって，行政行為を無効とすることができる
　(2)　本小問についてみると，課税庁と被課税者との間にのみ存する処分
　　また，Bについて課税する余地あり
　　したがって，課税処分については瑕疵が重大であることのみを要件とすべき
4　よって，Aによる課税処分は無効である旨の主張は認められる

以上

【参考文献】
試験対策講座4章2節[4]。判例シリーズ27事件。

# 第4問 A　行政行為の職権取消しと撤回

1　行政行為の職権取消しと撤回について，それぞれの意義，効果，法律の根拠の要否を説明せよ。

2　Xは，Y県で，産科・婦人科医院を開業していた。そして，母体保護法に基づき，Y県医師会から，本人および配偶者の同意を得て人工妊娠中絶を行うことができる医師（以下「指定医師」という）であると認められ，いわゆる指定医師となった。ところが，その後Xは，中絶の施術を求める女性を説得して出産させ，生まれた子の養育を希望する他の女性が出産したとする虚偽の出生証明書を作成するという，いわゆる実子あっせん行為を反復・継続した。

上記の実子あっせん行為が原因で，Xは医師法違反，公正証書原本不実記載・同行使罪の有罪判決を受けた。これを受けて，Xが所属するY県医師会は，内規のうち「Y県医師会長は，指定医師に重大な不適格条件が発生したときは，指定の取消または停止をすることができる」という規定に基づき，Xに対して，前記指定医師の指定を取り消した。

以上の事案におけるY県医師会による指定医師の指定の取消しについて，その法的性格を明らかにしたうえ，適法か否かを論じなさい。なお，指定医師の指定が行政処分にあたることを前提としてよい。行政手続法上の問題については言及しなくてよい。

【論　点】
1　行政行為の職権取消しと撤回
2　撤回の法的根拠の要否
3　撤回の制限

## 答案例

第1　小問1について
1　意義
　　行政行為の職権取消しとは，行政行為を行った後に，当該行政行為の違法を行政庁が認識して，職権で当該行政行為の効力を失わせることをいう。 　　　　　　　　　　5

　　これに対して，行政行為の撤回とは，有効に成立した行政行為の効力を，その後に生じた事情を理由として行政庁が失わせることをいう。

➡定義

2　効果
　　両者は，すでになされた行政行為の効力を白紙に戻す　10
という点で共通する。

➡共通点

　　しかし，遡及効を有するか否かについては差異がある。違法な行政行為の取消しは，当初から瑕疵があることが前提であるから，遡及効を有するのに対し，撤回の場合には，当初は適法な処分がなされた以上，遡及効を有し　15
ないのが原則である。

➡相違点

3　法律の根拠の要否
⑴　行政行為の職権取消しは，行政行為の適法性回復を狙いとし，法律による行政の原理から当然に要請されるものであるから，法律の根拠は不要である。　　　20

⑵　これに対して，撤回に法律の根拠が必要かについては，争いがある。

➡「説明せよ」と問われていることから，客観的に書いている

　　　1つの考え方は，授益的行政行為の撤回には，対象者の権利を制約し，または義務を課すという側面がある以上，それを法律の根拠なく行うことはできないと　25
いうものである。

　　　他方，行政行為の法律による授権には，その撤回の授権も含まれると考えて，許認可等を与えられた者が，当該許認可等を付与した趣旨に抵触する違法行為を行った場合には，行政行為の授権規定をもって，撤回の　30
根拠規定ともなしうるとの考えも成り立ちうる。判例はこの考え方を採用していると考えられている。

第2　小問2について
1　Y県医師会は，Xに対して，当初は適法になされていた指定医師の指定を，重大な不適格条件の発生という事　35
後的理由により取り消しており，これは，撤回にあたる。

➡法的性格

2　もっとも，この撤回はY県医師会の内規によってなされており，法律の根拠を有するわけではない。そこで本件撤回は法律による行政の原理に反し許されないのではないか。　　　　　　　　　　　　　　　　　40

➡事案の問題提起

　　この点については，前述のように見解の対立があるが，私見としては，後者の見解，すなわち許認可等を与えられた者が，当該許認可等を付与した趣旨に抵触する違法行為を行った場合には，撤回を許す旨の法律の規定がな

➡規範定立

くとも撤回が可能であると考える。なぜなら，行政の公 45
益適合性の回復の必要があるからである。

➡あてはめ（規範に対応させる）

　　Xの行った実子あっせん行為は，法律上許されない行
為であるのみならず，医師の職業倫理にも反するもので
あって，人工妊娠中絶を行える医師を，人格と技能の両
面から絞ることを狙った指定医師制度の趣旨に抵触する 50
行為といえる。そうだとすれば，本件撤回において法律
上の根拠は不要であり，本件撤回は法律による行政の原
理に反しないと考えられる。

➡三段論法の帰結（事案の問題提起に対応させる）

3　もっとも，本件撤回のような授益的処分の撤回は，処
分の相手方に不利益をきたすことになる。したがって， 55
相手方の帰責性，撤回されようとする行政処分の性質等
に照らし，当該行政行為の撤回により相手方が被る不利
益を考慮しても，なお撤回すべき公益上の必要性が高い
と認められる場合でなければ，撤回は違法になると考え
る。 60

➡不都合性

➡規範定立

　　これを本小問についてみると，実子あっせん行為が法
律上許されず，しかも刑罰の対象とされることに加えて，
医師の職業倫理にも反することからすれば，その悪性は
高い。このような行為を行う医師は指定医師としての適
性を欠いており，このような医師が指定医師であること 65
は国民の医療に対する信頼をも揺るがすことになるから，
撤回すべき公益上の必要性は高いというべきである。

➡公益上の必要性

　　またXに対する制裁としては，指定の取消しのみなら
ず指定の停止も考えられるところ，指定の取消しは資格
の剥奪であるから，停止よりも重大な処分といえる。し 70
かしながら，剥奪される資格は，人工妊娠中絶を行う資
格にとどまり，その他の医療行為まで行えなくなるわけ
ではない。

➡Xが被る不利益

　　一方で，指定の取消しの原因を作ったのがX自身であ
り，しかも実子あっせん行為が前述のとおり悪性の高い 75
行為であることも考えれば，Xの被る不利益は，撤回す
べき公益上の必要性に比して軽微であるというべきであ
る。

4　よって，本件撤回は適法である。

以上 80

➡問いに答える

1 小問1について
 (1) 意義について
  ア 行政行為の職権取消しとは，行政庁が行った行政行
   為が違法であったとしてその効果を失わせるものであ
   る。 5
  イ 行政行為の撤回とは，行政庁が行った行政行為につ
   いて，行った当時は適法であったものを，事後的理由
   により，その効果を失わせるものである。
 (2) 効果について
  ア 職権取消しは，当初から違法であるものを取り消す 10
   ので，はじめからなかったことになる。
  イ 撤回は，当初は適法であったものを，事後的に効果
   を失わせるものゆえ，撤回のときから将来に向けて効
   果を失わせれば足りる。
 (3) 法律の根拠の要否について 15
  ア 行政法により規律される国と私人の関係においては，
   ときに国が一方的に私人に対して強制力を発動するこ
   とがある。このような強制力の発動は，国会議員が国
   民の意思を反映してつくった法律の根拠を伴ってはじ
   めて許容されるべきである。ここから，法律による行 20
   政の原理の一内容としての，法律の留保の原則が導か
   れる。
    そして，自由主義的見地から，国民の権利を制約し，
   また義務を課すような行政行為についてのみ，法律の
   根拠が必要であると考える（侵害留保説）。 25
  イ 行政行為の職権取消しや撤回は，既存の行政行為の
   効力を失わせる新たな行政行為であるから，ここにも
   法律の留保の原則が適用される。
  ウ したがって，侵害的行政行為の取消し・撤回につい
   ては，私人の権利義務を侵害することがないことから 30
   法律の根拠を要しないのに対し，授益的行政行為の取
   消し・撤回については，現在享受している権利を侵害
   することになるため，法律の根拠が必要であると考え
   る。
    もっとも，後者の場合につき，当該職権取消し・撤 35
   回によって私人が害される利益と，これにより得られ
   る公益上の利益を比較衡量し，後者が優越する場合に
   は，法律の根拠がなくとも取消し・撤回が許されるべ
   きである。
2 小問2について 40
 (1)ア 本問事案における指定取消しは，行政行為の撤回に
   あたる。
  イ なぜなら，Xに対する指定医師の指定は，当初は適
   法に行われたのであり，後に，実子あっせん行為を繰

⬅○定義を正確にあげられている

⬅○同上

⬅○理由とともに述べられている

⬅○同上

⬅○みずからの言葉で説明しよう
 とする意思が伝わり，好印象

⬅○法律の留保の原則が適用され
 ることについての指摘ができて
 いる

⬅○法的性格を指摘している

り返したために指定医師としての適格を欠くことにより指定の取消しが行われたからである。　45

(2)ア　本小問の指定取消しが適法であるためには，これに法律の根拠が不要であることを要する。そして法律の根拠を要するか否かは，1(3)ウで述べた基準により判断される。　50

　イ　本小問についてみると，Y県医師会から人工妊娠中絶ができるという指定は，私人である産科医に権利を与えるものである以上，この取消しには，法律の根拠を要するとも思える。

◯アで述べた規範と対応したあてはめができている

　　　しかし，指定取消しがなされた理由は，Xが医師法に違反する違法行為である実子あっせん行為を繰り返していたことである。実子あっせん行為は刑罰の対象になる行為であり，これが継続されることによる社会への実害も図りしれない。そうすると，指定を取り消すことによって得られる公益は大きい。　60

◯よく書けている

　　　他方，指定取消しを行うことにより侵害されるXの権利は，人工妊娠中絶ができなくなるというものにとどまる。

△ここの記述は物足りない

　ウ　以上より，事案を総合的に考慮すると，私人に利益を与える行政行為の撤回であり，法律の根拠を有しないとしても，その指定取消しは適法であると考える。　65

　　　　　　　　　　　　　　　　　　　　　以上

## 答案作成上の注意点

　行政行為の職権取消しと撤回の差異については，小問１で示されるとおりであるが，これらの概念はあくまでも講学上のものであって，実際の法律規定においてはともに「取消し」という言葉が用いられることが多いのが現状である。したがって，問題を解くにあたっては，まず，問われている取消しが，講学上の取消しなのか撤回なのかを確定する必要が生じるといえる。これが，小問２において「法的性格を明らかにしたうえ」という問い方をしたゆえんである。

　行政行為の撤回については，法律の根拠の要否という問題と，撤回の制限という問題とが，通常は分けて論じられる。もっとも，両者は同一の問題意識に基づくことが指摘されている。つまり，これらはともに，①撤回が行政行為の合目的性の回復という性質を有し，これを許さないことがむしろ，行政責任の放棄を肯定する結果になることと，②撤回によって相手方または第三者の信頼や法的安定性を害し，権利利益を制約するおそれがあることとのバランスをどのようにとるかという問題だということである。それゆえに，撤回の適法性については，実子あっせん指定医師取消事件（最判昭和63年６月17日〔百選Ⅰ89事件〕）の述べるような比較衡量によって決せられることになるのである。このような大きな視点を理解したうえで答案例を読み，事実の規範へのあてはめ方を学んでもらいたい。

## 答案構成

第１　小問１
　１　意義
　　　行政行為の職権取消しの定義
　　　行政行為の撤回の定義
　２　効果
　　　両者は，行政行為を白紙に戻す点で共通
　　　しかし，職権取消しの場合は遡及効，撤回の場合は将来効，という違い
　３　法律の根拠の要否
　　⑴　職権取消しは法律による行政の原理から当然に要請され，法律の根拠不要
　　⑵　撤回の法律の根拠の要否は争いあり
　　　　授益的処分の撤回は侵害的処分であるから法律の根拠が必要という考え方あり
　　　　他方，当初行政行為の授権には，その撤回の授権も含まれると考えれば，撤回についての独立した法律の根拠は不要
第２　小問２
　１　指定医師の取消しの法的性格は撤回
　２　指定医師の取消しは法律の根拠を有しないため法律による行政の原理に反しないか
　　　許認可等を与えられた者が，許認可等の

趣旨に抵触する違法行為を行った場合には明文の規定なくとも撤回が可能と解する
　　　実子あっせん行為は指定医師制度の趣旨に抵触する違法行為であるから，指定医師の取消しに法律の根拠は不要
　３　もっとも，授益的処分の撤回は処分の相手方に不利益を与えるから，撤回により相手方の被る不利益と，撤回すべき公益上の必要性を比較衡量して適法性を判断すべき
　　　実子あっせん行為を行う医師は指定医師の適性を欠いており，このような医師が指定医師であることは国民の信頼も損なうため，撤回すべき公益上の必要性は高い
　　　他方，指定の取消しは，指定の停止よりは重大処分であるものの，医師免許全般が取り消されるわけではない
　　　Xの帰責性，実子あっせん行為の悪性の高さにかんがみると，撤回によりXが被る不利益は撤回すべき公益上の必要性と比べて軽微
　４　よって，本件撤回は適法
　　　　　　　　　　　　　　　　　　　　　以上

【参考文献】
試験対策講座４章２節⑤。判例シリーズ29事件。

日本人Aと婚姻した外国籍のXは，「出入国管理及び難民認定法」（以下「法」という）別表
第2が定める「日本人の配偶者等」の在留資格で，わが国への入国を許可された。その後，X
はAと不仲になり，別居するにいたったが，「日本人の配偶者等」の在留資格で在留期間更新
許可を受け続けていた。しかし，法務大臣Yは，Xからの在留資格変更申請がないにもかかわ
らず，Xの意に反し一方的に，在留資格を「短期滞在」（別表第1の3）とする在留資格変更
許可処分を行った。その後，AはXを被告として婚姻無効確認訴訟を提起した。そのため，X
は，在留資格変更に関して不服があったが，訴訟追行の緊急の必要より，在留資格変更につき
争うことなく，訴訟係属中であることを理由に「短期滞在」の在留期間更新許可を受け，本邦
における在留を継続した。その後もXは同様に「短期滞在」の在留資格で在留期間更新の申請
をしたところ，これに対するYの応答に先立ち，上記婚姻無効確認訴訟がX勝訴で確定した。
そこでYは，同訴訟の終結によってXの「短期滞在」の目的が消滅したとして，Xに対して法
第21条第3項に基づき在留期間更新を不許可とする処分（以下「本件処分」という）を行った。
　　Xは，これを不服として，本件処分の取消訴訟（以下「本件訴訟」という）を提起した。
　　本件訴訟において，Xはいかなる違法事由を主張すべきかを検討せよ。なお，手続的違法に
ついては検討する必要はない。

【資料】
○出入国管理及び難民認定法（昭和26年政令第319号）（抜粋）
（在留資格の変更）
第20条　在留資格を有する外国人は，その者の有する在留資格（これに伴う在留期間を含む。
　　以下第3項まで〔略〕において同じ。）の変更（〔略〕特定活動の在留資格を有する者につい
　　ては，法務大臣が個々の外国人について特に指定する活動の変更を含む。）を受けることが
　　できる。
2　前項の規定により在留資格の変更を受けようとする外国人は，法務省令で定める手続によ
　　り，法務大臣に対し在留資格の変更を申請しなければならない。（略）
3　前項の申請があつた場合には，法務大臣は，当該外国人が提出した文書により在留資格の
　　変更を適当と認めるに足りる相当の理由があるときに限り，これを許可することができる。
　　（略）
4・5（略）
（在留期間の更新）
第21条　本邦に在留する外国人は，現に有する在留資格を変更することなく，在留期間の更新
　　を受けることができる。
2　前項の規定により在留期間の更新を受けようとする外国人は，法務省令で定める手続によ
　　り，法務大臣に対し在留期間の更新を申請しなければならない。
3　前項の規定による申請があつた場合には，法務大臣は，当該外国人が提出した文書により
　　在留期間の更新を適当と認めるに足りる相当の理由があるときに限り，これを許可すること
　　ができる。
4（略）

別表第1の3

| 短期滞在 | 本邦に短期間滞在して行う観光……業務連絡その他これらに類似する活動 |
| --- | --- |

【論　点】
1　行政裁量が認められる根拠
2　行政裁量の限界

1　法務大臣YによるXの在留期間更新の申請（法21条２
項）に対する本件処分は，Xに「在留期間の更新を適当と
認めるに足りる相当の理由」（法21条３項）がないことを
理由とするものである。そして，Yに上記要件充足性の判
断についての裁量権が認められるのであれば，Yによる本　　5
件処分は，裁量権の逸脱・濫用（行政事件訴訟法30条）が
存する場合にかぎり，違法となる。

➡問題提起

　そこで，Yに裁量権が認められるかを検討する。

(1)　この点について，行政庁の裁量権の有無は，法令の文
　言，行政機関が行う判断の性質を考慮して判断すべきで　10
　あると考える。

➡規範定立

(2)　これを本問について検討する。

　まず，法21条３項は，在留期間の更新を適当と認める
　に足りる「相当の理由」という抽象的な文言を用い，具
　体的基準を設けていない。　　　　　　　　　　　　　　15

➡法令の文言の抽象性

　そして，外国人に対する出入国の管理は，国内の治安
　と善良風俗の維持，保健・衛生の確保，労働市場の安定
　などの国益保持の見地に立って，申請事由の当否のみな
　らず，在留中のいっさいの行状，国内の政治経済社会等
　の諸事情，国際情勢，外交関係，国際礼儀など諸般の事　20
　情をしん酌し，適格な判断をしなければならない。

➡法務大臣の判断の性質

　そうだとすれば，法21条３項の更新事由の判断は，法
　務大臣たる行政庁の裁量に委ねられるべきものであると
　いえる。

(3)　したがって，Yに裁量権が認められる。　　　　　　　25

➡結論

2　そうだとしても，Yによる本件処分に裁量権の逸脱・濫
用が認められないか。

(1)　複雑な過程を経て形成された行政判断の適否の審査に
　あたっては，判断結果だけではなく，判断過程について
　も審査を加えるべきである。　　　　　　　　　　　　　30

➡理由づけ

　そこで，本件処分は，行政庁の判断の結果および過程
　が，重要な事実の基礎を欠くかまたは社会通念上著しく
　妥当性を欠く場合に，裁量権の逸脱・濫用があるとして
　違法となると解する。

➡規範定立

(2)　これを本問について検討する。　　　　　　　　　　　35

➡あてはめ（規範に対応させる）

　ア　たしかに，「短期滞在」の在留資格で本邦に在留す
　　る外国人から在留期間の更新申請がされた場合におい
　　ては，通常であれば，当該外国人につき，「短期滞
　　在」の在留資格に対応する活動を引き続き行わせるこ
　　とを適当と認めるに足りる相当の理由があるかどうか　40
　　を判断すれば足り，他の在留資格に対応する活動を行
　　わせることを適当と認めるに足りる相当の理由がある
　　かどうかについては考慮する必要はない。そうだとす
　　れば，Yによる本件処分は，XA間の婚姻無効確認訴

➡形式的帰結

訟が確定し，訴訟係属中であるというXの「短期滞　45
在」の目的が消滅したとの判断を基礎にしてなされた
ものである以上，形式的にみれば，裁量権の逸脱・濫
用はないものと思える。

　イ　しかし，本件処分時において，Aの提起した婚姻無 →不都合性
　　効確認訴訟はXの勝訴で確定しているので，XとAの　50
　　婚姻関係は有効であった。

　　　そうだとすれば，Xは「日本人の配偶者」に該当し， →事実に評価を加える
　　本来，「日本人の配偶者等」の資格によって在留する
　　ことができるはずである。

　　　それにもかかわらず，本件処分を受けたのは，Xの　55
　　在留資格が，「短期滞在」とされていたためであると
　　いえる。そして，Xの在留資格が「短期滞在」となっ
　　ているのは，YがXからの在留資格変更の申請がない
　　にもかかわらず，Xの意に反して一方的に在留資格変
　　更許可処分を行ったからにほかならない。　　　60

　　　このような経緯に照らすと，Yは，信義則上，「短 →信義則違反の指摘
　　期滞在」による在留資格に基づくXの在留期間の更新
　　申請を許可したうえで，Xに対し，「日本人の配偶者
　　等」への在留資格の変更申請をして，Xが「日本人の
　　配偶者等」の在留資格に属する活動を引き続き行うの　65
　　を適当と認めるに足りる相当の理由があるかどうかに
　　つき公権的判断を受ける機会を与える義務があったと
　　いえる。

　ウ　それにもかかわらず，本件処分は，上記義務が果た →結論
　　されていない点において，信義則に反し，社会通念上　70
　　著しく妥当を欠くものといる。

　(3)　よって，Yの本件処分には裁量権の逸脱・濫用が認め
　　られる。

3　以上より，Xは，本件訴訟において，本件処分につきY →問いに答える
　の裁量権の逸脱・濫用という違法事由が存在すると主張す　75
　べきである。

以上

## 優秀答案

1　Yによる本件処分（法21条3項）は，裁量権の逸脱・濫用（行訴法30条）にあたり，違法でないか。

(1)　前提として，Yが本件処分を行うにあたって，Yに裁量権が与えられているかどうかを検討する。

　　ア　この点，行政庁の判断に裁量が認められるかどうかは，当該処分の根拠法令の文言のほか，当該処分の性質によって，判断する。　　　　　　　　　　　　　　5

　　イ　本件処分の根拠規定は，法21条3項であるところ，同条は，「在留期間の更新を適当と認めるに足りる相当の理由があるときに限り」という抽象的な文言を用いている。また，本件処分は，在留外国人の在留不許　　　10
可処分である。そして，在留期間の更新の可否の判断にあたっては，行政庁たる法務大臣において，国際情勢や外交状況などの専門・技術的判断や政策的判断の必要がある。　　　　　　　　　　　　　　　　15

　　　　これらに照らすと，法21条3項の文言のほか，本件処分の性質から，法務大臣Yには，「相当の理由」の有無について，裁量権が認められるといえる。

　　ウ　よって，Yには，本件処分にあたって，要件裁量が認められる。　　　　　　　　　　　　　　　　20

(2)　そうだとしても，本件処分は，Yの裁量権の逸脱・濫用（行訴法30条）にあたり，違法とならないか。

　　ア　この点，行政庁の判断内容および判断過程，手続が，重要な事実の基礎を欠くか，または社会通念上妥当性を欠くと認められる場合には，当該処分は，裁量権の　　25
逸脱・濫用となり，違法となる。

　　イ　これを本件について検討する。

　　　　Yは，婚姻無効確認訴訟がX勝訴で確定したことによってXの「短期滞在」の目的が消滅したとして，本件処分を行っている。　　　　　　　　　　　　　30

　　　　Xは，AのXを被告とする婚姻無効確認訴訟が係属中であることを理由に，「短期滞在」の在留期間更新許可を受けている。

　　　　そして，同訴訟においてXが勝訴し，同訴訟は終了するにいたったのであるから，「短期滞在」の目的が　35
もはや喪失したとも考えられ，在留期間を更新すべき「相当の理由」が認められないとも思える。

　　　　しかし，Xが「短期滞在」を在留資格として更新許可申請を行ったのは，YがXの意思に反して一方的に在留資格変更を行ったことから，在留資格変更に関し　40
て不服があったものの，訴訟追行の緊急の必要があることにより，在留資格変更につき争うことなく，「短期滞在」の在留期間更新許可を受け，本邦における在留を継続する必要があったからである。そうだとすれ

<table>
<tr><td>⇐○裁量権の逸脱・濫用が問題となることについて，気づくことができている</td></tr>
<tr><td>⇐○自分なりの規範を定立できている</td></tr>
<tr><td>⇐○やや検討不足な点もあるが，条文の文言のほか，処分の性質を考慮しながら，裁量権の有無を検討することができている</td></tr>
<tr><td>⇐△いきなり規範を定立するのではなく，答案例のように，理由づけを書いてほしい</td></tr>
<tr><td>⇐○あてはめを行うにあたり，このように冒頭に行政庁の判断の結果や過程を明示しておくと，その後のあてはめに流れがでて読み手に伝わりやすい</td></tr>
<tr><td>⇐○形式的帰結について，いちおうの言及がなされている</td></tr>
</table>

ば，単に「短期滞在」の目的が消滅したことのみをも 45
って，「相当の理由」の有無を判断することはできな
いというべきである。

　そして，Xは日本人Aと婚姻関係にあり，「日本人
の配偶者等」の在留資格で，わが国への入国を許可さ
れた者である。そうだとすれば，XがAに勝訴したこ 50
とによって，XとAとは友好な婚姻関係にあるという
ことができ，「日本人の配偶者等」である地位を有す
ることに何ら変わりはないものと評価できる。

ウ　これらを総合すると，Yによる本件処分は，重要な
事実の基礎を欠き，社会通念上妥当性を欠くものと認 55
定できる。

　したがって，本件処分は裁量権の逸脱・濫用にあた
り，違法である。
2　以上より，本件処分は，違法である。

以上 60

← △ なぜ「相当の理由」の有無を
判断することはできなくなるの
かについて，理由が書かれてお
らず，説得的でない
← △ 問題文中の事実を一定程度引
用することができているものの，
論理のつながりがやや不明確

← △ 「信義則違反」という用語を
だすとよかった

　本問は，Yの行った本件処分について，実体法上の違法事由を検討することを求める問題である。その際には，問題文の指示により，手続法上の違法事由については問われていないことに注意する必要がある。

　本件処分の具体的な違法事由としては，YがXの在留更新申請を不許可としたことが，裁量権の逸脱・濫用（行政事件訴訟法30条）にあたり，違法となるかどうかを検討していくことになる。その際，まず，法務大臣たるYが本件処分を行うにあたって，Yに裁量権が認められるかどうかという点について検討することを忘れてはならない。

　行政庁の判断に裁量権が認められるかどうかは，当該処分の根拠となる法令の文言のみならず，処分の性質についても考慮することが必要となることについて，触れてほしい。本問では，本件処分の根拠法令となった法21条3項が，「相当の理由」という抽象的な文言を用いていることを，まず指摘する。さらに，外国人の在留更新の可否の判断にあたっては，処分の性質上，国内の治安と善良風俗の維持，保健・衛生の確保，労働市場の安定などの国益の保持の見地に立って，申請事由の当否のみならず，在留中のいっさいの行状，国内の政治経済社会等の諸事情，国際情勢，外交関係，国際礼儀など諸般の事情をしん酌し，的確な判断することが必要となる点まで指摘してほしい。これらをふまえると，Yには，本件処分を行うについて，裁量権が認められるものと認定することになろう。

　Yの裁量権を認定した後で，本件処分は裁量権の逸脱・濫用にあたるのではないかを検討することになる。マクリーン事件判決（最大判昭和53年10月4日〔百選I76事件〕）や答案例を参考にしつつ，問題文中にある事実を適切に評価しながら，論じることが求められよう。

1　Yによる本件処分は，裁量権の逸脱・濫用にあたり，違法とならないか（行政事件訴訟法30条）
　⑴　行政庁の裁量権の有無は，法令の文言，行政機関が行う判断の性質を考慮して判断
　⑵　あてはめ
　⑶　Yに裁量権あり
2　そうだとしても，本件処分は裁量権の逸脱・濫用とならないか
　⑴　本件処分は，行政庁の判断の結果および過程が，重要な事実の基礎を欠くかまたは社会通念上著しく妥当性を欠く場合に，裁量権の逸脱・濫用があるとして違法
　⑵　本問について検討
　　ア　たしかに，「短期滞在」の資格で申請されれば，他の在留資格につき考慮不要
　　イ　しかし，本件処分時，訴訟で勝訴したXは「日本人の配偶者等」の資格で在留

可
　　そうであるにもかかわらず，Xが不許可処分を受けたのは，在留資格が「短期滞在」となっていたからで，これは，Yの一方的な在留資格変更許可処分による
　　このような経緯により，Yには信義則上，Xが在留資格変更申請をする機会を与えるために，「短期滞在」の資格で在留期間更新を許可する義務
　　ウ　それにもかかわらず，本件処分は，上記義務が果たされていない点で，信義則に反し，社会通念上著しく妥当を欠く
　⑶　よって，本件処分には裁量権の逸脱・濫用が認められる
3　以上より，Xは，Yの裁量権の逸脱・濫用という違法事由の存在を主張すべき
　　　　　　　　　　　　　　　　　　　以上

**【参考文献】**
試験対策講座4章3節②【3】，③【1】・【2】・【3】。判例シリーズ19事件。

# 第6問 A　行政指導と処分の留保

　X社は，Y市内にマンション（以下「本件マンション」という）を建築しようと計画して，本件マンション建築計画についての建築確認申請（以下「本件申請」という）をした。本件マンション建設予定地の近隣住民は，本件マンションが建築されることにより日当たりが悪くなることを理由に，本件マンション建設に反対し，Y市に本件マンション建設絶対反対の陳情書を提出していた。そのためY市職員Aは，X社に，近隣住民と話し合い妥協点を模索したうえで，本件申請を近隣住民の納得を得られるような内容に変更するよう指導した（以下「本件行政指導」という）。これを受けてY市の建築主事Bは，本件行政指導が継続中であることを理由に，本件申請に対する確認処分を留保することとした。

　X社は，積極的に近隣住民との話し合いの場をもとうとしたが，近隣住民はX社の話を聞こうとしなかったので，近隣住民との間で妥協点が見出せないでいた。そのため，X社は，本件行政指導を受けてから半年後に，これに従わない方針を決め，その方針をBに伝えたうえで，本件申請に対する確認処分の留保が違法であるとして建築審査会に審査請求を行った。

　これに対してBは，その後も本件行政指導が継続中であることを理由に本件申請に対する建築確認処分の留保を続けていた（以下「本件留保」という）。しかしながら，留保期間中に下請業者への補償等によりX社の請負代金が増大したことから，X社が増加した請負代金相当額の賠償を求めて国家賠償請求訴訟を提起するのをおそれ，本件申請に対して建築確認処分を行った（以下「本件処分」という）。そのため，X社は，本件処分を受けて審査請求を取り下げた。

　X社は本件留保が違法であると考え，本件行政指導に不服従の意思をBに伝えたうえで行った審査請求後の請負代金の増加額の賠償を求めて，国家賠償請求訴訟の提起を検討している。本件留保が国家賠償法上違法となるか論じなさい。

　なお，本件留保が実体法上あるいは手続法上違法である場合にはただちに国家賠償法上違法となるものとして論じてよい。


【参照条文】
○建築基準法（昭和25年法律第201号）（抜粋）
（目的）
第1条　この法律は，建築物の敷地，構造，設備及び用途に関する最低の基準を定めて，国民の生命，健康及び財産の保護を図り，もつて公共の福祉の増進に資することを目的とする。
（建築物の建築等に関する申請及び確認）
第6条　建築主は，第1号から第3号までに掲げる建築物を建築しようとする場合（略），これらの建築物の大規模の修繕若しくは大規模の模様替をしようとする場合又は第4号に掲げる建築物を建築しようとする場合においては，当該工事に着手する前に，その計画が建築基準関係規定（略）に適合するものであることについて，確認の申請書を提出して建築主事の確認を受け，確認済証の交付を受けなければならない。（略）
2～15　（略）
○Y市行政手続条例（抜粋）
（定義）
第2条　この条例において，次の各号に掲げる用語の意義は，当該各号に定めるところによる。
　一～五　（略）
　六　行政指導　市の機関がその任務又は所掌事務の範囲内において一定の行政目的を実現するため特定の者に一定の作為又は不作為を求める指導，勧告，助言その他の行為であって処分に該当しないものをいう。
　七・八　（略）
（申請に関連する行政指導）

第32条　申請（法律に基づくものを含む。）の取下げ又は内容の変更を求める行政指導にあっては，行政指導に携わる者は，申請者が当該行政指導に従う意思がない旨を表明したにもかかわらず当該行政指導を継続すること等により当該申請者の権利の行使を妨げるようなことをしてはならない。

【論　点】
行政指導の継続と処分の留保

答案構成用紙

## 答案例

1　本件行政指導は，地方公共団体であるY市の職員Aが行うものである。そのため，行政手続法3条3項により，33条の適用はなく，Y市行政手続条例32条の適用を受ける行政指導にあたる。　　　　　　　　　　　　　　　　　　　5
　　そこで，本件留保が，Y市行政手続条例32条に違反し，国家賠償法上違法とならないか検討する。
⑴　まず，本問において申請者であるX社が「当該行政指導に従う意思がない旨を表明した」といえるか。「当該行政指導に従う意思がない旨を表明した」の意義が問題となる。　　　　　　　　　　　　　　　　　　　　　10
　　ア　この点について，行政指導の本質は相手方の拒否，反発を説得することにあるので，相手方が単に不服従の意思を示すだけで行政指導が許されないとすると，行政指導の機能が果たされないことになる。
　　　　そこで，「当該行政指導に従う意思がない旨を表明した」とは，確固たる不服従の意思が明確化した場合，　15
つまり，相手方が行政指導には応じられないとの意思を真摯かつ明確に表明しているような場合をいうものと解する。
　　イ　本問でX社は，積極的に近隣住民との話し合いの場　20
をもとうとし，その努力を尽くしたにもかかわらず，近隣住民がこれに応じず，近隣住民との間で妥協点が見出せないため，地域住民との話し合いを継続しないことに決めている。これは，X社が単なる一時的な感情のもつれや，交渉上の駆け引きのために本件行政指　25
導に従わない方針を決めたのではなく，真摯な理由により行政指導に従わないことを決定したものと評価できる。また，X社は，本件行政指導に従わない方針をBに伝えたうえで，建築審査会に審査請求しているのであるから，X社は自己の意思を明確に表明したと評　30
価できる。
　　　　そのため，X社は本件行政指導には応じられないとの意思を真摯かつ明確に表明したといえる。
　　ウ　したがって，X社が「当該行政指導に従う意思がない旨を表明した」といえる。　　　　　　　　　　　35
⑵　次に，本問において「行政指導を継続すること等により当該申請者の権利の行使を妨げ」たといえるか。「行政指導を継続すること等により当該申請者の権利の行使を妨げる」の意義が問題となる。
　　ア　本件留保は，それによってX社の本件申請について　40
の申請権の行使を妨げているので，原則として，「行政指導を継続すること等により当該申請者の権利の行使を妨げるようなこと」にあたる。
　　　　もっとも，当該行政指導に対する建築主の不協力が，

→問題点の抽出

→事案の問題提起
→論点の問題提起

→規範定立（論点の問題提起に対応させる）

⇨最判昭和60年7月16日（判例シリーズ33事件）

→あてはめ（規範に対応させる）

→三段論法の帰結（事案の問題提起に対応させる）

→事案の問題提起
→論点の問題提起

→規範定立（論点の問題提起に対応させる）

⇨最判昭和60年7月16日（判例シリーズ33事件）

当該建築主が受ける不利益と行政指導の目的とする公　45
益上の必要性とを比較衡量して，行政指導に対する不
服従が社会通念上正義の観念に反するといえるような
特段の事情がある場合には，上記要件にあたらないと
解する。

イ　本問において，Bが本件申請に対する確認処分を留　50
保した結果，留保期間中の下請業者への補償等により，
X社の請負代金が増大している。そのため，引き続き
行政指導に従うことは，X社に対して過大の負担を強
いることになる。よって，X社の受ける不利益は大き
い。　　　　　　　　　　　　　　　　　　　　　　55

他方，近隣住民は，本件マンション建設に反対し，
本件マンション建設絶対反対の陳述書をY市に提出し
ているものの，過激な反対運動に発展していたという
ような状況はない。そのため，近隣住民の納得を得る
ため，行政指導を継続する公益上の必要性は小さい。　60

以上の事情を考慮すると，X社の本件行政指導に対
する不服従は，社会通念上正義の観念に反するといえ
るような特段の事情があるとはいえない。

ウ　したがって，本件留保は，「行政指導を継続するこ
と等により当該申請者の権利の行使を妨げるようなこ　65
と」にあたる。

2　よって，本件留保は，Y市行政手続条例32条に違反し，
国家賠償法上違法となる。

以上

➡あてはめ（規範に対応させる）

➡三段論法の帰結（事案の問題提
　起に対応させる）

➡問いに答える

1　X社は本件行政指導に従わない方針をY市建築主事Bに
　伝えているにもかかわらず，Bは行政指導が継続中である
　ことを理由に本件申請に対する建築確認処分の留保を続け
　ている。
　　そこで，本件申請に対する建築確認処分の留保が行政手　　5
　続法（以下，「行手法」という）33条に反し違法であると
　して，国家賠償法上違法とならないか。
(1)　まず，本件行政指導は，本件申請を近隣住民の納得が
　　得られるように変更することを内容とするものであり，
　　「申請……の取下げ又は内容の変更を求める行政指導」　10
　　にあたる。
(2)　では，「申請者」であるX社が，「当該行政指導に従う
　　意思がない旨を表明した」といえるか。
　ア　「当該行政指導に従う意思がない旨を表明した」と
　　　は，申請者が行政指導に従う意思がないことを真摯か　15
　　　つ明確に表明した場合をいうと考える。
　イ　本問において，X社は，当初は積極的に近隣住民と
　　　の話し合いの場を持とうとしていた。そうであるにも
　　　かかわらず，近隣住民との間で妥協点が見出せずにい
　　　たのは，近隣住民がX社の話を聞こうとしなかったか　20
　　　らである。そのため，X社は本件行政指導に対して真
　　　摯な対応をしているといえる。
　　　　そして，X社は，このような真摯な対応を経たうえ
　　　で，本件行政指導に従わない方針を建築主事であるB
　　　に伝え，本件申請に対する確認処分の留保が違法であ　25
　　　るとして建築審査会に審査請求を行っており，当該行
　　　政指導に従う意思がないことを明確に表明したといえ
　　　る。
　ウ　したがって，X社は，「当該行政指導に従う意思が
　　　ない旨を表明した」といえる。　　　　　　　　　　　30
(3)ア　もっとも，X社が本件行政指導に不服従の意思を表
　　　明している場合でも，行政指導に対する不服従が社会
　　　通念上正義の観念に反するといえるような特段の事情
　　　がある場合には，行政指導が継続中であることを理由
　　　に建築確認処分を留保することも違法にはならないと　35
　　　考える。
　イ　本件において，前述のように，X社としては行政指
　　　導に対して積極的かつ協力的に対応していたのであり，
　　　この間に当該行政指導の目的とする付近住民との話し
　　　合いによる紛争の解決にいたらなかったことをX社の　40
　　　みの責任とすることはできない。そうすると，X社が
　　　行政指導に不協力であることが社会通念上正義の観念
　　　に反するものといえるような特段の事情が存在すると
　　　はいえない。

⬅×本問は地方公共団体の機関が
する行政指導なので，行政手続
法3条3項の適用除外事由にあ
たるため，Y市行政手続条例32
条が正確

⬅○条文に丁寧にあてはめる姿勢
がよい

⬅△規範定立のために一言理由を
書けると更によい

⬅○問題文の事情を拾えている

⬅△評価をもう少し丁寧に書ける
と更によい

⬅○問題文の事情を拾えている

⬅△「行政指導を継続すること等
により当該申請者の権利の行使
を妨げ」たか否かについても論
述が必要であろう

⬅△問題文の事情をもう少し拾え
るとよい

⑷　したがって，本件留保は行手法33条に反し違法である。45

2　よって，本件留保は国家賠償法上違法となる。

以上

←○問いに答える姿勢OK

　本問は行政指導の継続と処分の留保の限界が問題になっている。この論点は，品川マンション事件（最判昭和60年7月16日〔百選Ⅰ124事件〕）があるので，おさえているところであると思われるが，この機会に行政手続法33条との関係をしっかり整理してほしい。

　本問は，申請内容の変更を求める行政指導に対して，申請者が行政指導に従わない意思を表明している場合に，行政指導の継続を理由とする処分の留保を行うことの適法性を問うものである。この場合，行政手続法33条あるいは同趣旨の規律を定めた各地方公共団体の行政手続条例に違反しないかが問題となる。本問においては，Y市行政手続条例32条が，行政手続法33条と同様の規律をしており，本件留保がY市行政手続条例32条に違反しないかが問題となる。そして，行政手続法33条は，品川マンション事件の趣旨をふまえて定められたものと解されている。そのため，Y市行政手続条例32条の解釈を行う際には，行政手続法33条と同様，品川マンション事件を意識した解釈を心掛けてほしい。具体的には，「申請者が当該行政指導に従う意思がない旨を表明した」といえるかどうかの判断基準を考える際に，「行政指導にはもはや協力できないとの意思を真摯かつ明確に表明」したかという判断基準を用いるとよいだろう。

　33条にかぎらず，行政手続法や行政事件訴訟法には，判例法理の集積によって制定された規定が複数存在する。このような規定については，どのような判例がもとになっているか，その判例が現行法下においてどのような意義をもつのかということまで意識して学習するとよいであろう。

　なお，平成26年の行政手続法改正により，一定の要件をみたす違法な行政指導がなされた場合，その相手方は，当該行政指導をした行政機関に対して，行政指導の中止その他必要な措置をとることを求めることができることとなった（行政手続法36条の2）。本問の復習とあわせて条文を確認しておいてほしい。

## 答案構成

1　本件留保はY市行政手続条例32条に反し，国家賠償法上違法か
　(1)　X社が「当該行政指導に従う意思がない旨を表明した」といえるか
　　ア　「当該行政指導に従う意思がない旨を表明した」とは，相手方が行政指導には応じられないとの意思を真摯かつ明確に表明している場合をいう
　　イ　X社は，積極的に話し合いの場をもとうとしたが，近隣住民がこれに応じないため，話し合いを継続しないことを決定し，これをBに伝えている
　　ウ　したがって，X社は，「当該行政指導に従う意思がない旨を表明した」といえる
　(2)　「行政指導を継続すること等により当該申請者の権利の行使を妨げ」たといえるか
　　ア　本件留保は原則，権利の行使を妨げたといえるが，原告の不利益と公益上の必要性を比較衡量のうえ特段の事情がある場合には，上記要件にはあたらない
　　イ　X社の請負代金等の負担は過大，不利益は大きい
　　　　他方，近隣住民の納得を得るため，行政指導を継続する公益上の必要性は小さい
　　ウ　したがって，「行政指導を継続すること等により当該申請者の権利行使を妨げ」たといえる
2　よって，本件留保は違法となる
以上

**【参考文献】**
試験対策講座4章4節②【4】。判例シリーズ33事件。

# 第7問 A 公表と行政指導

　Y市において，人気飲食店Aで飲食した客の１人が食中毒を発症したことが判明した。そのため，Y市保健所長Bは，Aで提供された料理に使われた鶏肉が食中毒の原因ではないかと疑い，Aの代表者Xに対して，食中毒の原因が判明するまで営業を自粛するように行政指導した。その際，Bは，Xに対して，食材として使われた鶏肉が食中毒の原因である可能性があることを伝え，意見陳述の機会を与えた。しかし，Xは，食中毒の原因がAの料理で使われた鶏肉ではないと信じており，意見陳述をせず，また行政指導にも従わなかった。Bは，Xがその後もAの営業を続けていたため，食中毒の拡大を防ぐ必要があると考えた。そこで，まだ食中毒の原因を特定できていない段階であったが，Aの料理で使われた鶏肉が食中毒の原因である可能性があることをY市民に広く伝えるため，Bはその旨をY市のホームページ上に公表した。この公表により，Aの売上げは落ち込んだ。しかし，その後，食中毒の原因はAの料理で使われた鶏肉ではないことが判明したため，Bは上記公表内容をY市ホームページから削除した。なお，Bの行った公表は，法令の根拠なく行われた。

　Bが行った公表の適法性について，法律の留保の観点および行政手続上の観点から論じなさい。なお，Y市では，行政手続に関しY市行政手続条例が定められている。

【参照条文】
○Y市行政手続条例（抜粋）
第23条　行政指導にあっては，行政指導に携わる者は，いやしくも当該行政機関の任務又は所掌事務の範囲を逸脱してはならないこと及び行政指導の内容があくまでも相手方の任意の協力によってのみ実現されるものであることに留意しなければならない。
2　行政指導に携わる者は，その相手方が行政指導に従わなかったことを理由として，不利益な取扱いをしてはならない。

【論　点】
1　公表と法律の留保の原則
2　行政指導に従わないことに対する不利益の意義

第1　法律の留保の観点について

1　Bは，Aの料理で使われた鶏肉が食中毒の原因となっている可能性があることをY市のホームページ上に公表している。このBが行った公表（以下「本件公表」という）は，法令の根拠なく行われたものである。このように，法令の根拠なく公表を行うことは，法律の留保の原則に反し，違法ではないか。法律の留保の原則が及ぶ範囲が問題となる。

　→形式的に問いに答える
　→問題点の抽出
　→事案の問題提起
　→論点の問題提起

2　この点について，行政活動のすべてについて法律の留保が及び，法律の根拠が必要であると考えると，円滑な行政運営を害し妥当ではない。

　そこで，円滑な行政運営と自由主義の調和の見地から，国民の権利を制限し，義務を課す侵害的な行政活動についてのみ法律の留保の原則が及び，法令の根拠が必要となると考える（侵害留保説）。

　そうすると，公表は事実を伝える非権力的な事実行為にすぎず，国民の権利を制限し義務を課すものであるとはいえないため，法律の留保の原則が及ばず，法令の根拠は必要でないとも思える。

　もっとも，公表には，①情報提供を主たる目的として行われるものと，②違反行為等に対する制裁や行政指導への不服従を理由に一定の行為を強制することを主たる目的として行われるものとがある。そして，②行政指導への不服従に対する制裁としてなされる場合，公表による社会的信用の失墜や経済的損失等を回避するため国民に行政指導への服従を間接的に強制させるに等しい。これは，実質的に国民の権利を制限し義務を課すものといえるから，法律の留保の原則を及ぼすべきである。

　そこで，行政指導に従わない場合に，制裁を目的として公表が行われたときには，当該公表に法律の留保の原則が及び，法律の根拠が必要であると考える。

　→原則

　→不都合性

　→規範定立（論点の問題提起に対応させる）

3　では，本件公表に法律の留保の原則が及ぶか。

　本件公表は，Aの料理で使われていた鶏肉が食中毒の原因となっている可能性があるということを内容とするものである。そして，本件公表は，XがBによる行政指導に従わないでいるうちになされたものであり，行政指導への不服従を理由になされたものと考えられる。

　しかし，Bが本件公表をした目的は，あくまでも食中毒の拡大を防ぐ必要があると考えたためである。また，たしかに，本件公表により，Aの売上げが落ち込み，Aの代表者であるXに経済的な不利益が生じているものの，本問でBが公表を行うにあたってXに対し制裁を与えようとしていたという意図はうかがえない。

　そうだとすると，本件公表は，食中毒の拡大を防ぐた

　→あてはめ（規範に対応させる）

めに①情報提供を主たる目的として行われたものであり、45
②制裁を目的として行われたものではない。

　したがって、Bが行った本件公表には法律の留保の原則は及ばない。よって、Bが法律の根拠なく本件公表を行ったことは適法である。

➡三段論法の帰結（事案の問題提起に対応させる）

第2　行政手続上の観点について　　　　　　　　　　　　50

➡形式的に問いに答える<br>➡問題点の抽出<br>➡事案の問題提起

1　本件公表は、Xが行政指導に従わないでAの営業を継続していたところなされたものである。そこで、本件公表は、Xが行政指導に従わなかったことを理由としてなされた「不利益な取扱い」にあたり、Y市行政手続条例23条2項に反し、違法でないか。「不利益な取扱い」の　　　55
意義が問題となる。

➡論点の問題提起

2　そもそも、行政指導は、相手方の任意の協力によってのみ実現されるものである（Y市行政手続条例23条1項参照）。

　そこで、23条2項にいう「不利益な取扱い」とは、行　　　60
政指導への不協力を理由としてなされた取扱いが法的行為であると事実行為であるとを問わず、相手方にとって行政指導への協力が任意であることを否定するような不当な制裁行為のことをいうと考える。

　そして、公表が、行政指導に従わなかったことに対す　　　65
る制裁として行われた場合には、公表によって行政指導への服従を間接的に強制することになる。

　そこで、制裁の目的で公表を行う場合には、公表は相手方にとって行政指導への協力が任意であることを否定するような不当な制裁行為といえ、「不利益な取扱い」　　　70
にあたると考える。

➡規範定立（論点の問題提起に対応させる）

3　これを本問についてみると、本件公表は、上述のとおり、①情報提供目的でなされており、②制裁目的でなされたとはいえないため、「不利益な取扱い」にあたらない。　　　75

➡あてはめ（規範に対応させる）

　よって、本件公表は、Y市行政手続条例23条2項に反せず、適法である。

以上

➡三段論法の帰結（事案の問題提起に対応させる）

1 法律の留保の観点からの検討
 (1) Bの行った公表が適法といえるか。
   まず，法律の留保の観点から検討する。
 (2) 行政庁が，行政行為を行うためには，法律の根拠が必
   要である。これを法律の留保の原則というが，行政庁が　5
   行うすべての行為に法律の根拠が必要だとすると，円滑
   な行政の運営に支障をきたす。
   そこで，法律の留保が必要な行政行為とは何かを画定
   する必要があるが，これは国民に対して侵害行為を伴う
   行政行為と考えるべきである。　　　　　　　　　　　10
   なぜなら，法律の留保という概念は，行政庁が法律の
   根拠なく，国民の権利を行政行為によって侵害すること
   を防止することを目的としたものであるためである。
   本件において，Bは法令の根拠なく公表を行っている。
   これは法律の留保の観点から違法といえるのではないか。15
 (3) 法律の留保という概念が対象とするのは，行政行為，
   すなわち，国民の権利義務を直接的に画定する行為であ
   る。
   このため，公表というような，権利義務を直接的に画
   定しない単なる事実行為には，法律の留保の概念は及ば　20
   ない。
 (4) したがって，法律の留保の観点からは，本件公表が行
   政行為に当たらない以上，違法とはいえない。
   よって，本件でBの行った公表は適法である。
2 行政手続上の観点からの検討　　　　　　　　　　　　　25
 (1) では，本件公表は，行政手続上問題はないか。
 (2) Y市行政手続条例は，23条において，相手方が行政指
   導に従わなかったことを理由として，不利益な取扱いを
   してはならないとしている。
   本件でBは，Xに対して営業を自粛するよう行政指導　30
   をしたが，Xはこれに従わずに営業を継続したため，B
   は本件公表に踏み切った。これは，Y市行政手続条例23
   条に反するようにも思える。
 (3) 確かにBは，まだ食中毒の原因を特定できていない段
   階で，本件公表をし，これによりAの売り上げは落ち込　35
   んでいることから，BはXに対し不利益な取扱いをした
   といえる。
   しかし，本件においては実際にAで飲食した客の1人
   は食中毒を発症しており，食中毒は症状が悪化すると死
   に至ることも考えられるため，食中毒に関する情報の共　40
   有は，被害を最小限度に抑制するためには重要であると
   いえる。そして，BはXに対して意見陳述の機会も与え
   ており，一方的に不利益な取扱いをしたとはいえない。
   さらに，食中毒の原因がAの鶏肉ではないことが判明

⬅️○以下，侵害留保説について十分な論証がなされている

⬅️△問題提起は冒頭に記載したほうがよかった

⬅️○公表の性質について触れられている

⬅️○結論OK

⬅️○問題点の指摘OK

⬅️○あてはめについては，自分なりの考えが十分説得的に述べられている。規範の定立ができていればなおよかった

した後は，Bは公表した情報をY市のホームページから 45
削除していることから，BはXが受ける不利益につき配
慮しているといえる。

(4)　以上のような事情から，本件公表は，行政手続上の観 ⬅○結論OK
点から検討しても，違法とはいえない。したがって本件
公表は適法である。 50

　　　　　　　　　　　　　　　　　　　　　以上

法律の留保の原則については，自説を説得的な理由づけとともに論じられれば十分である。実務の立場である侵害留保説に立つのがよいであろう。侵害留保説に立った場合には，公表が非権力的な事実行為であることから，法律の留保の原則が及ばないのではないかという問題意識をもつことができたかが重要である。そして，そこから一歩進んで，公表がなされた場合には，対象者のプライバシーや営業利益の侵害という不利益をもたらす結果となるのではないかという点について配慮することができれば，本問について十分な検討ができていたといえるであろう。なお，情報提供を主たる目的とした公表について法律の留保の原則が及ばないとした裁判例として，東京高判平成15年5月21日（高民56巻2号4頁）がある。

行政手続上の問題については，本件公表が，「不利益な取扱い」（Y市行政手続条例23条2項）に該当するかという点が問題となる。Y市行政手続条例23条2項の規定は，行政手続法32条2項と同一のものであるため，その解釈については，行政手続法の場合と同様に考えればよい。「不利益な取扱い」の意義については，もともと知っていたという受験生は少ないであろう。このような問題がでた場合には，行政指導の性質に立ち戻って，自分なりの規範を定立して，それにあてはめるという作業を淡々とこなすだけでも十分である。

## 答案構成

第1　法律の留保の原則の観点
1　Bが法律の根拠なく行った本件公表は違法か，法律の留保の及ぶ範囲が問題となる
2　この点について，侵害的な行政活動について法律の留保の原則が及ぶと解する
とすると，非権力的な事実行為である公表には法律の留保の原則が及ばないとも思える
もっとも，公表には，①情報提供目的，②制裁目的でなされる場合がある
そして，行政指導に従わない場合に②の目的でなされた公表には法律の留保が及ぶと解する
3　本件公表は，①を主たる目的としてなされたものといえる
したがって，本件公表は適法である
第2　行政手続上の観点

1　本件公表は，行政指導に従わなかったことを理由としてなされた「不利益な取扱い」（Y市行政手続条例23条2項）にあたり，違法でないか
2　「不利益な取扱い」とは，相手方にとって行政指導への協力が任意であることを否定するような不当な制裁行為のことをいう
そして，制裁として公表を行う場合は，公表により行政指導への服従を間接的に強制することになるから，この場合には，公表は「不利益な取扱い」にあたると解する
3　本件公表は，上述のとおり，①情報提供目的でなされており「不利益な取扱い」にあたらない
よって，本件公表は違法ではない
以上

**【参考文献】**
試験対策講座3章2節，4章4節②【2】(2)，5章2節④。

Xは，Y県知事から旅館業法上の許可を受けホテル営業を行ってきた。しかし，昨今の経営難から，Xが旅館業法の要求する衛生基準を守っていないことが，調査により発覚した。Y県知事は，Xの提出した主張および証拠書類を審査したうえ，営業許可を取り消した。Xに対する通知書には，「Xの経営するホテルは，衛生基準をみたしていないため，旅館業法第8条に基づき営業許可を取り消す」と書かれていた。Xは，営業許可取消しのなされた手続に不満を覚えた。本件営業許可取消処分に取消事由が認められるか，手続的観点に絞って論ぜよ。

【参照条文】
○旅館業法（昭和23年法律第138号）（抜粋）
第8条　都道府県知事は，営業者が，この法律若しくは（略）この法律に基づく処分に違反したとき（略）は，（略）許可を取り消し，又は1年以内の期間を定めて旅館業の全部若しくは一部の停止を命ずることができる。（略）
【参照資料】
　旅館業法第8条の適用にかかるY県処分基準（公表されているもの）
・違反事実の内容がきわめて悪質であるとともに，営業者に是正についての意欲がないと認めるとき，または，営業停止命令によってもなお違反事実が是正される見込みがないと認めるときは，法第8条の規定により営業許可を取り消す。
・営業施設の維持管理その他の営業行為に係る違反事実により直ちに危害が発生すると認められるとき，または，改善指導により学校施設の維持管理その他の営業行為に係る違反事実が是正されないときは，法第8条の規定により営業許可を取り消す場合を除き，営業の停止を命ずる。

【論　点】
1　聴聞手続がとられるべき場合
2　理由の提示の程度
3　手続の瑕疵と行政処分の効力

# 答案例

第1　意見陳述手続の瑕疵について
1　Y県知事の営業許可取消処分（以下「本件処分」という）に行政手続法は適用されるか。 ➡適用除外の検討

本件処分は行政処分である。したがって，適用除外規定がないかぎり行政手続法が適用される。本件処分は地方公共団体の機関であるY県知事によってなされているが，処分の根拠規定は条例や規則ではないため，行政手続法3条3項の適用除外にあたらず，行政手続法が適用される。

2　本件処分は，行政庁であるY県知事が，旅館業法に基づき，Xに対して，直接に，営業許可を取り消すものであるから，「不利益処分」（行政手続法2条4号）にあたる。不利益処分における意見陳述手続には，聴聞手続と弁明の機会の付与（以下「弁明手続」という）の2種類があるが，本問ではいずれの手続がとられるべきか。 ➡不利益処分にあたることの認定 ➡問題提起

本件処分は，営業許可により与えられた，適法にホテル経営を行いうる地位を剥奪するものであるから，「許認可等を取り消す不利益処分」（行政手続法13条1項1号イ）にあたり，前者の聴聞手続が必要である。その例外を定める行政手続法13条2項の諸要件も，本問ではみたされない。

ところが，本問でとられた手続は，弁明手続相当の手続にすぎない。 ➡手続の瑕疵の認定①

3　したがって，本件処分の手続には，行政手続法13条1項1号イ違反という瑕疵がある。

第2　理由の提示の瑕疵について
1　行政手続法14条1項本文に基づき，Y県知事は，本件処分の理由をXに通知している。 ➡適用条文の指摘 ➡理由の提示があることの認定

2　もっとも，その提示の程度は十分なものといえるか。 ➡事案の問題提起

行政処分において理由の提示が要求される趣旨は，行政庁の判断の慎重と公正を担保して恣意を抑制するとともに，不利益処分の理由を被処分者に対し明示することにより争訟の便宜を与えることにある。ここから，①当該処分の根拠法令の規定内容，②当該処分にかかる処分基準の存否および内容ならびに公表の有無，③当該処分の性質および内容，④当該処分の原因となる事実関係の内容等を総合考慮し，上記趣旨を実質的に確保できる程度の理由の提示が必要だと考える。 ➡規範定立 ⇒最判平成23年6月7日（百選Ⅰ120事件）

本問でこれをみると，①旅館業法8条の定める処分要件は抽象的であるうえ，③これに該当する場合に処分をするかしないか，また処分をするとして，営業許可取消処分をするか営業停止処分にとどめるかは，処分行政庁の政策的な裁量に委ねられている。また，②処分内容の決定に関しては処分基準が定められ，公表されているが， ➡あてはめ（規範に対応させる）

その内容は多様な事例に対応すべく抽象的なものとなっている。つまり，営業許可取消処分をなすにあたり，処分行政庁において，多種多様な事情を総合的に考慮することが予定されているといえる。

そうだとすれば，恣意抑制機能と争訟便宜機能を実質的に確保するためには，本件処分に際し，処分の原因となる事実および処分の根拠法規に加え，処分基準の適用関係までもが示されなければならない。

しかしながら，通知書には処分基準の適用関係はいっさい示されていない。　　　　　　　　　　　　　➡手続の瑕疵の認定②

3　したがって，本件処分における理由の提示は，その程度が不十分であり，本件処分の手続には，行政手続法14条1項本文違反という瑕疵がある。

第3　手続の瑕疵と行政処分の効力について

1　では，本件処分に取消事由が認められるか。処分の手　➡事案の問題提起
　続に瑕疵がある場合に，それが処分の取消事由になるか　➡論点の問題提起
　が問題となる。

　　　手続は実体的に正しい処分を生みだすための手段にす　➡反対説
　ぎないと考えれば，手続の瑕疵が処分の取消事由になる
　かは，手続が結果に対して及ぼす影響を考慮して決せら
　れることになる。

　　　しかしながら，行政手続法が，適正な行政手続を構成　➡私見
　するための重要な要素として，①意見聴取手続，②理由
　の提示，③文書閲覧，④基準の設定・公表という4本柱
　を明確に掲げたことを考えると，少なくともこれらの要
　素に関しては，適正手続によってのみ処分を受けるとい
　う意味での手続的権利が国民に保障されていると考える
　べきである。したがって，聴聞を欠くことや十分な程度
　の理由の提示を欠くことは，権利侵害として当然に，処
　分の取消事由になる。

2　よって，本件処分には取消事由が認められる。　　　　➡三段論法の帰結，問いに答える

以上

1　Y県知事の行った営業許可取消処分は，行政手続法（以下「行手法」）上の不利益処分にあたる。そして，本件処分は行手法13条１項１号イに基づき聴聞手続をとるべき処分であった。本件でY県知事はXに主張および証拠書類の提出を求めているにすぎず，弁明の機会の付与程度の意見　　5
陳述の機会しか与えておらず，この点で手続違反がある。
　このような手続違反は，処分の取消事由を構成するか。手続が結果の正しさを確保するための手段としての意味をもつことと，将来にわたる手続違反の抑制の必要性があることとの均衡を図るため，以下のように考えるべきである。10
すなわち，①軽微な瑕疵の場合には取消事由にならない。②制度の根幹にかかわる手続違反で，その瑕疵を許したのでは制度自体の信用を揺るがせることになる場合には，結果のいかんを問わず，取消事由になる。③中間的な場合には，結果に影響を及ぼす場合にかぎり，取消事由になる。15
　聴聞手続がとられない瑕疵は，行手法が明確に定めた行為義務に対する違反である以上，制度の根幹にかかわる瑕疵といえる。よって本件処分には取消事由が認められる。
2　Y県知事の行った営業取消処分にあたって提示された通知書の理由は，理由の提示（14条１項）として要求される　　20
程度をみたしているか。
　理由の提示は，行政庁の恣意抑制機能，不服申立て便宜機能，という２つの機能を担っており，理由の提示は，これらの機能を十全に果たせる程度になされなくてはならない。本件では，処分基準が設定・公表されている以上，い　　25
かなる事実関係にいかなる処分基準を適用したのかが被処分者にとって明確になる程度の理由の提示が要求されよう。
　もっとも，Y県知事のXに対する通知書には，処分基準の適用に関する記載がまったくなく，これでは恣意抑制機能・不服申立て便宜機能が十全に果たせるとはいえない。　　30
よって通知書の理由は，不十分なものといわざるをえない。
　そして理由の提示が上記の重要な機能を営むものであることから，理由不十分の瑕疵は制度的根幹にかかわる瑕疵といえ，処分の取消事由を構成するというべきである。
3　よって，本件処分には取消事由が認められる。　　35
以上

〇不利益処分の認定OK

〇条文の指摘が正しい

〇手続違反の認定OK

〇規範定立OK

〇あてはめが的確

〇趣旨から書く姿勢OK

△最判平成23年６月７日（百選Ⅰ120事件）に触れたい

〇あてはめが的確

## 答案作成上の注意点

　まず，本件処分をする際に聴聞手続が必要か，弁明手続で足りるかという問題については，格別，論点を問うているのではなく，行政手続法13条１項をしっかりと理解しているかを問うている。本件処分は当初は適法になされた許可処分を事後的理由により覆すものとして，講学上の撤回にあたる。そして，13条１項１号イの取消しは，講学上の撤回をも含むと考えられている。そのため，本間ではこれにより聴聞手続が必要となる。

　次に，理由の提示についてだが，理由の提示の程度という論点はとても重要であるため，この点についての最判平成23年６月７日（百選Ⅰ120事件）も覚えておいてほしい。この判決は，不利益処分において，どの程度の理由の提示が必要かについて，理由の提示の２つの機能（恣意抑制機能・争点便宜機能）に照らし，①根拠法令の規定内容，②処分基準の存否，内容，公表の有無，③処分の性質，内容，④原因となった事実関係の内容などを総合考慮して決すべきとしている。この判決を知っていれば，答案例のような書き方をすることができる。

　最後に，手続の瑕疵が，処分の取消事由を構成するかという問題がある。ここでは，大きく分けて，２つの考え方がある。ひとつは，手続は実体の適正を担保する手段にすぎず，独自の価値を有しないという考え方であり，もうひとつは，行政手続の独自の意義を重視する考え方である。前者の立場に立てば，手続違反がなければ処分内容が変わった可能性があるかという観点から，取消事由を考えることになるのに対し，後者の立場に立てば，処分内容いかんを検討するまでもなく，手続違反が取消事由を構成することになる。さらに，そもそも手続にはこのような２つの側面が混在することを受けいれて，㋐軽微な瑕疵の場合，㋑制度の根幹に関わる瑕疵の場合，㋒中間的な場合の３つに分けて，取消事由の有無を考える見解も有力に存在する。これは，群馬中央バス事件（最判昭和50年５月29日〔百選Ⅰ118事件〕）の調査官解説の述べる考え方である。

## 答案構成

第１　意見陳述手続の瑕疵
　１　本件処分に行政手続法が適用されるか
　　　適用除外要件をみたさず，適用される
　２　本件処分は不利益処分にあたるが，聴聞手続をとるべきか，弁明手続で足りるか
　　　行政手続法13条１項１号イから聴聞手続が必要
　　　本問では弁明手続相当の手続にすぎない
　３　したがって，意見陳述手続に瑕疵あり
第２　理由の提示の瑕疵
　１　不利益処分には原則理由の提示が必要であり（行政手続法14条１項本文），本件でも提示あり
　２　もっとも，その程度は十分か
　　　理由の提示は，①根拠法令の規定内容，②処分基準の存否，内容，公表の有無，③処分の性質，内容，④原因となる事実関係の内容等を総合考慮し，恣意抑制機能と争訟便宜機能を実質的に確保できる程度にな

されることが必要
　　　本問では，①根拠規定の抽象性，③効果裁量の存在，②処分基準が公表され，定め方が抽象的であることから，処分基準の適用関係まで明らかにする必要がある
　３　したがって，本件処分には，処分理由の提示が不十分という瑕疵がある
第３　手続の瑕疵と行政処分の効力
　１　手続に瑕疵がある場合，当然に処分に取消事由があるといえるか
　　　手続の手段性から，結果に影響を及ぼす瑕疵のみ取消事由があるとの考え方も
　　　しかし，いわゆる適正手続４原則については，行政手続法が手続的権利を国民に保障したと考えるべきであるから，４原則にかかる手続違反はただちに取消事由を構成
　２　本件処分には取消事由が認められる
　　　　　　　　　　　　　　　　　　　以上

【参考文献】
試験対策講座５章２節③。判例シリーズ40事件，41事件。

仏教のある宗派を信仰する宗教法人Xは，Y県A市において墓地を経営している。Xは，これまで，いわゆる異教徒を埋葬することを拒否していた。しかし，厚生労働省から各都道府県衛生局長に対して，「墓地経営者は，異教徒の埋葬を拒んではならない。埋葬を依頼した者が異教徒であることは，墓地，埋葬等に関する法律第13条の『正当の理由』にはあたらない」旨の通達（以下「本件通達」という）が発せられた。その結果，Xはその意思に反して異教徒の埋葬を強制された。そこで，Xは，本件通達によって，信教の自由に反して異教徒の埋葬を強制され，墓地所有権が侵害されたとして，本件通達の取消訴訟を提起した。この事例について，以下の各問いに答えよ。

1　本件通達は，抗告訴訟の対象となる処分（以下「処分」という）にあたるか。
2　本件通達が処分にあたらないという立場をとった場合，Xは行政事件訴訟法上いかなる訴訟を提起することができるか。

【参照条文】
○墓地，埋葬等に関する法律（昭和23年法律第48号）（抜粋）
第13条　墓地，納骨堂又は火葬場の管理者は，埋葬，埋蔵，収蔵又は火葬の求めを受けたときは，正当の理由がなければこれを拒んではならない。
第21条　左の各号の一に該当する者は，これを1,000円以下の罰金又は拘留若しくは科料に処する。
　　一　第3条，第4条，第5条第1項又は第12条から第17条までの規定に違反した者
　　二　（略）

【論　点】
1　通達の処分性
2　通達を争うための訴訟

## 答案例

第1　小問1について

> 1　抗告訴訟の対象となる「処分」（行政事件訴訟法3条2項）とは，公権力の主体たる国または公共団体が行う行為のうち，その行為によって，直接国民の権利義務を形成しまたはその範囲を確定することが法律上認められているものをいう。具体的には，①公権力性および②直接具体的法効果性により判断する。

▷規範定立
➡最判昭和39年10月29日（判例シリーズ44事件）

2　以下，本件通達が上記の「処分」にあたるか検討する。

▷あてはめ（規範に対応させる）

(1)　まず，本件通達は，厚生労働省が，その優越的地位に基づき，一方的になした行為であるから，①公権力性が認められる。

(2)　通達は，原則として，法規の性質をもつものではなく，上級行政機関が関係下級行政機関および職員に対してその職務権限の行使を指揮し，職務に関して命令するために発するものであり，行政組織内部における命令にすぎない。

▷通達の性質
➡最判昭和43年12月24日（判例シリーズ12事件）

(3)　したがって，一般の国民は直接通達に拘束されるものではない。このことは，通達の内容が，法令の解釈や取扱いに関するもので，国民の権利義務に重大な関わりをもつようなものである場合においても別段異なるところはない。

▷一般の国民との関係

　そうだとすれば，本件通達は，墓地，埋葬等に関する法律13条の解釈運用について下級行政機関を拘束するにとどまり，Xは本件通達に直接拘束されない。

　よって，本件通達は，直接にXの墓地所有権を侵害したり，新たに埋葬の受忍義務を課したりするものとはいえない。

(4)　また，裁判所は，法令の解釈適用にあたっては，通達に示された法令の解釈とは異なる独自の解釈をすることができ，通達に定める取扱いが法の趣旨に反するときは，通達に基づいてなされた行為について独自にその違法を判定することもできる。

▷裁判所との関係

　そうだとすれば，墓地，埋葬等に関する法律21条に関しても，裁判所は本件通達における法律解釈に拘束されないから，墓地，埋葬等に関する法律13条の「正当の理由」の判断にあたっては，本件通達に示されている事情以外の事情をも考慮することができる。

　したがって，本件通達が発せられたからといってただちにXにおいて刑罰を科せられるおそれがあるともいえない。

(5)　よって，本件通達は，直接Xの権利義務を形成しまたはその範囲を確定するものとはいえず，②直接具体的法効果性は認められない。

3　以上より，本件通達は，抗告訴訟の対象となる「処

▷三段論法の帰結，問いに答える

分」にあたらない。　　　　　　　　　　　　　　45
第2　小問2について
　1　本件通達が抗告訴訟の対象となる「処分」にあたらない場合，Xが提起することのできる行政事件訴訟法上の訴訟としては，実質的当事者訴訟（行政事件訴訟法4条後段）が考えられる。　　　　　　　　　　　50

➡提起する訴訟の明示

　　　Xは，本件通達によって，異教徒の埋葬を刑罰（墓地，埋葬等に関する法律21条1号）の威嚇をもって強制されている。
　　　そこで，Xは，信教の自由（憲法20条1項）と墓地所有権の侵害を理由とし，本件通達が違法・無効であることを主張して，埋葬受忍義務不存在の確認を求める訴訟を提起することが考えられる。　　　　　　　　55

　2　この実質的当事者訴訟としての確認訴訟を提起するためには，確認の利益が認められることが必要である。確認の対象は，論理的には無限定であるため，紛争解決にとって無益な確認の訴えを排除する必要があるからである。そして，確認の利益の有無は，①即時確定の利益，②確認対象選択の適否，③確認訴訟という方法選択の適否を基準に判断される。　　　　　　60

➡事案の問題提起

➡要件の定立

　(1)　本問では，Xは，本件通達後，その意思に反して異　65
教徒の埋葬を強制されているという現実的な不利益を受けている。
　　　さらに，このような強制に対して異教徒の埋葬を拒否することができたとしても，Xは，墓地，埋葬等に関する法律21条1号による刑罰を科されるという具体　70
的な不利益を受けるおそれがある。
　　　したがって，①Xの埋葬受忍義務の不存在について即時確定の利益が認められる。

➡あてはめ

　(2)　また，Xは異教徒の埋葬を強制されるという現実的な不利益を受けているから，Xの埋葬受忍義務の不存　75
在を確認することは抜本的な紛争解決のために必要かつ適切ということができる。
　　　したがって，②確認対象選択の適切性が認められる。
　(3)　さらに，本件通達は抗告訴訟の対象となる「処分」にあたらない以上，Xは抗告訴訟を提起することがで　80
きない。
　　　したがって，③埋葬受忍義務不存在確認訴訟という方法選択の適切性も認められる。
　(4)　よって，埋葬受忍義務不存在確認訴訟について確認の利益が認められる。　　　　　　　　　　　　85

➡三段論法の帰結（事案の問題提起に対応させる）

　3　以上より，Xは実質的当事者訴訟としての埋葬受忍義務不存在確認訴訟を提起することができる。

➡問いに答える

　　　　　　　　　　　　　　　　　　　　　以上

1 小問1について
 (1) 本件通達は「処分」（行政事件訴訟法3条2項）にあたるか。
 (2) ここで，「処分」とは，公権力の主体たる国及び公共団体の行為のうち，その行為によって直接国民の権利義務を形成し又はその範囲を確定することが法律上認められたものをいう。 5

 ← △「処分」の定義が不正確

 (3) そもそも，通達は行政の内部的基準を定めたものであって，国民及び裁判所を法的に拘束するものではない。

 ← ○通達の法的性質OK

   したがって，本件通達はXを法的に拘束するものではなく，本件通達が発せられたからといって，Xの異教徒の埋葬をする義務は墓地，埋葬等に関する法律（以下，「法」という。）13条に基づいて直接に形成されるわけではない。また，裁判所も，「埋葬を依頼した者が異教徒であることは，墓地，埋葬等に関する法律第13条の『正当な理由』にあたらない」とする本件通達に拘束されないので，Xは，異教徒の埋葬を拒否したからといってただちに法21条1号により刑罰を科されるわけではなく，Xの異教徒の埋葬をする義務は法21条1号に基づいて直接には形成されない。 10 15 20

 ← ○問題文を使って具体的に考えられている

 ← △正しくは，「『正当な理由』にはあたらない」

 (4) よって，本件通達が発せられたことは「処分」にあたらない。

 ← ○結論OK

2 小問2について
 (1) Xは，「公法上の法律関係に関する確認の訴え」（行政事件訴訟法4条後段）として，法13条による異教徒の埋葬を受忍する義務の不存在確認の訴えを提起することが考えられる。かかる訴えは適法か。 25

 ← ○実質的当事者訴訟の指摘OK

 (2) 確認訴訟はその対象が不明確であること，また，確認訴訟が確定しても既判力や形成力が生じないことから，確認訴訟が適法であるためには，①即時確定の利益，②確認対象の適格性，③確認の訴えによることの適格性があることが必要であると考える。 30

 ← ○確認の利益の要件定立OK

 (3)ア 即時確定の利益とは，原告の権利に危険が現存しており，即時に権利を確定する必要がある場合をいうと考える。 35
   本件において，Xはすでに，本件通達後，無承諾のまま異教徒の埋葬を強行されており，信教の自由に基づいて異教徒の埋葬を拒否する権利に危険が現存しているといえる。
   よって，Xには上記確認の訴えを提起することについて即時確定の利益があるといえる。（①） 40
  イ 確認対象の適格性があるとは，確認対象が確認訴訟による紛争処理にとって適切な場合をいうと考える。
   上記確認の訴えの対象は，X自身の，現在における異

教徒の埋葬を受忍する義務に関するものである。また，
Xは信教の自由に反して異教徒の埋葬の受忍を強制さ
れないことを上記確認の訴えを提起する目的としてい
るので，法13条による異教徒の埋葬を受忍する義務の
不存在が確認されることによって，紛争が抜本的に解
決される。

　したがって，かかる義務の不存在確認が確認訴訟に
よる紛争処理にとって適切であり，上記確認の訴えに
確認対象の適格性があるといえる。(②)
ウ　本件通達の取消訴訟が違法であるので，Xの目的を
達成するために上記確認の訴え以外に適切な法的手段
はない。

　したがって，上記確認の訴えに確認訴訟によること
の適格性があるといえる。(③)
⑷　よって，法13条による異教徒の埋葬を受忍する義務の
不存在確認の訴えは適法であり，Xはかかる訴えを提起
することができる。

以上

45

50

55

60

⬅△いかなる紛争なのかが明確で
ないため，わかりにくい

⬅○結論OK

## 答案作成上の注意点

小問1では，本件通達の処分性の肯否が問われている。処分性については，最判昭和39年10月29日（百選Ⅱ148事件）の示した定義をしっかりおさえることが前提となる。そのうえで，問題になっている行為の法的性質をふまえて処分性の定義にあてはめていけばよい。本問で問題となっている通達の法的性質については，最判昭和43年12月24日（百選Ⅰ55事件）が，原則として法規の性質をもつものではなく，行政組織内部における命令にすぎないから，国民は通達に直接拘束されるものではないとしている。このような考え方に照らすと，一般的に通達の処分性は否定されることになろう。この判例は重要基本判例であるため，判例の理解が不十分で答案をうまく書くことができなかった場合には，しっかりと復習しておく必要がある。

なお，下級審裁判例ではあるが，東京地判昭和46年11月8日（判時652号17頁）は，一定の要件のもとで通達の処分性を肯定する余地があることを示している。したがって，本件通達の処分性を肯定することが誤りということはできないと思われる。しかし，その場合には，上記の2つの最高裁判例をふまえたうえで説得的な論証をする必要があろう。

小問2については，行政事件訴訟法4条後段の実質的当事者訴訟としての確認訴訟を提起することになる。確認対象を何にするかについてはさまざま考えられる部分である。答案例では埋葬受忍義務の不存在としたが，たとえば埋葬拒否権の存在とすることや，通達の違法そのものを確認対象とすることも考えられる。自分なりに確認対象を設定し，その確認訴訟についてしっかり確認の利益の有無を検討することが重要となろう。

## 答案構成

第1　小問1
1　「処分」の定義
2(1)　①公権力性あり
(2)　通達は原則，法規の性質をもたない
(3)　したがって，一般の国民は直接通達に拘束されない
　　よって，本件通達は，直接にXの墓地所有権を侵害したり，新たに埋葬の受忍義務を課したりするものではない
(4)　また，裁判所も通達に拘束されない
　　そうだとすれば，裁判所は本件通達の法律解釈に拘束されない
　　したがって，ただちにXが刑罰を科せられるおそれがあるともいえない
(5)　よって，本件通達は，直接Xの権利義務を形成しまたはその範囲を確定するものとはいえない（②否定）
3　以上より，本件通達は処分にあたらない

第2　小問2
1　埋葬受忍義務不存在確認訴訟を提起する
2　確認の利益の有無は①即時確定の利益，②確認対象選択の適否，③確認訴訟という方法選択の適否を基準に判断
(1)　Xは異教徒の埋葬を強制されているという現実的な不利益を受けている
　　さらに，刑罰を科されるという具体的な不利益を受けるおそれがある
　　したがって，①が認められる
(2)　また，抜本的な紛争解決のために必要かつ適切ということができる
　　したがって，②が認められる
(3)　Xは抗告訴訟を提起できない
　　したがって，③も認められる
(4)　よって，確認の利益が認められる
3　以上より，提起することができる

以上

## 【参考文献】
試験対策講座4章1節④【2】。判例シリーズ12事件，44事件。

司法書士であるAは，司法書士法が定める司法書士の業務範囲に含まれない行為を業として行ったとして，法務大臣から，司法書士法第47条第1号に基づく戒告（以下「本件戒告」という）を受けた。

　　司法書士法違反はないと考えるAは，国に対して，本件戒告の取消訴訟を提起することができるか。本件戒告が抗告訴訟の対象たる処分（以下「処分」という）にあたるかという点に絞って論じなさい。なお，解答にあたっては，次の点を前提としてよい。

ア　司法書士に対する戒告とは，対象となった司法書士に対し，その非行の責任を確認させ，反省を求め，再び過ちのないように戒めることをいう。

イ　日本司法書士連合会の定める日司連懲戒処分の公表及び開示に関する規則によれば，戒告に関して日本司法書士連合会が公表する事項は，被戒告者の氏名および戒告の内容・理由等であり，また，当該事項は，日本司法書士連合会の定期刊行物（月報司法書士）やホームページにも公開されることとなっている。

ウ　司法書士法には，弁護士法と異なり，司法書士に対する戒告について，不服申立てや取消訴訟で争うことを認める明文の規定や，特別な委員会の審査を経ることを必要とする規定はない。

エ　司法書士法には，戒告をする手続として聴聞や弁明の機会を付与する旨の規定はない。

オ　Aは，公告・公表を対象として争うことは困難であると考え，本件戒告を対象として争いたいと考えている。


【参照条文】
○司法書士法（大正8年法律第48号）（抜粋）
（司法書士に対する懲戒）
第47条　司法書士がこの法律（略）に違反したときは，法務大臣は，当該司法書士に対し，次に掲げる処分をすることができる。
　一　戒告
　二・三　（略）
（懲戒処分の公告）
第51条　法務大臣は，第47条（略）の規定により処分をしたときは，遅滞なく，その旨を官報をもって公告しなければならない。


【論　点】
司法書士法に基づく戒告の処分性

## 答案例

1　Aは，本件戒告が違法であるとして，国に対して，戒告の取消訴訟（行政事件訴訟法３条２項）を提起することができるか，本件戒告が「処分」（行政事件訴訟法３条２項）にあたるかが問題となる。

➡️事案の問題提起

　　取消訴訟の対象となる処分は，一般に，公権力の主体たる国または公共団体が行う行為のうち，その行為によって，直接国民の権利義務を形成しまたはその範囲を確定することが法律上認められているものをいう。

　　具体的には，①公権力性および②直接具体的法効果性により判断する。

➡️規範定立
⇨最判昭和39年10月29日（判例シリーズ44事件）

2　これを本件戒告について検討する。

➡️あてはめ

⑴　まず，本件戒告は，法務大臣が，その優越的地位に基づき，一方的になした行為であるから，①公権力性が認められる。

⑵　司法書士に対する戒告は，その事実が官報によって公にされることが法律上予定され（司法書士法51条），日本司法書士連合会の定期刊行物やホームページにおいて公表されることが規則に定められていること（以下「本件公表等」という）から，顧客からの信頼の喪失が生じうるというような，被戒告者に関する不利益的な扱いが予定されている行為である。そのため，本件戒告に②直接具体的法効果性が認められ，「処分」にあたるとも思える。

➡️不利益の内容を具体的に示す

　　しかし，そもそも司法書士に対する戒告とは，対象となった司法書士に対し，その非行の責任を確認させ，反省を求め，再び過ちのないように戒める事実行為にすぎない。ここには，業務の停止という法的効果がある業務停止処分などの他の懲戒処分とは異なり，相手方である司法書士の権利義務関係を変動させるような具体的な法的効果を認めることはできない。

➡️「事実」行為と評価して，法的効果というキーワードと対照させる

　　また，たとえ本件公表等によって対象となった司法書士の名誉や社会的信用が害されるとしても，これは戒告の直接の法的効果ではなく，事実上の効果にすぎない。

➡️「事実上の」効果と評価して，法的効果というキーワードと対照させる

　　そして，司法書士法には，弁護士法と異なり，司法書士に対する戒告について，不服申立てや取消訴訟で争うことを認める明文の規定や，特別な委員会の審査を経ることを必要とする規定はなく，戒告をする手続として聴聞や弁明の機会を付与する旨の規定もない（行政手続法13条１項参照）。

➡️手続規定への着目

　　このことから，戒告に関する司法書士法等のしくみにより，司法書士に対する戒告を処分として扱うとの立法政策がとられているとみることはできない。

　　以上より，司法書士に対する戒告は，その行為によって，直接国民の権利義務を形成しまたはその範囲を確定

➡️あてはめの結論（規範に対応させる）

することが法律上認められているものとはいえず，②直 45
接具体的法効果性は認められない。
3　よって，本件戒告は「処分」にはあたらないため，Aは，
本件戒告の取消訴訟を提起することができない。

　　　　　　　　　　　　　　　　　　　　　　　　以上

➡三段論法の帰結，問いに答える

1　Aは，戒告が「処分」（行政事件訴訟法3条2項）に当たるとして処分の取消訴訟を提起できないか。

　　ここで，「処分」とは，国又は公共団体が行う行為のうち，当該行為によって国民の権利義務を形成し，又はその範囲を確定することが法律上認められているものをいう。　　　　5

← △定義が不正確。「公権力の主体」「直接」というキーワードが抜けている

2　これを本問戒告についてみると，たしかに，戒告がなされた後，「遅滞なく，その旨を官報をもって公告しなければならない」とされている（司法書士法51条）。そして，官報のみならず，月報司法書士及びホームページにも掲載　　10されることが予定されている。

← ○「のみならず……にも」とさりげなく評価がなされている

　　そうすると，これらの規定から，Aが戒告を受けたとの事実は広く世間に知れ渡ることになり，Aが司法書士として業務を遂行していくことに何らかの支障が生ずることは否めない。

← ○具体的に検討できており好印象

　　また，公表される内容も，Aの氏名，処分の内容とその　　15理由と具体的であり，Aの職業人としての名誉が失墜することはほとんど確実である。

← ○ここでも具体的に検討できており，すばらしい

　　このようにみると，本問戒告は，Aの司法書士としての権利義務を直接に形成するもので「処分」に当たり得ると思われる。　　　　　　　　　　　　　　　　　　　　　　20

3　しかしながら，以下の理由により，本問戒告は「処分」に当たらないと考える。

← △あてはめは解釈ではないから「考える」必要はない

　　まず，本問戒告は，「対象となった司法書士に対し，その非行の責任を確認させ，反省を求め，再び過ちのないように戒めること」をいい，他にAに対し不利益を課すよう　　25な規定は見当たらない。前述のようにAに名誉等の侵害がなされることも否定できないが，それは本問戒告に伴う間接的で事実上の効果にすぎず，Aの権利義務や法的地位について直接にその範囲を確定する性質のものではない。

← ○この指摘がしっかりできている点が行政法の理解の深さを感じさせる

　　また，本問戒告には，特別な委員会の審査を経ることを　　30要する旨の規定はなく，その手続上，聴聞等の機会を付与する規定もない。これらの規定が仮にあれば，本問戒告の効果が被戒告者にとって重大であり，戒告に「処分」性を認めることも一概に不当とも考えられない。

← △ここから2段落の事実の整理は不適切

← △この評価はよくわからない

　　もっとも，これらの規定はなく，さらに，戒告を受けた　　35者が不服申立や取消訴訟によって争うことを認める規定もないことを考慮すると，司法書士法は懲戒処分の戒告に被戒告者の権利義務を直接に形成する効果を与えていないものと考えることができる。

4　したがって，本問戒告は，当該行為によって国民の権利　　40義務を形成しまたはその範囲を確定することが法律上認められているものとはいえず，「処分」（行政事件訴訟法3条2項）にあたらない。

← ○三段論法を意識できている

　　よって，Aは，本問戒告に対する取消訴訟を提起するこ

← ○問いに答えている

とはできない。

　　　　　　　　　　　　　　　　　　　45

　　　　　　　　　　　　以上

## 答案作成上の注意点

　本問で問題となる「処分」（行政事件訴訟法3条2項）について，まず，判例（最判昭和39年10月29日〔百選Ⅱ148事件〕）の定義，および，（処分にあたるかが微妙な場合には）個別法のしくみ解釈が必要であることについては，多くの受験生が書いてくるところなので，正確に記述する必要がある。

　問題文には，戒告の処分性を否定する方向に傾く事情が多くあげられていることから，処分性を否定するよう誘導していることを読みとってほしい。特に，問題文ウ，エの事情は「処分」の定義にそのままあてはめることが難しいため，答案例のように，はじめにしくみ解釈の視点を提示すると論述しやすいであろう。司法書士法47条柱書が「処分」と記載していることからただちに処分性が認められると考えてしまったならば，処分性の有無を個別法のしくみ解釈からひも解く姿勢を常に心掛けてほしい。

## 答案構成

1　戒告の処分性が問題
　　「処分」（行政事件訴訟法3条2項）とは，公権力の主体たる国または公共団体が行う行為のうち，その行為によって，直接国民の権利義務を形成しまたはその範囲を確定することが法律上認められているものをいう
2　あてはめ
　⑴　①公権力性あり
　⑵　本問では，公表（司法書士法51条）され，顧客からの信頼喪失という不利益を被るため，直接具体的法効果性が認められ「処

分」にあたるとも思える
　　しかし，戒告自体に法的効果なし
　　また，本件公表等による信頼喪失も事実上の効果にすぎない
　　そして，司法書士法のしくみは，戒告を処分として扱う立法政策をとらず
　　以上より，②直接具体的法効果性なし
3　よって，「処分」不該当，取消訴訟を提起できない

　　　　　　　　　　　　　　　　　　　　　以上

【参考文献】
試験対策講座6章2節③【1】。判例シリーズ44事件。

廃棄物処理業者Aは，2021（令和3）年3月19日，Y県知事Bに対し，廃棄物の処理及び清掃に関する法律（以下「廃棄物処理法」という）第15条第1項に基づき，Y県C市内における産業廃棄物最終処分場（以下「本件施設」という）の設置に関する許可申請を行い，2021（令和3）年6月19日，当該申請に対する許可処分（以下「本件許可処分」という）がなされた。本件施設の周辺住民であるXは，本件施設から漏出する汚水等により生活環境が悪化し，自己に健康被害が生じることを懸念し，本件許可処分の取消訴訟を提起した。この事例について，以下の各小問に答えよ。なお，本件施設の設置は，環境影響評価法の対象事業に該当するものとする。
1　行政事件訴訟法第9条第1項にいう「法律上の利益」の解釈について述べよ。
2　本件許可処分の取消訴訟につき，Xに原告適格が認められるかを検討せよ。

【参照条文】
○廃棄物の処理及び清掃に関する法律（昭和45年法律第137号）（抜粋）
（目的）
第1条　この法律は，廃棄物の排出を抑制し，及び廃棄物の適正な分別，保管，収集，運搬，再生，処分等の処理をし，並びに生活環境を清潔にすることにより，生活環境の保全及び公衆衛生の向上を図ることを目的とする。
（産業廃棄物処理施設）
第15条　産業廃棄物処理施設（略）を設置しようとする者は，当該産業廃棄物処理施設を設置しようとする地を管轄する都道府県知事の許可を受けなければならない。
2　前項の許可を受けようとする者は，環境省令で定めるところにより，次に掲げる事項を記載した申請書を提出しなければならない。
　一～九　（略）
3　前項の申請書には，環境省令で定めるところにより，当該産業廃棄物処理施設を設置することが周辺地域の生活環境に及ぼす影響についての調査の結果を記載した書類を添付しなければならない。（略）
4～6　（略）
（許可の基準等）
第15条の2　都道府県知事は，前条第1項の許可の申請が次の各号のいずれにも適合していると認めるときでなければ，同項の許可をしてはならない。
　一　（略）
　二　その産業廃棄物処理施設の設置に関する計画及び維持管理に関する計画が当該産業廃棄物処理施設に係る周辺地域の生活環境の保全及び環境省令で定める周辺の施設について適正な配慮がなされたものであること。
　三・四　（略）
2～5　（略）
○環境影響評価法（平成9年法律第81号）（抜粋）
（目的）
第1条　この法律は，土地の形状の変更，工作物の新設等の事業を行う事業者がその事業の実施に当たりあらかじめ環境影響評価を行うことが環境の保全上極めて重要であることにかんがみ，（略）事業に係る環境の保全について適正な配慮がなされることを確保し，もって現在及び将来の国民の健康で文化的な生活の確保に資することを目的とする。

【論　点】
1　「法律上の利益」（行政事件訴訟法9条1項）の意義
2　行政事件訴訟法9条2項の規定構造

## 答案例

第1　小問1について

　　処分の取消訴訟の原告適格が認められるのは，当該処分
　の取消しを求めるにつき「法律上の利益」を有する者であ
　る（行政事件訴訟法9条1項）。そこで，「法律上の利益」
　の意義が問題となる。　　　　　　　　　　　　　　　　5

　1　この点につき，「法律上の利益」を法的な保護に値す
　　ると考えられる利益と解する見解がある。しかし，この
　　ような抽象的な基準では，原告適格を明確に判断できな
　　い。

　2　そこで，裁判所の判断に客観的な基準を与え，法的安　10
　　定性を保障するため，「法律上の利益」とは，処分の根
　　拠法規によって法律上保護された利益であると解する。
　　　よって，「法律上の利益」を有する者とは，当該処分
　　により自己の権利もしくは法律上保護された利益を侵害
　　され，または必然的に侵害されるおそれのある者をいう。　15
　　　そして，当該処分を定めた行政法規が，不特定多数者
　　の具体的利益をもっぱら一般的公益のなかに吸収解消さ
　　せるにとどめず，それが帰属する個々人の個別的利益と
　　してもこれを保護すべきものとする趣旨を含むと解され
　　る場合には，このような利益もここにいう法律上保護さ　20
　　れた利益にあたると解する。

第2　小問2について

　1　Xに本件許可処分の取消訴訟の原告適格が認められる
　　ためには，Xが，本件許可処分の取消しを求めるにつき
　　「法律上の利益」を有することが必要である。　　　　　25

　　　小問1で述べたとおり，Xが「法律上の利益」を有す
　　る者と認められるためには，本件許可処分により自己の
　　権利もしくは法律上保護された利益を侵害され，または
　　必然的に侵害されるおそれのあることを要する。

　　　そして，当該利益は，処分の根拠規定が，一般的公益　30
　　に吸収解消させることなく，個々人の個別的利益として
　　保護しているものでなくてはならない。Xは，本件許可
　　処分の「相手方以外の者」であるため，以下，行政事件
　　訴訟法9条2項の考慮事項に従い，検討する。

　2(1)　まず，Xの利益として汚水の排出等により健康を害　35
　　　されない利益が想定される。次に，本件許可処分は廃
　　　棄物処理法15条1項に基づくものであるから，同項が
　　　根拠法規である。そして，廃棄物処理法は，生活環境
　　　の保全や公衆衛生への配慮を目的としている（廃棄物
　　　処理法1条）。また，廃棄物処理法15条の2第1項2　40
　　　号は，事業者に対し，周辺地域の生活環境の保全への
　　　配慮を要求している。そうすると，廃棄物処理法は，
　　　周辺地域の生活環境および公衆衛生への配慮を趣旨お
　　　よび目的としているにとどまり，Xの健康を害されな

→論点の問題提起

→反対説の結論（法律上保護に値
　する利益説）
→反対説への批判

→自説の根拠
→自説の結論（法律上保護された
　利益説）

⇒最大判平成17年12月7日（判例
　シリーズ64事件）

→事案の問題提起

→規範定立

→根拠法令の趣旨・目的

い利益までは保護していないとも思われる。　　　　45

　　　もっとも，原告適格を判断するにあたっては，「関
　　係法令……の趣旨及び目的」（行政事件訴訟法９条２
　　項後段）についても参酌することができる。

　　　本問では，本件施設の設置は，環境影響評価法の対 →関係法令の認定
　　象事業である。そして，前述のとおり，廃棄物処理法　50
　　は，本件許可処分の適否を判断するにあたって，本件
　　施設の周辺地域における生活環境の適正な保全への考
　　慮を要求するものである。そうだとすれば，「環境の
　　保全について適正な配慮」（環境影響評価法１条）を
　　目的とする環境影響評価法は，廃棄物処理法と「目的　55
　　を共通にする」ものといえ，Ｘの原告適格を考慮する
　　にあたって参酌すべき「関係法令」にあたる。

　　　そして，環境影響評価法は，現在および将来の国民 →関係法令の趣旨・目的
　　の健康で文化的な生活の保護に資することを目的とし
　　ている（環境影響評価法１条）。したがって，廃棄物　60
　　処理法における本件施設の設置に関する規定は，周辺
　　住民の健康等への配慮をも趣旨・目的にしていると評
　　価できる。

（2）では，Ｘの健康を害されない利益は，本件許可処分 →個別保護要件
　　の根拠規定によって，一般的公益に吸収解消させるこ　65
　　となく，個々人の個別的利益として保護されているも
　　のといえるか。

　　　本件許可処分によって周辺住民が侵害される利益は， →利益の内容・性質
　　汚水の排出等により健康を害されない利益であり，生
　　命・身体に関するものであるから重大である。しかも，70
　　このような利益は，いったん侵害されれば金銭賠償等
　　による事後的な回復が困難な性質のものである。

　　　また，本件許可処分によって周辺住民に生じる被害
　　は，本件施設からの汚水の排出等による健康被害であ
　　る。当該被害は，本件施設の周辺住民にかぎって生じ　75
　　るものであるから，周辺住民の利益は，一般的公益に
　　吸収解消させるべきものではない。

　　　以上より，本件施設の周辺住民の健康を害されない →あてはめの結論（規範に対応さ
　　利益は，本件許可処分の根拠規定によって，一般的公　　　せる）
　　益に吸収解消させることなく，個々人の個別的利益と　80
　　して保護されているものといえ，法律上保護された利
　　益にあたる。

3　したがって，本件施設の周辺住民であるＸは，本件許 →三段論法の帰結（事案の問題提
　　可処分につき，「法律上の利益」を有するといえる。　　　起に対応させる）

　　　よって，Ｘには，本件許可処分の取消訴訟における原　85 →問いに答える
　　告適格が認められる。

　　　　　　　　　　　　　　　　　　　　　　　　以上

1　小問1について

(1)　行政事件訴訟法9条1項は処分の取消しの訴えは「法律上の利益」を有する者にかぎり提起することができる旨を定めているところ，「法律上の利益」の意義が文言上明確でないため解釈が問題となる。　　　　　　　　　　5

←○問題の所在OK

(2)　この点につき，裁判所の判断の客観的明確性および法的安定性の要請から，「法律上の利益」とは処分の根拠法規が保護する利益を意味すると解する（法律上保護された利益説）。

←○コンパクトな論証OK

　すなわち，「法律上の利益」を有する者とは，取り消　10
しの対象となる処分によって，自己の権利または法律上保護された利益を侵害され，もしくは侵害されるおそれのある者をいうと解する。

　そして，処分の根拠となる行政法規が，不特定多数の具体的利益をもっぱら一般的公益の中に吸収解消するに　15
とどめず，問題となっている個々人の個別的利益としても，これを保護すると解される趣旨である場合には，そのような利益を法律上保護された利益と解するものとする。

←○判例の考え方をしっかり示せている

2　小問2について　　　　　　　　　　　　　　　　　20

(1)　Xが提起した本件許可処分の取消訴訟が適法といえるためにはXが「法律上の利益」（9条1項）を有していることが必要である。Xが「法律上の利益」を有するかの判断に際しては，上記「法律上の利益」の解釈に加えて，処分の名宛人以外の者に対する「法律上の利益」の　25
判断基準を示した9条2項の枠組みに従って判断することになる。

←○問題の所在OK

←○条文の摘示OK

(2)　以下9条2項に従って，Xが「法律上の利益」を有するかを判断する。

　①まず，処分の根拠となる「法令の趣旨及び目的」を　30
考慮する必要がある。

　廃棄物処理法15条の2第2号は，許可の基準に際し，周辺地域の生活環境の保全及び周辺施設への適切な配慮がなされたかを考慮要素としてあげている。

←×廃棄物処理法1条も参照したい

　このような規定からすると，廃棄物処理法は，その周　35
辺地域の生活環境の保全および予想される環境被害の防止をその趣旨目的としていると考えられる。

←△廃棄物処理法の趣旨目的だけでは，原告適格を肯定できないことまでおさえたい

　②次に，「当該法令と目的を共通にする関係法令」の趣旨目的を考慮する必要がある。

←△条文上は，「考慮」ではなく「参酌」

　本件施設の設置は，環境影響評価法の対象事業にあた　40
る。そして，1条にはその目的として，「現在及び将来の国民の健康で文化的な生活の確保」をあげている。

←×環境影響評価法が「関係法令」にあたるとの結論を明示していない

　③そして，「処分において考慮されるべき利益の内容及び性質」を検討する必要がある。本件処分において考

←×環境影響評価法1条からXの主張する利益が導けることを認定していない

慮されるべき利益は，廃棄物処理場から出る汚水などの　45
有害物質により害される周辺地域の生活環境および周辺
住民の健康である。

　④上記利益の性質および内容に関して，処分が法令に
違反してされた場合に害されることとなる利益の内容お
よび性質，害される態様および性質をも検討する必要が　50
ある。

　本件処分において，本件施設が設置され，有毒物質が
周辺地域に広がると周辺地域の生活環境が悪化および周
辺住民の健康に被害が生じるおそれがある。

←○被侵害利益の内容について，
具体的に評価できている

　これらの被害は，事後的に金銭賠償でてん補すること　55
ができず，また原状回復措置も困難であると考えられる
ため，「害される態様」は重大なものといえる。

(3)　以上により，本件処分の根拠法規，関連法規は周辺地
域の環境の保全，環境被害の防止，将来の健康で文化的
な生活の確保をその趣旨目的とし，また，その処分によ　60
って考慮されるべき利益は，周辺地域の生活環境および
周辺住民の健康であり，これらは一度，本件処分に基づ
く施設の設置により有毒物質を発生すると，不可逆的に
回復が困難な被害が生じるおそれがある。

←△すでに述べたことの繰り返し
となっており，やや冗長

　したがって，これらの要素からすると，廃棄物処理法　65
は本件施設の設置によって直接被害を受ける周辺住民の
利益を一般的公益の中に吸収解消するにとどまらず，周
辺住民の個々の利益として保護の対象とする趣旨を有す
ると解するべきである。

←○規範へのあてはめOK

　よって，本件施設の設置予定地近くに居住しているX　70
は周辺住民として廃棄物処理法によって保護される「法
律上の利益」を有するといえる（行政事件訴訟法9条1
項）。

←○結論OK

　したがって，Xは本件取消訴訟の原告適格が認められ
る。　　　　　　　　　　　　　　　　　　　　　　75
　　　　　　　　　　　　　　　　　　　　以上

←○問いに対応した表現OK

## 答案作成上の注意点

　小問１では「法律上の利益」の解釈が問われている。ここは，小田急高架訴訟大法廷判決（最大判平成17年12月７日〔百選Ⅱ165事件〕）において，詳細な規範が示されている。判例の規範を一字一句覚える必要はないが，キーワードや判例の論理は正確に理解することが求められる。事例問題においては，あてはめが成績評価の中心となるため，規範を２，３行程度でまとめ，簡潔な論証を準備しておく必要がある。

　小問２は，行政事件訴訟法９条２項が定める要素を考慮しながら，小問１で立てた規範へのあてはめが問われている。本問では，本件許可処分の根拠規定である廃棄物処理法15条１項が，周辺住民の健康被害の防止をも目的とする規定と解釈できるかが問題となる。

　また，「関係法令」を適切に参酌できるかも問われている。本問だと，根拠法令である廃棄物処理法の規定からは，Xの健康を害されない利益までは読みとれない。そこで，国民の健康への配慮を示した環境影響評価法を，「関係法令」として参酌できるかという思考を経ることとなる。

　あてはめにおいては，単に手掛かりとなる規定の内容を引用するにとどまる答案が多くみられるが，当該規定が何を意味しているのかという評価まで書けなければ，高得点を得ることは難しい。実際に自分で答案を書く際には常に注意して訓練することが肝要である。

## 答案構成

第１　小問１
　「法律上の利益」（行政事件訴訟法９条１項）の意義が問題
　１　この点，法律上保護に値する利益
　　　しかし，基準の明確性を欠く
　２　そこで，基準の明確性，法的安定性から，法律上保護された利益と解する
　　　そして，当該利益が根拠法規によって，個々人の個別的利益として保護されていることを要する
第２　小問２
　１　Xに「法律上の利益」が認められるか
　２(1)　廃棄物処理法は生活環境の保全および公衆衛生の向上が目的（廃棄物処理法１条）
　　　また，周辺地域の生活環境の保全への配慮を要求（廃棄物処理法15条の２第１項２号）
　　　同法は，Xの健康を害されない利益まで保護していないとも
　　　もっとも，「関係法令……の趣旨及び目的」（行政事件訴訟法９条２項後段）を参酌
　　　本件施設の設置は，環境影響評価法の対象事業

　　　そして本件許可処分にあたり，廃棄物処理法は生活環境の適正な保全への考慮を要求
　　　そうだとすれば，環境影響評価法は，廃棄物処理法の「関係法令」にあたる
　　　そして，環境影響評価法は，国民の健康で文化的な生活の保護に資することが目的（環境影響評価法１条）
　　　したがって，根拠規定は，周辺住民の健康等への配慮をも趣旨・目的とする
　(2)　では，Xの利益は，個々人の個別的利益として保護されるか
　　　周辺住民の利益は，健康を害されない利益であり，重大
　　　しかも，金銭賠償等による事後的な回復が困難
　　　また，被害は本件施設の周辺住民にかぎって生じるから，一般的公益に吸収解消させるべきではない
　　　以上より，周辺住民の利益は，個々人の個別的利益として保護されている
　３　したがって，周辺住民であるXは「法律上の利益」を有する
　　　よって，Xには原告適格が認められる
　　　　　　　　　　　　　　　　　　　以上

**【参考文献】**
試験対策講座６章２節③【２】。判例シリーズ59事件，64事件。

宗教法人A寺は，東京都内のある土地に焼骨を埋蔵する墓地（以下「本件墓地」という）を経営することを計画した。そこで，A寺は，東京都の定める「墓地等の構造設備及び管理の基準等に関する条例」（以下「本件条例」という）に従い，申請に先立ち，墓地予定地に隣接する土地の住民（以下「隣接住民」という）等への周知を図るための標識を設置し，隣接住民等を対象に説明会を開催した。また，指導を受けて隣接住民等と協議を行ったが，反対意見が多数を占めて，協議は物別れに終わった。

　その後，A寺は，「墓地，埋葬等に関する法律」（以下「法」という）10条に基づく墓地経営許可を申請し，同許可（以下「本件処分」という）を得た。A寺との協議に参加していたBおよびCは，本件処分に不満であり，A寺による本件墓地の経営を何とか阻止すべく訴訟提起をし，供え物等の放置による悪臭，害獣鳥虫の発生・増加，排水設備の不備による雨水・汚水の滞留，周辺への浸水など，みずからの居住する地域の生活環境が悪化すると主張したいと考えている。なお，Bの居住地は，本件墓地から約90メートル離れた距離にあり，Cの居住地は，本件土地から約200メートル離れた距離にある。

　BおよびCがどのような訴訟を提起すべきかについて示したうえで，当該訴訟におけるBおよびCの原告適格の有無について論じなさい。

【参照条文】
○墓地，埋葬等に関する法律（昭和23年法律第48号）（抜粋）
第1条　この法律は，墓地，納骨堂又は火葬場の管理及び埋葬等が，国民の宗教的感情に適合し，且つ公衆衛生その他公共の福祉の見地から，支障なく行われることを目的とする。
第10条　墓地，納骨堂又は火葬場を経営しようとする者は，都道府県知事の許可を受けなければならない。
2　（略）
○墓地等の構造設備及び管理の基準等に関する条例（抜粋）
（趣旨）
第1条　この条例は，町村の区域における墓地，埋葬等に関する法律（昭和23年法律第48号。以下「法」という。）第10条の規定による経営の許可等に係る墓地，納骨堂又は火葬場（以下「墓地等」という。）の構造設備及び管理の基準並びに事前手続その他必要な事項を定めるものとする。
（墓地の設置場所）
第6条　墓地の設置場所は，次に定めるところによらなければならない。
　一　（略）
　二　河川，海又は湖沼から墓地までの距離は，おおむね20メートル以上であること。
　三　住宅，学校，保育所，病院，事務所，店舗等及びこれらの敷地（以下「住宅等」という。）から墓地までの距離は，おおむね100メートル以上であること。
　四　高燥で，かつ，飲料水を汚染するおそれのない土地であること。
2　専ら焼骨のみを埋蔵する墓地であつて，知事が，公衆衛生その他公共の福祉の見地から支障がないと認めるものについては，前項第2号及び第3号の規定は，適用しない。
（墓地の構造設備基準）
第7条　墓地の構造設備は，次に掲げる基準に適合しなければならない。
　一～二　（略）
　三　雨水又は汚水が滞留しないように適当な排水路を設け，下水道又は河川等に適切に排水すること。
　四　ごみ集積設備，給水設備，便所，管理事務所及び駐車場を設けること。ただし，これら

の施設の全部又は一部について，当該墓地を経営しようとする者が，当該墓地の近隣の場所に墓地の利用者が使用できる施設を所有する場合において，知事が，公衆衛生その他公共の福祉の見地から支障がないと認めるときは，当該施設に関しては，この限りでない。

　五　（略）

2　（略）

（管理者の講ずべき措置）

第12条　墓地等の管理者は，次に定める措置を講じなければならない。

　一，二　（略）

　三　墓地等を常に清潔に保つこと。

　四　（略）

（標識の設置等）

第16条　第4条第1項又は第2項の許可を受けて墓地等を経営しようとする者又は墓地の区域若しくは墳墓を設ける区域を拡張しようとする者（以下「申請予定者」という。）は，当該許可の申請に先立つて，墓地等の建設等の計画について，当該墓地等の建設予定地に隣接する土地（隣接する土地と同等の影響を受けると認められる土地を含む。）又はその土地の上の建築物の所有者及び使用者（以下「隣接住民等」という。）への周知を図るため，規則で定めるところにより，当該建設予定地の見やすい場所に標識を設置し，その旨を知事に届け出なければならない。

2　知事は，申請予定者が，前項の標識を設置しないときは，当該標識を設置すべきことを指導することができる。

（説明会の開催等）

第17条　申請予定者は，当該許可の申請に先立つて，説明会を開催する等の措置を講ずることにより，当該墓地等の建設等の計画について，規則で定めるところにより，隣接住民等に説明し，その経過の概要等を知事に報告しなければならない。

2　知事は，申請予定者が，前項の規定による説明を行わないときは，当該説明を行うべきことを指導することができる。

（事前協議の指導）

第18条　知事は，隣接住民等から，第16条の標識を設置した日以後規則で定める期間内に，当該墓地等の建設等の計画について，次に掲げる意見の申出があつた場合において，正当な理由があると認めるときは，当該墓地等に係る申請予定者に対し，隣接住民等との協議を行うよう指導することができる。

　一　公衆衛生その他公共の福祉の観点から考慮すべき意見

　二　墓地等の構造設備と周辺環境との調和に対する意見

　三　墓地等の建設工事の方法等についての意見

2　申請予定者は，規則で定めるところにより，前項の規定による指導に基づき実施した隣接住民等との協議の結果を知事に報告しなければならない。

【論　点】

1　「法律上の利益」（行政事件訴訟法9条1項）の意義

2　行政事件訴訟法9条2項の規定構造

答案構成用紙

1　A寺による本件墓地の経営を阻止するためには，法10条　　　　■提起すべき訴訟の明示
に基づく本件処分の法的効果を消滅させればよい。そこで，
BおよびCは，本件処分の取消訴訟（行政事件訴訟法３条
２項）を提起すべきである。

2　BおよびCは「法律上の利益を有する者」（行政事件訴訟　5　■事案の問題提起
法９条１項）にあたり，原告適格が認められるか。Bおよ
びCは「処分……の相手方以外の者」であるため，行政事
件訴訟法９条２項に従って判断する。

(1)　「法律上の利益を有する者」とは，当該処分により自　　■規範定立
己の権利もしくは法律上保護された利益を侵害され，ま　10　⇨最大判平成17年12月７日（判例
た は必然的に侵害されるおそれのある者をいう。そして，　　シリーズ64事件）
当該処分を定めた行政法規が，不特定多数者の具体的利
益をもっぱら一般的公益のなかに吸収解消させるにとど
めず，それが帰属する個々人の個別的利益としてもこれ
を保護する趣旨を含むと解される場合には，このような　15
利益もここにいう法律上保護された利益にあたる。

(2)　BおよびCは，みずからの居住地域の生活環境が悪化　　■あてはめ
すると主張している。そこで法は，当該被侵害利益を具
体的利益として保護しているといえるか。

ア　まず，本件処分の根拠法令は法10条１項である。同　20　■根拠法令の認定
項は，墓地等の経営につき都道府県知事がなす許可に
つき，その要件を特に定めていない。そして，墓地の
管理等が公衆衛生その他公共の福祉の見地から支障な
く行われることを要求する法の趣旨からすれば（法１
条），都道府県知事は，本件処分をなすにあたり公益　25
的な見地からの判断を行うにすぎず，隣接住民の生活
環境は考慮されないとも思える。

イ　もっとも，本件条例は，法10条による経営の許可等　　■関係法令の認定
にかかる墓地等の構造設備および管理の基準ならびに
事前手続等を定めることを趣旨とするものであり（本　30
件条例１条），法と目的を共通にする「関係法令」に
あたる。

そして，本件条例は，墓地等の設置場所の基準とし　　■関係法令の解釈
て，本件条例６条１項２号において，河川等から墓地
までの距離がおおむね20メートル以上であること，３　35
号において，住宅等から墓地までの距離がおおむね
100メートル以上であること，４号において，高燥で，
かつ飲料水を汚染するおそれのない土地であることを
要求する。また，６条２項において，もっぱら焼骨の
みを埋蔵する墓地に限定し，公衆衛生その他公共の福　40
祉から支障がないと認めるものについては２号および
３号の規定は適用しないものと定められており，土葬
が行われる墓地については，住宅から墓地までの距離
は100メートル以上であることが必須とされている。

そのうえ，本件条例7条1項3号は，雨水または汚水が滞留しないように適当な排水路を設けることを，4号はごみ集積設備等の設置を定め，本件条例12条3号は，墓地等の管理者に対し，墓地等を常に清潔に保つことを要求する。更に，標識の設置等を定めた本件条例16条1項，説明会の開催等を定めた本件条例17条1項，および事前協議の指導につき定めた本件条例18条1項等の規定からすれば，本件条例は，隣接住民等に対して，墓地経営許可にかかる手続への関与を認めている。

➡関係法令の趣旨・目的

そうだとすれば，法および本件条例の規定は，墓地等の経営に伴う衛生環境の悪化等によって，墓地の周辺地域に居住する住民に生活環境の被害が発生することを防止することを目的とするものと考えられる。

➡結論

ウ　したがって，法は，BおよびCの主張する被侵害利益を，具体的利益として法律上保護しているといえる。

➡個別保護要件

(3)　次に，BおよびCの主張する生活環境上の利益は，隣接住民の個別的利益としても保護されているといえるか。

➡侵害の程度

ア　本件条例の規定に違反した違法な墓地の経営が許可された場合に，悪臭，害獣鳥虫の発生，雨水・汚水の滞留，周辺への浸水等の衛生環境の利益を侵害されるのは，墓地周辺の一定範囲の地域に住む者にかぎられ，その侵害の程度は，居住場所が墓地に接近するにつれて増大する。また，このような被害を反復継続して受けると，これらの住民の生活環境，ひいては健康にかかる著しい被害が生じるおそれがある。そうだとすれば，本件処分の根拠規定を定めている法は，上記被害を直接的に受けるおそれのある個々の住民に対して，そのような被害を受けないという利益を個々人の個別的利益としても保護する趣旨といえる。

➡結論，規範定立

イ　よって，違法な墓地経営に起因する墓地周辺の衛生環境の悪化により生活環境の著しい被害を直接的に受けるおそれのある者は墓地経営許可の処分の取消しを求めるにつき「法律上の利益を有する者」にあたる。

➡あてはめ（規範に対応させる）

(4)　これを本問についてみると，本件条例6条1項3号が，原則として住宅等から墓地までの距離はおおむね100メートル以上であることとしていることからすれば，おおむね上記範囲内に居住する周辺住民について上記被害が直接及びうることを想定しているといえる。そうすると，本件墓地から約90メートル離れた距離に居住地を有するBは，上記被害を直接に受けるおそれがあるといえるが，本件墓地から約200メートル離れた距離に居住地を有するCには，上記おそれがあるとはいえない。

➡問いに答える

(5)　よって，Bにのみ原告適格が認められる。　　　　　　　以上

　　BCらは本件墓地の経営を阻止するため，本件処分の効果を消滅させるべく，本件処分の取消訴訟（行訴法3条2項）を提起する。

第1　BCらは本件処分の名あて人でないため，「法律上の利益を有する者」（9条1項）として原告適格が認められるか，以下9条2項に従って検討する。

　1　「法律上の利益を有する者」とは当該処分により自己の権利もしくは法律上保護された利益が侵害され又は必然的に侵害されるおそれのある者をいう。そして当該処分を定めた行政法規が不特定多数者の具体的利益を一般公益の中に吸収解消させたにとどまらず，それが帰属する個々人の個別的利益としても保護する趣旨を含むと解されるならかかる利益も法律上保護された利益に当たる。

　2(1)　本件についてみると，BCらは本件墓地の存在により，自らの居住する生活環境が害されない利益を主張すると想定される。

　　　まず，「根拠」「法令」たる法1条は墓地の経営者が公衆衛生の見地から支障なく行われることを目的としているが，墓地の近隣住民の生活環境について配慮していないため，法はBらの生活環境が害されない利益を保護することを目的としていないとも思える。

　　　しかし，法10条を受けて規定された本件条例は同一の趣旨を有する「関係法令」であるところ，条例6条3号は墓地の設置場所は住宅からおおむね100メートル以上であることを要求していて，6条2項では知事が公衆衛生の見地から支障がないと認めるものについては3号を適用しないと規定していることから，近隣住民が墓地の存在により公衆衛生上の不利益を受けないように配慮していると考えられる。また，条例7条は墓地の構造設備にかかる基準を定め，3号において雨水汚水が滞留しないように適当な排水路を設けること，4号においてごみ集積設備を設けることを要求していることから，近隣住民が供え物等の放置による悪臭，害獣鳥虫の発生・増加，排水設備の不備による雨水・汚水の滞留，周辺への浸水などによる被害を受けないよう配慮している。さらに，12条は墓地の管理者が墓地を清潔に保つように求めているし，17条において墓地の許可の申請に先立って隣接住民に対する説明会の開催を要求していることからすれば，近隣住民が本件墓地の存在により衛生上の不利益を受けないように配慮しているといえる。以上の事情に照らせば，関係法令は本件墓地の存在により自らの生活環境が害されない利益を保護していると考える。

　(2)　もっとも，かかる利益が個別的利益として保護され

右欄コメント：
- ○条文の指摘
- ○「法律上の利益」の意義について，判例をふまえつつ論じることができている
- △以下の記述においてもあてはまるが，文が読みやすくなるように，適宜読点を打つようにしてほしい
- △いきなり法1条を引用するのではなく，当該処分の根拠規定となった法10条1項から論じてほしい
- △一文が長い
- △採点者に読みやすいように，適宜改行をすることを心掛けてほしい
- ○問題文の事実を多く引用しつつ，自分なりの評価を加えるこ

ているかは法及び条例から不明確である。そこで，個 45
別的利益として保護されているか検討するに，一般的
に墓地の近くに住めば住むほど隣接住民が供え物等の
放置による悪臭，害獣鳥虫の発生・増加，排水設備の
不備による雨水・汚水の滞留，周辺への浸水などによ
る被害を受ける可能性が増大する。そして，このよう 50
な被害は精神的な苦痛をも伴い事後的な回復を図るこ
とが困難な性質を有する。また，条例6条3号は墓地
の設置場所は住宅等からおおむね100メートル離れた
場所であることを要求している。そうだとすれば，条
例は本件墓地から100メートル以内の場所に住宅を持 55
つ者の，本件墓地の存在により生活環境が害されない
利益を個別的利益として保護していると考える。

　　そこで，本件墓地から100メートル以内の場所に住
宅を持つ者の，本件墓地の存在に生活環境が害されな
い利益は法律上保護された利益に当たる。 60
(3)　本件についてみると，Bの居住地は本件墓地から約
90メートル離れた距離にあるから本件墓地から100メ
ートル以内の場所に住宅を持つといえ「法律上の利益
を有する者」にあたる。

　　他方，Cの居住地は本件墓地から約200メートル離 65
れた距離にあるから本件墓地から100メートル以内の
場所に住宅を持つといえず「法律上の利益を有する
者」に当たらない。
第2　したがって，Bに原告適格は認められるが，Cに原告
適格は認められない。 70
　　　　　　　　　　　　　　　　　　　　　　以上

とができている

◀○自分なりに基準を立てること
ができている

## 答案作成上の注意点

　本問は，BおよびCの原告適格についての検討を求める問題である。原告適格については，まず，「法律上の利益を有する者」の定義を簡潔に示したうえで，当事者の主張する利益が法律上保護された利益といえるかを検討していくことになる。その際には，小田急高架訴訟大法廷判決（最大判平成17年12月7日〔百選Ⅱ165事件〕）の規範が参考になる。

　そして，処分の名宛人以外の者との関係では，行政事件訴訟法9条2項の考慮要素を加味しつつ論じていくことになる。注意すべきことは，根拠法令だけではなく，関係法令についても検討を要することである。また，なぜ当該処分の根拠法令との関係で，関係法令といえるのかについても，説明を要することに注意する必要がある。そのうえで，原告適格の認められる者の範囲を切りだす作業が求められる。問題文中の事実を引用しつつ，適切な評価を加えながら，原告適格が認められる者の範囲を限定していくこととなろう。

## 答案構成

1　BおよびCは，本件処分の取消訴訟（行政事件訴訟法3条2項）を提起
2　原告適格は認められるか
　⑴　「法律上の利益を有する者」とは，当該処分により自己の権利もしくは法律上保護された利益を侵害され，または必然的に侵害されるおそれのある者
　　　そして，当該処分を定めた行政法規が，不特定多数者の具体的利益をもっぱら一般的公益のなかに吸収解消させるにとどめず，個々人の個別的利益としてもこれを保護する趣旨を含むと解される場合には，このような利益も法律上保護された利益（9条2項）
　⑵　BおよびCは，みずからの居住地域の生活環境が悪化すると主張
　　ア　法10条1項や法1条から，隣接住民の生活環境は考慮されないとも
　　イ　もっとも，本件条例は，法と目的を共

通にする「関係法令」
　　　　そして，本件条例の解釈から，BおよびCの利益は，法の保護範囲
　　ウ　したがって，法は，BおよびCの主張する具体的利益を保護している
　⑶　では，個別的利益としても保護されているか
　　ア　本件処分の根拠規定を定めている法は，上記被害を直接的に受けるおそれのある個々の住民に対して，そのような被害を受けないという利益を個々人の個別的利益としても保護する趣旨
　　イ　生活環境の著しい被害を直接的に受けるおそれのある者は，「法律上の利益を有する者」にあたる
　⑷　あてはめ
　⑸　よって，Bにのみ原告適格が認められる
　　　　　　　　　　　　　　　　　　　　以上

**【参考文献】**
試験対策講座6章2節③【2】⑵。判例シリーズ64事件。

以下の1および2の小間に答えなさい。なお，1と2は別個独立の問いである。

1　Aは，2020（令和2）年3月13日，道路交通法上の違反点数の累積により，B県公安委員会から，同日から30日間の運転免許停止処分を受けた（以下「本件処分」という）。

しかし，Aは，過去に違反とされた「一時停止違反」の事実はなく，自己の違反点数の合計はまだ運転免許停止処分を受ける点数に達していないため，本件処分は違法であるとして，2020（令和2）年9月5日，B県に対して本件処分の取消訴訟を提起した。

道路交通法上，運転免許停止処分の日から1年間を無違反・無処分で経過した場合，その免許証の有効期間中は当該処分がされた旨の記載が免許証に残るものの，前歴はないものとみなされ，当該処分を理由に道路交通法上の不利益を受けるおそれはなくなる。

また，ほかに不利益に取り扱いうるとする法令も存在しない。

そして，Aは，本件処分の日から1年間を無違反・無処分で経過したところ，2021（令和3）年3月27日に開かれた口頭弁論において，B県は，Aの訴えの利益は消滅したと主張した。これに対して，Aは，運転免許証には運転免許停止処分がなされた旨の記載が残るので，名誉，感情，信用が損なわれると反論している。

以上の事実のもとで，裁判所は訴えの利益がないとしてAの訴えを却下すべきか。

2　CがD河畔にある自己の所有地（以下「本件土地」という）に設置している小屋（以下「本件工作物」という）につき，D川の河川管理者であるE県知事Fは，本件土地は河川法上の河川区域に該当し，工作物を新築するためには河川法26条1項（以下「法」という）の許可を受けなければならないが，Cは許可を受けていないとして，法75条1項1号に基づき，Cに対し，本件工作物の除去を命ずる処分（以下「本件処分」という）をした。しかし，Cは，本件土地は河川区域には該当しないから，法の許可を得る必要はないと考えている。Cが処分通知書を受け取ってから約10か月経過した時点で，Fは，本件処分を前提として，Cに対し，行政代執行法に基づく戒告および通知を行った。そこで，Cは代執行を阻止するため，本件戒告通知の取消訴訟を提起した。

なお，法の抜粋については資料として掲げてあるので，適宜参照しなさい。

以上の事実のもとで，当該訴訟において本件処分の違法性を主張することは認められるか。

【資料】
○河川法（昭和39年法律第167号）（抜粋）
（工作物の新築等の許可）
第26条　河川区域内の土地において工作物を新築し，改築し，又は除却しようとする者は，国土交通省令で定めるところにより，河川管理者の許可を受けなければならない。河川の河口附近の海面において河川の流水を貯留し，又は停滞させるための工作物を新築し，改築し，又は除却使用とする者も，同様とする。

2～5　（略）
（河川管理者の監督処分）
第75条　河川管理者は，次の各号のいずれかに該当する者に対して，この法律若しくはこの法律に基づく政令若しくは都道府県の条例の規定によつて与えた許可，登録若しくは承認を取り消し，変更し，その効力を停止し，その条件を変更し，若しくは新たに条件を付し，又は工事その他の行為の中止，工作物の改築若しくは除却（第24条の規定に違反する係留施設に係留されている船舶の除却を含む。），工事その他の行為若しくは工作物により生じた若しくは生ずべき損害を除去し，若しくは予防するために必要な施設の設置その他の措置をとること若しくは河川を原状に回復することを命ずることができる。

一　この法律若しくはこの法律に基づく政令若しくは都道府県の条例の規定若しくはこれら

の規定に基づく処分に違反した者，その者の一般承継人若しくはその者から当該違反に係る工作物（除却を命じた船舶を含む。以下この条において同じ。）若しくは土地を譲り受けた者又は当該違反した者から賃貸借その他により当該違反に係る工作物若しくは土地を使用する権利を取得した者

2～10　（略）

【論　点】
1　取消訴訟の訴えの利益
2　違法性の承継

答案構成用紙

第1　小問1について
　1　Aに対してなされた本件処分は，処分の日から30日間　　　　　■問題点の抽出
　　　免許の効力を停止するものであるところ，同期間はすで
　　　に経過しており，本件処分の本来の効力は消滅している。
　　　　そのため，Aに「回復すべき法律上の利益」（行政事　5　　■事案の問題提起
　　　件訴訟法9条1項括弧書）がなく，訴えの利益を欠くの
　　　ではないか。

　　　(1)　訴えの利益とは，訴えを提起すべき必要性のことを　　　　■規範定立
　　　　いう。取消訴訟は，当該処分を取り消すことで，原告
　　　　の権利利益を救済するものである。そこで，原告の訴　10
　　　　えの利益の有無は，処分が判決時において判決によっ
　　　　て除去されるべき法的効果を有しているか否か，処分
　　　　を取り消すことで回復されうる権利利益が存在するか
　　　　否かという観点から判断される。

　　　(2)　本小問についてみると，たしかに，本件処分の記載　15　　■あてはめ
　　　　のある免許証を所持することにより，名誉，感情，信
　　　　用等を損なう可能性があるといえるが，それは本件処
　　　　分がもたらす事実上の効果にすぎない。
　　　　　そもそも，道路交通法上，Aは，運転免許停止処分
　　　　の日から1年間を無違反・無処分で経過したので，前　20
　　　　歴はないものとみなされる。このため，本件処分を理
　　　　由に道路交通法上不利益を受けるおそれはなくなって
　　　　いるし，ほかに本件処分を理由にAを不利益に取り扱
　　　　いうることを認めた法令の規定はないことから，ほか
　　　　に取消しを求めるべき付随的な法的効果もいっさい消　25
　　　　滅しているといえる。
　　　　　そうだとすると，判決によって除去されるべき法的　　　　　■あてはめの結論（規範に対応さ
　　　　効果および処分を取り消すことで回復されうる権利利　　　　　　せる）
　　　　益があるとはいえず，「回復すべき法律上の利益」が
　　　　ない。　　　　　　　　　　　　　　　　　　　　　　30
　2　よって，裁判所は，Aの訴えを却下すべきである。　　　　　　■問いに答える
第2　小問2について
　　　本件土地が河川法上の河川区域に該当せず，河川法26条　　　　■問題点の抽出
　　1項に基づく許可が必要ないのであれば，本件処分は，河
　　川法75条1項1号の要件をみたさず違法である。もっとも，35　■事案の問題提起
　　現時点では本件処分から10か月経過し，取消訴訟の出訴期
　　間（行政事件訴訟法14条1項）を徒過しているところ，先
　　行処分の出訴期間経過後に，後行処分の取消訴訟において，
　　先行処分の違法性を主張することは認められるか。違法性　　　　■論点の問題提起
　　の承継が認められるかが問題となる。　　　　　　　　　　40

　　1　この点，行政行為によって形成された行政上の法律関　　　　■原則
　　　係はできるだけ早期に確定し安定を維持すべきであるか
　　　ら，これを妨げる違法性の承継は原則として認めるべき
　　　ではない。

しかし，取消訴訟の排他的管轄に服する行為については，出訴期間が経過すると争うことができなくなるので，先行する行政行為の性質や，先行行為と後行行為との関係によっては，違法性の承継をいっさい認めないこととするのは国民の権利保護の観点から合理的でない場合もある。

そこで，①連続する複数の行為が結合して1つの法効果の発生をめざしており，②先行処分の段階で処分を争う手続保障が十分に与えられていない場合には，違法性の承継が認められると解する。

2　これを本小問についてみると，FのCに対しての行政代執行法に基づく戒告・通知（以下「本件戒告・通知」という）は，本件処分により賦課された工作物の除去義務を被処分者がみずから履行しない場合にはじめて行われるものであって，本件処分と本件戒告・通知の関係は，いったん遮断されているといえる。そのため，両者が結合して一連の手続を構成し，1つの法効果の発生をめざしているとはいえない（①）。

また，Cは，本件処分を受けた時点で提訴してその効力を争うことが可能であり，本件処分の段階で争う手続保障は十分に与えられている（②）。

したがって，本小問は違法性の承継が認められる例外的な場合にはあたらない。

3　よって，Cは，本件戒告・通知の取消訴訟において，本件処分の違法性を主張することは認められない。

以上

45

50

55

60

65

70

➡不都合性

➡規範定立
⇨最判平成21年12月17日（判例シリーズ18事件）

➡あてはめ（規範に対応させる）

➡三段論法の帰結（事案の問題提起に対応させる）

➡問いに答える

第1　小問1

1　Aは本件処分の取消訴訟（行訴3条2項）を提起しているところ，Aは，本件処分の日から一年間を無違反・無処分で経過しているので，前歴がないものとして扱われている。そうだとすれば，訴えの利益（9条1項かっこ書）が消滅し，裁判所は訴えを却下するべきではないか。 5

　　この点，訴えの利益とは当該処分を取り消す必要性をいい，その判断は処分を取り消すことにより回復されるべき法的効果があるか否かで判断する。 10

　　本件についてみると，たしかに，本件処分によりAの免許証の有効期間中は当該処分がされた旨の記載が免許証に残るため名誉，感情，信用等が損なわれ，本件処分を取り消す必要性があるとも思える。

　　しかし，このようなAの不利益は本件処分によりもたらされる事実上の効果にすぎない。また，処分から1年間無違反・無処分で経過した本件では，Aは前歴がないものとみなされ，当該処分を理由に道路交通法上の不利益を受けるおそれはない。さらに，他に不利益に扱いうる旨の法令の規定も存在しない。以上の事情を考慮すれば，本件処分を取り消すことにより回復されるべき法的効果はなく，訴えの利益はない。 15／20

2　したがって，Aの訴えは訴えの利益を欠くので，裁判所は訴えを却下するべきである。

第2　小問2 25

　　本件土地は河川法上の河川区域に該当しないため，Cは同法26条の許可を受ける必要がない。そうだとすれば，Cは河川「法」に違反したとはいえず，河川法75条の処分要件をみたさないと主張できるとも思える。もっとも，現在処分の日から10ヶ月経過しており，本件処分の出訴期間 30（行訴法14条1項）は経過している。そこで，かかる場合にも，戒告通知の取消訴訟において本件処分の違法性を主張できるか。

1　この点，行政上の法律関係の早期安定の観点から，先行行為の出訴期間経過後，後行行為の取消訴訟において 35先行行為の違法性を主張できないのが原則である。

　　もっとも，先行行為と後行行為が同一の法律効果を目指す場合違法性の承継を認めても早期安定の要請を害しない。また，国民の権利利益保護の観点から違法性の承継を認めるべきである。 40

　　そこで，①先行行為と後行行為が連続して一つの法律効果の発生を目指す場合であって，かつ，②先行行為の違法性を争う手続保障が十分に与えられていない場合には例外的に違法性の承継が認められると考える。

○問題の所在に気づくことができている

○自分なりの言葉で規範定立ができている

○反対方向の事実についても評価を加えたうえで，あてはめを行うことができている

○違法性の承継論について意識した問題提起がなされており，その後の答案の流れが読み手に伝わりやすい

△行政行為の公定力や取消訴訟の排他的管轄についても言及してほしい

○判例をふまえた規範定立ができている

2 本件についてみると，行政代執行法に基づく戒告通知 45
は，河川法に基づく本件工作物の除去命令を実現するた
めの手段として行われているにすぎず，本件処分と戒告
通知は連続して一つの法律効果を目指す場合とはいえな
い。
　　また，Cは本件処分の名あて人であったのだから，本 50
件処分が行われたことを容易に認識できた。そうだとす
れば，本件処分がされた時点で，取消訴訟により本件処
分の違法性を争うことができたのだから手続保障は十分
なされていた。
　　したがって，違法性の承継は認められない。 55
3 よって，Cは本件訴訟において，本件処分の違法性を
主張できない。
以上

←○あてはめも十分になされてい
　　る

　訴えの利益は予備試験2016（平成28）年行政法で出題され，また，違法性の承継は司法試験2016（平成28）年公法系第2問および司法試験2019（平成31）年公法系第2問で出題されており，いずれも重要度が高い。どの基本書にも掲載されている基本的な論点ではあるが，今一度確認してもらうために出題した。

　小問1は訴えの利益の基本的な問題である。「回復すべき法律上の利益」という文言との関係で訴えの利益が問題となることの指摘，訴えの利益の有無の判断基準の提示，本問に即したAの訴えの利益の有無の検討をすることになる。

　小問2は違法性の承継の基本的な問題である。本問は，最判平成21年12月17日（百選Ⅰ84事件）とは異なり，河川法に基づき工作物の除去を命ずる命令と行政代執行法上の戒告・通知の関係を問う問題である。いきなり違法性の承継の論点に飛びつくのではなく，先行処分の出訴期間が経過しているという問題の所在を指摘する必要がある。なお，本問では違法性の承継を否定しているが，前記判決では安全認定と建築確認の違法性の承継を肯定している。これを機に，前記判決ではどのような理由に基づき違法性の承継を肯定しているのかを確認してほしい。

## 答案構成 ▮▮▮

第1　小問1
1　Aに対してなされた本件処分の本来の効力は30日間の経過により消滅
　　そのため，「回復すべき法律上の利益」がなければ訴えの利益を欠くとして，訴えは却下される
　　そこで，訴えの利益の有無が問題
(1)　訴えの利益の判断基準
(2)　本小問ではたしかに，名誉，感情，信用等が損なわれる
　　しかし，本件処分がもたらす事実上の効果にすぎない
　　そもそも，道路交通法上，本件処分の日から1年間を無違反・無処分で経過したので，前歴はないものとみなされる
　　また，本件処分を理由に道路交通法上不利益を受けるおそれはなくなっているし，ほかに不利益に取り扱うことを認めた法令もない
　　そうだとすると，除去されるべき法的効果および回復されうる権利利益はなく，訴えの利益はない
2　したがって，裁判所は訴えを却下すべき
第2　小問2
　　本件処分は河川法75条1項1号の要件をみ

たさず違法
　　もっとも，本件処分の出訴期間は経過している
　　そこで，後行処分の取消訴訟で先行処分の違法性を主張できるか
1　この点，行政上の法律関係の早期安定の観点から原則として認められない
　　もっとも，国民の権利保護
　　そこで，①連続する複数の行為が結合して1つの法効果の発生をめざしており，②先行処分の段階で処分を争う手続保障が十分に与えられていない場合には肯定
2　本件処分と本件戒告・通知の関係は，いったん遮断されている
　　先行行為と後行行為が結合して1つの法効果の発生をめざしているとはいえない
　　また，本件処分を受けた時点で取消訴訟を提起できる
　　先行行為について訴訟で争う手続保障が十分与えられている
　　したがって，違法性の承継は認められない
3　よって，Cの主張は認められない
　　　　　　　　　　　　　　　　　　　　　　以上

**【参考文献】**
試験対策講座6章2節③【3】，4章2節④【4】。判例シリーズ18事件。

XはAの子どもであり，Aと同一世帯で暮らしている。Aは病弱であったことから，Y県から生活保護を受けていた。その後，Aは，将来のXの高等学校修学の費用にあてるために学資保険に加入し，生活保護費のなかから毎月の保険料を支払っていた。学資保険は，満期には満期保険金と配当金が支払われ，これを子どもの進学費用にあてるものである。

数年後，Aが，Xの高等学校修学の費用および修学準備費用にあてることを目的として同保険の満期返戻金として約45万円を受領したところ，Y県社会福祉事務所長Bは，この返戻金は生活保護法第4条第1項の「資産」または第8条第1項の「金銭」に該当するとして，月額18万円余りであった生活保護費を9万円余りに減額する変更処分（以下「本件変更処分」という）を行った。本件変更処分によって，A世帯の生活はきわめて苦しくなるため，学資保険の返戻金を生活費にあてなければならなくなり，Xは間近に迫った高等学校における修学が困難になるおそれがある。そこで，Xは，Bが行った本件変更処分の取消しを求める取消訴訟を提起した。

以上の事案に関して，Xが，取消訴訟の係属中であることを利用して，早期にA世帯の従前の地位を回復するためにはどのような手段を採ればよいか。また，当該手段の適法性について論じなさい。なお，取消訴訟は適法に提起されているものとする。

【参照条文】
○生活保護法（昭和25年法律第144号）（抜粋）
（この法律の目的）
第1条　この法律は，日本国憲法第25条に規定する理念に基き，国が生活に困窮するすべての国民に対し，その困窮の程度に応じ，必要な保護を行い，その最低限度の生活を保障するとともに，その自立を助長することを目的とする。
（保護の補足性）
第4条　保護は，生活に困窮する者が，その利用し得る資産，能力その他あらゆるものを，その最低限度の生活の維持のために活用することを要件として行われる。
2・3　（略）
（基準及び程度の原則）
第8条　保護は，厚生労働大臣の定める基準により測定した要保護者の需要を基とし，そのうち，その者の金銭又は物品で満たすことのできない不足分を補う程度において行うものとする。
2　（略）

【論　点】
1　取消訴訟と執行停止
2　執行停止の申立ての要件

第1　XがY県に対し提起した，本件変更処分の取消しを求
　　める取消訴訟が認容されると，本件変更処分が存在しない
　　状態となり，Xは，A世帯の従前どおりの生活保護費を受
　　け取る地位を回復することができる。

　　　しかし，本件変更処分の内容はそれまでの生活保護費を　　　5　➡問題点の抽出
　　半額にするという過酷なものであり，本件変更処分に対す
　　る取消判決がなされるのを待っていては，Xの高等学校修
　　学および修学準備に支障をきたす。

　　　そこで，Xは，取消訴訟の提起とあわせて，早期にA世　　　　　➡問いに答える
　　帯の従前の地位を回復するため，本件変更処分の「効力　　　10　➡執行停止の対象を明示
　　……の停止」（行政事件訴訟法25条2項本文，以下「行政
　　事件訴訟法」法名省略）を求める執行停止の申立て（25
　　条）をすべきである。

第2　Xによる執行停止の申立てが認められるためには，25　　　　　➡検討すべき要件を簡潔に示す
　　条の要件をみたす必要がある。そこで，以下，25条の要件　15
　　を検討する。

1　「重大な損害」（25条2項本文）

（1）Xは本件変更処分によりいかなる「損害」を被るか。

　　　本件変更処分により，生活保護費が従前の約半額ま　　　　　➡本件変更処分によるXの損害を，
　　で減少すれば，Xは高等学校修学および修学準備が困　　　20　　具体的に示す
　　難になり，修学を諦めざるをえない事態となりかねな
　　い。したがって，本件変更処分によりXが被る「損
　　害」は，高等学校での修学ができなくなることである。

（2）では，Xの損害が「重大」なものといえるか。

　　　この点については，25条3項の規定に照らして検討　　　25　➡規範定立
　　する。その際には，本要件の趣旨が，被処分者の権利
　　保護（損害の性質・程度）と，執行停止による公共の
　　福祉や申立人以外の者に与える影響（処分の内容・性
　　質）を比較衡量して，執行停止をすることが適切かを
　　判断する点にあることから，その視点から判断する。　　　30

　ア　損害の性質　　　　　　　　　　　　　　　　　　　　　　➡あてはめ
　　　　高等学校への修学は，Xが将来就職等をするにあ　　　　　➡Xの損害の性質
　　　たり重要な学歴を形成するものであり，しかるべき
　　　時期になされなければ意味をなさないものである。

　　　　したがって，いったん機会を逃せば事後的に回復　　　35
　　　することは困難であり，また金銭賠償により補填し
　　　うる性質のものでもない。

　　　　よって，上記損害は，回復が困難な性質の損害と
　　　いえる。

　イ　損害の程度　　　　　　　　　　　　　　　　　　　40
　　　　本件変更処分によって，Xの高等学校への進学が　　　　　➡Xの損害の程度
　　　困難になると，Xは当該年度における進学が困難に
　　　なる。高等学校における修学は，通常，中学校卒業
　　　後ただちになされるものであることにかんがみれば，

１年の空白期間を生じることはＸのその後の就職等　45
　　における看過できない不利益を老年までの長期間に
　　わたりもたらすものといえる。
　　　　したがって，本件変更処分によるＸに生じる損害
　　の程度は大きい。
　ウ　処分の内容・性質　　　　　　　　　　　　　　　　50
　　　たしかに，本件変更処分は，生活保護の補足性の　　　　→本件変更処分の内容・性質
　　原理（生活保護法４条）に基づき，国民相互の公平
　　の観点からなされたものといえる。しかし，本件変
　　更処分は法の定める要件に則って行われるかぎりは，
　　被保護者の生活維持という個人的利益に関わるもの　55
　　にすぎず，直接第三者の利益を侵害する性質のもの
　　ではない。
　　　　したがって，本件変更処分の内容・性質が，執行
　　停止に適さないものとみることはできない。
　エ　以上より，処分の内容・性質を勘案しても，本件　60　　　→あてはめの結論（規範に対応さ
　　変更処分によりＸに生ずる高等学校における修学が　　　　　せる
　　できなくなるとの損害は，いったん生じると回復が
　　困難なものであり，またその程度が大きいといえる
　　から，「重大な損害」にあたるものといえる。
　２　重大な損害を避けるための「緊急の必要」　　　　　　65　　　→あてはめ
　　本件変更処分により生活保護費が半減すれば，他に資
　　産を有しないＸは，高等学校への学費の納入や修学準備
　　のための費用の支出がただちに困難となる。そうすると，
　　本件変更処分により，Ｘは間近に迫った高等学校におけ
　　る修学が困難になるから，当該損害を避けるための「緊　70
　　急の必要」が認められる。
　３　そして，本問では，処分の執行の停止，手続の続行の　　　→消極要件は，特に問題がなけれ
　　停止によって目的を達することができる場合にはあたら　　　　ば，簡単な指摘で足りる。
　　ない（25条２項ただし書）。また，本件変更処分は，も　　　　なお，最判平成16年３月16日（民
　　っぱらＡ世帯の生活が問題となっているにすぎないから，75　　集58巻３号647頁）参照
　　執行停止によって「公共の福祉に重大な影響を及ぼすお
　　それ」はない。さらに，「本案について理由がないとみ
　　える」事情（25条４項後段）もない。
第３　以上より，Ｘの執行停止の申立ては認められる。　　　　　→問いに答える
　　　　　　　　　　　　　　　　　　　　　　　　　以上　80

# 優秀答案

1　Xは，本件変更処分の取り消しを求める取消訴訟（行政
事件訴訟法3条2項）を適法に提起している。もっとも，
Xは高等学校における修学を間近に控えているため，取消
訴訟の認容判決を待っていたのでは，十分な救済がなされ
ないおそれがある。　　　　　　　　　　　　　　　　5

　　そこで，Xは，取消訴訟にあわせて，本件変更処分の効
力の停止を求める執行停止の申し立て（25条）をするべき
である。

2　では，Xによる執行停止の申し立ては認められるか。

　　執行停止の申し立てが認められるためには，①本件変更　10
処分により，Xに「重大な損害」（25条2項本文）が生
じること，②当該損害を避けるため「緊急の必要」（25条2
項本文）があること，が必要である。

(1)　本件変更処分により，Xに「重大な損害」（①）が生
じるかについては，25条3項の考慮要素に従い，検討す　15
る。

　ア　本件変更処分により，生活保護費が従前の半額程度
に減額されることとなれば，Aの世帯の生活はただち
に困窮することとなる。このため，Xの修学のために
必要な授業料や教材費等を捻出することができなくな　20
り，結果として，Xは高等学校における修学が困難と
なるという「損害」を被ることとなる。

　　　そして，当該「損害の性質及び程度」についてみる
と，高等学校は義務教育ではないものの多数の者が高
等学校へ進学している現代社会において，Xが高等学　25
校における修学の機会を逃すことは，Xのその後の人
生において多大な不利益をもたらす可能性が高い。

　　　また，高等学校への進学は，現時点においてしなけ
れば，意味のないものであるから，事後的な金銭賠償
になじまないといえる。したがって，「損害の回復の　30
困難の程度」は高い。

　イ　以上から，Xは，本件変更処分によって「重大な損
害」を被ることとなる（①充足）。

(2)　では，本件変更処分の効力の停止を求める「緊急の必
要」（②）があるか。　　　　　　　　　　　　　　35

　ア　本件変更処分がなされれば，生活保護費は9万円あ
まりに減額されることとなる。この状態が今後継続す
ることとなると，A世帯の生活は極めて苦しくなるた
め，学資保険の返戻金を生活費にあてなければならな
くなり，結果としてXの修学に必要な費用を出すこと　40
は困難になる。そして，高等学校への修学は間近に迫
っているのであるから，Xは修学のためただちに，A
世帯が従前どおりの生活保護費の受給を受けうる地位
を回復しなければならない。

← ○取消訴訟の問題点を事案にひ
きつけて指摘できている

← ○Xが採るべき手段の明示OK

← ○要件を先にだすことにより，
整理された印象を与えられる

← ○行政事件訴訟法25条3項の指
摘はこの程度簡潔でもOK
← △25条3項の条文上は，「勘
案」事項である

← ○条文上の勘案事項を織り込む。
なお，25条3項の勘案事項をま
とめて論じているが，実際の試
験では時間制約があるためやむ
をえないだろう

← ○結論OK

← ○事情をうまく使えている

イ　以上より，Xには，本件変更処分の効力の停止を求 45
める「緊急の必要」があるといえる（②充足）。

(3)　なお，本件変更処分によって，第三者の利益を直接侵
害するものではないから，「公共の福祉に重大な影響を
及ぼすおそれ」（25条4項前段）はない。
　　　また，本案である本件変更処分の取消訴訟につき「理 50
由がないとみえる」（25条4項後段）事情もない。

(4)　よって，Xによる本件変更処分の執行停止の申し立て
は認められる。

以上

← ○結論OK

← ○消極要件について，大展開す
ることなく簡潔にまとめられて
いる

← ×行政事件訴訟法25条2項ただ
し書についても指摘したい
← ○結論OK

　本問のように，取消訴訟が提起されている場合において，原告が仮の救済を望むときは，執行停止の申立てを行うことが多くある。本問では，本件変更処分の効力さえ否定されれば，Xは，A世帯の従前の金額による生活保護を受ける地位を回復することができるため，義務付け訴訟を提起する必要はないと考えられる。

　執行停止の申立ての要件に関しては，平成16年の行政事件訴訟法改正により，「回復の困難な損害」が「重大な損害」に改められた。これは，金銭賠償による填補が可能な損害であったとしても，その一事によって申立てが認められないことにはならないことを意味し，より柔軟な認定が求められるといえる。執行停止の内容としては，①「処分の効力」の停止，②「処分の執行」の停止，および③「手続の続行」の停止の３種類がある（行政事件訴訟法25条２項本文）。本問で，Xは本件変更処分自体の効力を否定することを望んでおり，①「処分の効力」の停止を申し立てることになる。①の執行停止はもっとも強力な手段であるため，これを選択する場合には，②③によって仮の救済の目的を達することができる場合でないことも要件になる（補充性，25条２項ただし書）。

　執行停止の問題では，「重大な損害」（25条２項本文）の要件へのあてはめで勝負が決まる。25条３項が定める勘案事項を使いながら，問題文の事実を具体的に評価できたか確認してほしい。

## 答案構成

第１　取消訴訟が認容されると，A世帯の従前の地位を回復できる

　　しかし，本件変更処分により，Xの高等学校修学に支障

　　そこで，執行停止の申立て（行政事件訴訟法25条）をすべき

第２　そこで，25条の要件を検討

　１　「重大な損害」（25条２項本文）

　(1)　Xは本件変更処分によりいかなる「損害」を被るか

　　　「損害」は，高等学校での修学ができなくなること

　(2)　損害は「重大」なものか

　　　25条３項に照らして検討

　　ア　損害の性質

　　　高等学校への修学は将来就職等をするにあたり重要な学歴を形成し，しかるべき時期でなければ意味をなさない

　　　したがって，事後的に回復することは困難で，金銭賠償により補填しえない

　　　よって，回復が困難な性質の損害といえる

　　イ　損害の程度

　　　本件変更処分によって，Xは当該年度における進学が困難になり，就職等における看過できない不利益が長期間もたらされる

　　ウ　処分の内容・性質

　　　被保護者の個人的法益であり，直接第三者の利益を侵害しない

　　　したがって，執行停止に適さないものではない

　　エ　以上より，「重大な損害」にあたる

　２　重大な損害を避けるための「緊急の必要」

　　　本件変更処分により，Xは間近に迫った高等学校における修学が困難になるから「緊急の必要」がある

　３　そして，処分の執行の停止，手続の続行の停止によって目的を達することができる場合にはあたらない（25条２項ただし書）

　　　また，「公共の福祉に重大な影響を及ぼすおそれ」はない

　　　さらに，「本案について理由がないとみえる」事情（25条４項後段）もない

第３　以上より，Xの執行停止の申立ては認められる　　　　　　　　　　　　　　以上

【参考文献】
試験対策講座６章２節④【6】。

現在５歳のAは，先天的な脊椎骨の発達異常による歩行障害を有しており，自力で歩行することができず，移動には介助が必要である。もっとも，Aが通院している病院の医師によれば，設備の充実化や加配教師の配置によりAが幼稚園で集団生活をすることは可能であり，Aが今後社会で生活していくことを考えれば，むしろ集団生活を経験しておくことが望ましい。

そこで，Aの保護者である母Xは，2020（令和２）年12月20日，Y市教育委員会に対し，AのB幼稚園への入園を申請した（以下「本件申請」という）。これに対し，Y市教育委員会は，2021（令和３）年３月７日，Y市幼稚園条例（以下「条例」という）第４条第３号に基づき，本件申請を不許可とする決定をし（以下「本件不許可決定」という），Xに文書で通知した。不許可の理由は，以下のように記載されていた。

ア　B幼稚園は施設が古く，バリアフリーに配慮した構造になっておらず，Y市の財政状況からすれば，施設の改修をする予算措置が困難であること。

イ　Aの移動を介助するために教職員の加配が必要であるが，その予算措置が困難であること。
これらの不許可理由に対して，Xが実際に調べたところ以下のことが判明した。

㋐　Aの移動を介助する者を加配すれば，現状の施設のままで何ら問題はないこと。

㋑　ただちに施設の改修をすることは財政上困難だとしても，教職員の加配措置については，予算全体からみれば多額とはいえないこと。XがAに付き添って介助することもできること。

㋒　自閉症や多動症等の保育上障害が重いといえる園児については教職員を配置しているのに，より障害の軽いAについては教職員の加配をせず，通園を認めないのは矛盾していること。

そこで，Xは，Aが来年４月には小学校就学年齢に達することから，上記の事実をもとに訴訟を提起することを考えている。AをB幼稚園に入園させるためにXが採るべき法的手段（訴訟とそれに伴う仮の救済措置）を指摘したうえで，当該法的手段が認められるかについて検討せよ。なお，出訴期間の要件はみたしており，また条例に不服申立前置の規定は存在しないものとする。

【参考条文】
○Y市幼稚園条例（抜粋）
（設置）
第１条　学校教育法（略）に基づき，幼児を保育し，適当な環境を与えて，その心身の発達を助長するため，幼稚園を別表第１のとおり設置する。
（入園許可）
第２条　保護者は，幼稚園に幼児を入園させようとするときは，教育委員会規則で定めるところにより入園を申請し，教育委員会の許可を受けなければならない。
（入園資格者）
第３条　幼稚園に入園することのできる者は，本市に居住する者で満３歳から小学校就学の始期に達するまでの幼児とする。
（入園の制限等）
第４条　教育委員会は，入園の申込みをし，又は入園した幼児が，次の各号のいずれかに該当するときは，入園を認めず，又は登園を一時停止し，若しくは退園させることができる。
　一　感染性の疾患を有すると認められるとき。
　二　幼稚園における保育に堪えないと認められるとき。
　三　その他教育委員会において入園を不適当と認めるとき。

【論　点】
1　義務付け訴訟　　2　行政裁量の限界　　3　仮の義務付け

第1　Xが採るべき法的手段について

　　　Xは，Y市に対して，本件不許可決定の取消しを求める
　　取消訴訟（行政事件訴訟法3条2項，以下「行政事件訴訟
　　法」法名省略）を提起し，これと併合して，Aの入園許可
　　を義務付けることを求める申請型義務付け訴訟（3条6項　　5
　　2号）を提起するとともに，仮の義務付け（37条の5第1
　　項）を申し立てるべきである。

→問いに答える

第2　本件不許可決定の取消しが認められるかについて

　1　本件不許可決定は，条例4条3号に基づきY市教育委
　　員会がした行為であり，Xに対してB幼稚園へのAの入　　10
　　園を認めないという法的効果を有していることから「処
　　分」（3条2項）に該当する。また，Xは本件不許可決
　　定の名宛人であるため，原告適格（9条1項）が認めら
　　れる。また，訴訟提起は4月以前に行われていると考え
　　られるから，出訴期間（14条1項本文）も遵守している。　15
　　　よって，取消訴訟の訴訟要件をみたす。

→訴訟要件

　2　次に，Xの主張が認められるか否かを検討する。

→事案の問題提起

　　　本件不許可決定は条例4条3号に基づく処分であると
　　ころ，条例4条3号は概括的な規定であり，また条例4
　　条柱書には「できる」との文言が使われている。さらに　　20
　　幼稚園入園の是非に関する判断については，教育行政上
　　の専門的知見を要する。そのため，条例4条は行政庁に
　　裁量を認めた規定であると解する。

→裁量の認定

　　　したがって，裁判所は，裁量権の逸脱・濫用がある場
　　合にかぎり処分を取り消すことができる（30条）。そし　　25
　　て，裁量権の逸脱・濫用の有無は，行政庁が，本来考慮
　　すべき事項を考慮しておらず，または考慮された事実に
　　対する評価が明白に合理性を欠き，その結果，社会通念
　　上著しく妥当を欠く場合をいうと解する。

→規範定立

　⑴　本問では，たしかにAには移動介助が必要であり，　　30
　　財政上，施設の改修は困難である。

→考慮不尽

　　　しかし，教職員の加配措置をとることでAの移動に
　　おける対応が可能であり，現状の施設のままでも問題
　　はない。また，加配のための費用は，財政状況を著し
　　く悪化させるものとはいえないうえ，かりに，財政上，　35
　　加配措置が困難であるとしても，Xが介助可能である。

　　　そのため，考慮すべき上記事実を考慮していない本
　　件不許可決定は，判断過程における考慮不尽がある。

　⑵　加えて，自閉症や多動症等の障害を有する園児には
　　教職員を配置しているのに，より障害の軽いAには加　　40
　　配をしないのは平等原則に反するといえる。

→平等原則違反

　⑶　したがって，これらの事情を勘案すると，本件不許
　　可決定は，その判断が社会通念に照らして著しく妥当
　　性を欠き，裁量権の逸脱・濫用がある。

→あてはめの結論（規範に対応さ
せる）

3　よって，本件不許可決定の取消しは認められる。　　45　⇨問いに答える

第3　入園許可決定の義務付けが認められるかについて
1　本件不許可決定は条例2条という「法令」に基づく申　⇨訴訟要件
　　請を棄却する旨の処分（37条の3第1項2号）であり，
　　この申請をしたXは原告適格（37条の3第2項）を有す
　　る。さらに，本件不許可決定の取消訴訟を併合提起すれ　50
　　ば（37条の3第3項2号），前述のとおり本件不許可決
　　定は取り消されるべきもの（37条の3第1項2号）なの
　　で，義務付け訴訟の訴訟要件は認められる。
2　次に，Xの主張が認められるか否かを検討する。　　　⇨事案の問題提起
　⑴　まず，本件不許可決定の取消訴訟は前述のとおり認　55　⇨あてはめ
　　　容されるべきであるから，取消訴訟にかかる請求に
　　　「理由があると認められ」る（37条の3第5項）。
　⑵　また，医師によればAが幼稚園で集団生活をするこ　　⇨あてはめ
　　　とは可能であって，条例4条1号から3号までに該当
　　　する事情もない。そして，幼児園は幼児の心身の発達　60
　　　という重要な側面を担う場であるから，不許可事由が
　　　ないにもかかわらず，Y市教育委員会がAの入園許可
　　　処分をしないのは，社会通念に照らして著しく妥当性
　　　を欠き，裁量権の逸脱・濫用にあたる（37条の3第5
　　　項）。　　　　　　　　　　　　　　　　　　　　　　65
3　よって，入園許可決定の義務付けは認められる。　　　⇨問いに答える

第4　仮の義務付けの申立てが認められるかについて
1　まず，「償うことのできない損害」を避けるため「緊　⇨事案の問題提起
　　急の必要」が存在するか（37条の5第1項）。
　⑴　前者は，金銭賠償による損害回復が不可能または社　70　⇨規範定立
　　　会通念上著しく不合理と評価される損害をいう。　　　⇨東京地決平成18年1月25日（判
　　　　　　　　　　　　　　　　　　　　　　　　　　　　　例シリーズ77事件）
　　　　本問の場合，Aは現在5歳であり，来年4月には小　⇨あてはめ（規範に対応させる）
　　　学校就学年齢に達することから，入園が認められなけ
　　　れば幼稚園において心身の発達のために適当な環境の
　　　もとで保育を受ける機会が奪われる。この損害は，親　75
　　　権者の権利・義務（民法820条）にも影響するのだか
　　　らXの損害でもあり，また，金銭賠償による回復が不
　　　可能といえ，「償うことのできない損害」にあたる。
　⑵　また，Aは現に幼稚園に入園することができない状
　　　況であり，損害を避ける「緊急の必要」も認められる。80
2　さらに，本件では，前述のとおり入園許可決定の義務　⇨あてはめ
　　付けが認められる場合であるので，「本案について理由
　　があるとみえるとき」にあたる（37条の5第1項）。
3　加えて，「公共の福祉に重大な影響を及ぼすおそれ」　⇨あてはめ
　　（37条の5第3項）を認めるべき事由もない。　　　　　85
4　よって，義務付け訴訟を提起（37条の5第1項）すれ　⇨問いに答える
　　ば，仮の義務付けの申立ては認められる。

　　　　　　　　　　　　　　　　　　　　　　　　以上

1 提起すべき訴訟について

　本件不許可決定に，処分性が認められれば，抗告訴訟の対象となるところ，本件不許可決定に，処分性が認められるか（行政事件訴訟法（以下「行訴法」という）3条2項）。条例2条は，文言上「申請」と定めており，そのため，本件不許可決定は，申請に対する「処分」と捉えることができる。したがって，XがAをB幼稚園に入園できるようにするためには，Yに対して，Aの入園許可を義務付ける申請型義務付け訴訟（行訴法3条6項2号）を提起し，本件不許可決定の取消訴訟を併合提起すべきである（3条2項，37条の3第3項2号）。また，Xが仮の救済として，仮の義務付け（37条の5第1項）を申し立てるべきである。

2 取消訴訟について

(1) 本件不許可処分は，上述したように，処分性が認められることから，訴訟要件をみたす。

(2)ア　そこで，取消訴訟においてXの主張が認められるか。

　本件では，条例4条は，文言上「できる」と定められている。また，4条の該当性の判断にあたっては，教育的な専門技術的判断が必要である。さらに，4条は，許可決定の例外を判断する条項であり，その判断に際しては個別の事情を勘案して判断せざるをえず，裁量の余地を予定している。したがって，4条の判断にあたっては，行政庁に裁量が認められ，裁量権の逸脱・濫用があった場合に限り，取消しが認められる（行訴法30条）。

イ　そこで，本件不許可決定に，重大な事実誤認，平等原則違反があるとして，裁量権の逸脱・濫用が認められないか。

　本件で，Aは，歩行障害があるため，移動にあたって介助が必要であるが，家族の付き添いで対応可能であり，現状の施設のままでも何ら問題はない。したがって，本件不許可決定に挙げられている不許可の理由は，判断の際に重要な事実誤認があるといえる。

　また，保育上，障害が重いといえる園児については，教職員を配置しているのに，より障害の軽いAには加配をしないのは，平等原則違反がある。

　したがって，本件不許可決定には，裁量権の逸脱・濫用が認められる。

(3) よって，取消訴訟において，Xの主張は認められる。

3 義務付け訴訟について

(1) 本件不許可決定は，条例2条に基づく申請を棄却する旨の処分であり，また，上述したように，本件不許可決定は，取り消されるべきものである（行訴法37条の3第1項2号）。そして，Xに原告適格は認められる（37条

---

5

10

15

20

25

30

35

40

---

←○法的手段OK

←○あてはめOK

←○問題提起OK
←○事案の分析OK

←○問題提起OK

←○あてはめOK

←○結論OK

←○問いに答えている

←○訴訟要件

の３第２項）。したがって，取消訴訟を併合提起すれば，45
訴訟要件はみたす（37条の３第３項２号）。

⑵　そこで，義務付け訴訟において，Ｘの主張が認められ
るか。

　　本件では，上述したように，取消訴訟には，理由があ
るとみとめられる。　　　　　　　　　　　　　　　　50

　　また，より保育上障害が重いといえる自閉症や多動症
などの子供も入園しており，Ａが保育に堪えないとはい
えないから，条例４条２号に該当する事由は存在しない。
また，４条１号・３号に該当する事由も特に存在しない。
そして，幼児期は，心身の成長・発達のために重要な時　55
期であるから，拒否する合理的な理由がない限り，行政
庁は，申請を許可すべきである。したがって，本件不許
可決定は，裁量権の逸脱・濫用にあたる（行訴法37条の
３第５項）。

⑶　よって，義務付け訴訟において，Ｘの主張は認められ　60
る。

４　仮の義務付けの申立てについて

⑴　まず，本件において，「償うことのできない損害を避
けるため緊急の必要」があるか（37条の５第１項）。

　　本件において，Ａは，心身の成長・発達のために重要　65
な幼児期において，幼稚園に通う機会を喪失するもので
ある。したがって，金銭賠償による救済が不可能ないし
社会通念上著しく不合理と評価される損害であり，「償
うことのできない損害」にあたる。また，それを避ける
ために，直ちに仮の就園を認めることが不可欠であり，　70
「緊急の必要」があると認められる。

⑵　次に，上述したように，本案訴訟について理由がある
と考えられる。

⑶　さらに，「公共の福祉に重大な影響を及ぼすおそれ」
がある事由も特にみられない（37条の５第３項）。　　75

⑷　よって，仮の義務付けの申立てにおいて，Ｘの主張は
認められる。

以上

⬅️○問題提起OK

⬅️○あてはめOK

⬅️○問いに答えている

⬅️○問題提起OK

⬅️△規範を立ててから，あてはめ
をしてほしい

⬅️○問いに答えている

## 答案作成上の注意点

　義務付け訴訟の本案勝訴要件のうち，入園不許可決定の取消しの訴えに理由があることについては，問題となっていた条例4条3号の事由についての裁量権の逸脱・濫用の有無を検討する。その際，根拠法規である条例の解釈を行い，本件不許可決定が裁量行為に基づくものであることを指摘する必要がある。この点について，規定の文言だけでなく，裁量を認める実質的な理由の存否をも考慮するものであることに注意してほしい。次に，入園許可決定をしないことが裁量権の逸脱・濫用にあたるかの判断については，4条1号・2号および本件不許可決定の理由とされた事由以外の3号に該当する事由が存在するか否かについて触れる必要がある。

　仮の救済措置としては，入園許可の仮の義務付けを申し立てるべきであることを指摘したうえで，行政事件訴訟法37条の5の各要件を検討する。特に，入園が認められないことによる具体的な不利益を問題文中の事情を用いて論じて，それが金銭賠償による回復が不可能または社会通念上著しく不合理な「償うことのできない損害」にあたることを詳しく検討することが求められている。

## 答案構成

第1　本件不許可決定の取消訴訟（行政事件訴訟法3条2項）と，入園許可の義務付け訴訟（3条6項2号）を併合提起し，さらに，仮の義務付け（37条の5第1項）を申し立てる

第2　本件不許可決定の取消し
　1　「処分」（3条2項）に該当，Xに原告適格（9条1項）あり，出訴期間（14条1項本文）も遵守し，訴訟要件みたす
　2　Xの主張
　　条例4条3号は行政庁に裁量を認める
　　裁量権の逸脱・濫用がある場合にかぎり取消し可（30条）
　（1）教職員の加配，Xの付き添いで対応可
　　　そのため，考慮不尽あり
　（2）より障害の軽いAには加配をしないのは平等原則に反する
　（3）したがって，裁量権の逸脱・濫用あり
　3　よって，取消しが認められる

第3　入園許可決定の義務付け
　1　本件不許可決定は条例2条という「法令」に基づく申請を棄却する処分（37条の3第1項2号），Xに原告適格（37条の3第2項）あり，本件不許可決定の取消訴訟を併合提起すれば（37条の3第3項2号），訴訟要件をみたす
　2　Xの主張
　（1）取消訴訟にかかる請求に「理由がある

と認められ」る（37条の3第5項）
　（2）条例4条1号から3号までに該当する事情はないにもかかわらず，入園許可処分をしないのは，裁量権の逸脱・濫用
　3　よって，義務付けが認められる

第4　仮の義務付け
　1　「償うことのできない損害」を避けるため「緊急の必要」が存在するか（37条の5第1項）
　（1）前者は，金銭賠償による損害回復が不可能または社会通念上著しく不合理と評価される損害をいう
　　　幼稚園で心身の発達のために適当な環境で保育を受ける機会が奪われる
　　　したがって，「償うことのできない損害」にあたる
　（2）損害を避けるためにはただちに仮の就園を認めることが不可欠であるから，「緊急の必要」も認められる
　2　「本案について理由があるとみえるとき」にあたる（37条の5第1項）
　3　「公共の福祉に重大な影響を及ぼすおそれ」（37条の5第3項）も認められない
　4　よって，義務付け訴訟を提起（37条の5第1項）すれば，仮の義務付けが認められる

以上

【参考文献】
試験対策講座4章3節②，6章2節③・⑧【2】・【3】。判例シリーズ77事件。

Y県は，2020（令和2）年11月，都市計画に基づいて，A町の中心南部に面する海域（以下「本件海域」という）の埋立て（以下「本件埋立て」という）を計画した。本件海域は，瀬戸内海のB湾内に位置し，大小の島々が散在して，特に美しい景観が広がる名勝として名高く，国内外から多くの観光客が訪れる名所であるところ，本件埋立てが実施されれば本件海域の良好な景観が著しく損なわれることになる。

Y県は，2021（令和3）年5月15日，本件海域について漁業権を有するC漁業協同組合の同意（公有水面埋立法〔以下「公水法」という〕第4条第3項第1号参照）を得たうえ，Y県知事Dに対して，公水法第2条に基づく埋立免許の申請を行った。

Xは，A町に，長年にわたって居住し，本件海域の景観利益を日常的に享受する者であるが，本件埋立てによりそれまで享受していた本件海域の美しい景観が失われてしまうことから，訴訟を提起することを考えている。

Xが，DのY県に対する埋立免許処分を阻止するために採るべき法的手段（訴訟とそれに伴う仮の救済措置）を検討したうえ，Xが適法に訴えを提起することができるか否かについて論じなさい。なお，Xが私法上保護される景観利益を有することは前提としてよい。

【参照条文】
○公有水面埋立法（大正10年法律第57号）（抜粋）
第2条　埋立ヲ為サムトスル者ハ都道府県知事（略）ノ免許ヲ受クヘシ
2　前項ノ免許ヲ受ケムトスル者ハ国土交通省令ノ定ムル所ニ依リ左ノ事項ヲ記載シタル願書ヲ都道府県知事ニ提出スベシ
　一～五　（略）
3　（略）
第3条　都道府県知事ハ埋立ノ免許ノ出願アリタルトキハ遅滞ナク其ノ事件ノ要領ヲ告示スルトトモニ前条第2項各号ニ掲グル事項ヲ記載シタル書面及関係図書ヲ其ノ告示ノ日ヨリ起算シ3週間公衆ノ縦覧ニ供（略）スベシ（略）
2　（略）
3　第1項ノ告示アリタルトキハ其ノ埋立ニ関シ利害関係ヲ有スル者ハ同項ノ縦覧期間満了ノ日迄都道府県知事ニ意見書ヲ提出スルコトヲ得
4　（略）
第4条　都道府県知事ハ埋立ノ免許ノ出願左ノ各号ニ適合スト認ムル場合ヲ除クノ外埋立ノ免許ヲ為スコトヲ得ズ
　一・二　（略）
　三　埋立地ノ用途ガ土地利用又ハ環境保全ニ関スル国又ハ地方公共団体（略）ノ法律ニ基ク計画ニ違背セザルコト
　四～六　（略）
2　（略）
3　都道府県知事ハ埋立ニ関スル工事ノ施行区域内ニ於ケル公有水面ニ関シ権利ヲ有スル者アルトキハ第1項ノ規定ニ依ルノ外左ノ各号ノ一ニ該当スル場合ニ非ザレバ埋立ノ免許ヲ為スコトヲ得ス
　一　其ノ公有水面ニ関シ権利ヲ有スル者埋立ニ同意シタルトキ
　二・三　（略）

○瀬戸内海環境保全特別措置法（昭和48年法律第110号）（抜粋）（平成27年改正前）
（目的）

第1条　この法律は，瀬戸内海の環境の保全上有効な施策の実施を推進するための瀬戸内海の環境の保全に関する計画の策定等に関し必要な事項を定めるとともに，特定施設の設置の規制，富栄養化による被害の発生の防止，自然海浜の保全等に関し特別の措置を講ずることにより，瀬戸内海の環境の保全を図ることを目的とする。

（瀬戸内海の環境の保全に関する基本となるべき計画）

第3条　政府は，瀬戸内海が，わが国のみならず世界においても比類のない美しさを誇る景勝地として，また，国民にとって貴重な漁業資源の宝庫として，その恵沢を国民がひとしく享受し，後代の国民に継承すべきものであることにかんがみ，瀬戸内海の環境の保全上有効な施策の実施を推進するため，瀬戸内海の水質の保全，自然景観の保全等に関し，瀬戸内海の環境の保全に関する基本となるべき計画（以下この章において「基本計画」という。）を策定しなければならない。

2・3　（略）

（埋立て等についての特別の配慮）

第13条　関係府県知事は，瀬戸内海における公有水面埋立法（略）第2条第1項の免許又は同法第42条第1項の承認については，第3条第1項の瀬戸内海の特殊性につき十分配慮しなければならない。

2　（略）


○瀬戸内海環境保全特別措置法3条に基づき策定された政府の基本計画（抜粋）

第3　目標達成のための基本的な施策

1～4　（略）

5　埋立てに当たっての環境保全に対する配慮

公有水面埋立法に基づく埋立ての免許又は承認に当たっては，瀬戸内海環境保全特別措置法第13条第1項（略）に沿って，引き続き環境保全に十分配慮するものとする。

（略）環境影響評価に当たっては，環境への影響の回避・低減を検討するとともに，必要に応じ適切な代償措置を検討するものとする。その際，地域住民の意見が適切に反映されるよう努めるものとする。（略）

6～19　（略）


【論　点】

1　差止訴訟と仮の差止め

2　差止訴訟の訴訟要件

答案構成用紙

第1　Xの採るべき法的手段について

　1　Y県は，知事Dに対して，公水法2条に基づく埋立免 ⟶ 問題文の分析
　　許の申請を行っているが，埋立免許処分（以下「本件処
　　分」という）はいまだ行われていない。また，本件処分
　　に先行するなんらかの処分もない。この場合，Xとして 5 ⟶ 問いに答える
　　は，DがY県に対して本件処分を行うことを阻止するた
　　め，本件処分の差止めの訴え（行政事件訴訟法3条7項，
　　以下「行政事件訴訟法」法名省略）を提起するべきであ
　　る。

　2　また，差止訴訟の係属中に本件埋立ての工事が開始さ 10 ⟶ 問題文の分析
　　れ，判決を得る前に本件海域の景観が害されてしまうこ
　　とを阻止するため，仮の救済手段として，本件処分の仮 ⟶ 問いに答える
　　の差止め（37条の5第2項）を申し立てるべきである。

第2　訴訟要件について

　　では，Xは本件処分の差止訴訟（以下「本件訴訟」とい 15
　う）を適法に提起することができるか。

　1　まず，公水法2条1項に基づく本件処分は，その内容， ⟶ 「一定の処分」の該当性
　　効果が明確で裁判所による特定が可能な「一定の処分」
　　（3条7項）にあたる。

　　　また，Y県による申請が公水法4条3項1号の要件を 20 ⟶ 「されようとしている」の該当
　　みたしており，本件処分のなされる蓋然性があるから， 性
　　本件処分が「されようとしている」といえる。

　2　Xは「法律上の利益を有する者」（37条の4第3項， ⟶ 事案の問題提起
　　4項，9条2項）にあたり，本件訴訟の原告適格を有す
　　るか。Xは「処分……の相手方以外の者」であるため， 25
　　9条2項に従って判断する。

> 　「法律上の利益を有する者」とは，当該処分により自 ⟶ 規範定立
> 己の権利もしくは法律上保護された利益を侵害され，ま ⇨ 最大判平成17年12月7日（判例
> たは必然的に侵害されるおそれのある者をいう。そして， シリーズ64事件）
> 当該処分を定めた行政法規が，不特定多数者の具体的利 30
> 益をもっぱら一般的公益のなかに吸収解消させるにとど
> めず，それが帰属する個々人の個別的利益としてもこれ
> を保護すべきものとする趣旨を含むと解される場合には，
> このような利益もここにいう法律上保護された利益にあ
> たる。 35

　　　Xは，本件海域の景観利益（以下「本件利益」とい ⟶ あてはめ
　う）の侵害を主張すると考えられるが，以下検討する。

　(1)　本件処分は公水法2条1項を根拠としており，公水 ⟶ 根拠法令の認定
　　法はその「根拠となる法令」（9条2項前段）にあたる。

　　　また，瀬戸内海環境保全特別措置法（以下「瀬戸内 40 ⟶ 関係法令の認定
　　法」という）は，海域における「特定施設の設置の規
　　制……により……環境の保全」（瀬戸内法1条）を図
　　る点において，公水法と「目的を共通にする関係法
　　令」（9条2項後段）にあたる。

(2) 瀬戸内法13条1項は，埋立免許について関係府県の知事が瀬戸内法3条1項の瀬戸内海の特殊性につき配慮しなければならないとしており，国民が瀬戸内海に対して有する景観利益に配慮していると解される。

➡趣旨から考える

さらに，公水法4条1項3号は環境保全に関する法律に基づく計画に違背しないことを埋立免許の要件としているところ，瀬戸内法3条に基づき策定された政府の基本計画第3の5は，瀬戸内法13条1項に沿って環境保全に十分配慮するものとし，埋立てによる環境影響評価の際，地域住民の意見が適切に反映されるよう努めるとする。そのうえで，公水法3条3項によって，地域住民は利害関係人として各都道府県知事に対して意見書を提出することができる。これは，瀬戸内海と深い関わりをもつ地域住民については，特に本件利益を保護する趣旨のものと解される。

➡趣旨から考える

本件海域は，国内外から多数の観光客が訪れるほどの美しい景観が広がる海域であるが，本件埋立て工事が行われればその景観が損なわれ，本件利益を日常的に享受する者ほど本件利益を著しく害されるのであって，その回復もきわめて困難である。

➡被侵害利益の性質

以上をふまえると，公水法は本件利益を保護しており，本件利益を日常的に享受している者については，本件利益を個別的利益としても保護する趣旨を含むと考える。

➡あてはめ（規範に対応させる）

(3) 本件海域は，A町の中心に位置する。そうすると，A町に居住し，本件利益を日常的に享受するXは，「法律上の利益を有する者」にあたるから，原告適格を有する。

➡三段論法の帰結（事案の問題提起に対応させる）

3 「重大な損害」(37条の4第1項本文）とは，処分がされる前に差止めを命ずる方法によるのでなければ救済を受けることが困難なものをいう。

➡「重大な損害」の存在，規範定立

本件埋立ての工事が実施されれば，本件海域の美しい景観が大きく損なわれ，Xの享受している本件利益が著しく害されることとなる。そして，一度埋め立てられてしまえば，本件海域の景観を回復することはきわめて困難であり，差止めを命ずる方法によるのでなければ救済を受けることが困難であるといえる。

➡あてはめ（規範に対応させる）

したがって，本件処分により「重大な損害を生ずるおそれ」があるといえる。

➡三段論法の帰結

4 公水法には公有水面の埋立てに関する特別の救済手段は規定されていないため，「他に適当な方法がある」(37条の4第1項ただし書）ともいえない。

➡補充性

5 以上から，本件訴訟は訴訟要件をみたすから，Xは適法に本件訴訟を提起することができる。 以上

➡問いに答える

一　埋立免許処分を阻止するための法的手段

　　本問では，Dは未だに埋立免許処分を実行していないので，差止め訴訟（行政事件訴訟法〔以下「行訴法」という〕37条の4）を提起することが適当な法的手段といえる。

　　なぜなら，これらの抗告訴訟には仮の救済制度（37条の5）があり，本案判決前にDが処分を強行して，裁判を無意味にする事態を避けられるからである。

二　訴えの適法性

　1　そこで，Xは，Y県に対する埋立免許の処分がされることの差止め訴訟を提起できないか。

　2　まず，37条の4第1項の㋐重大な損害が生ずるおそれと㋑他に適当な方法があるときの2要件を満たすかが問題となる。

　　　この点について，Xが主張している本件海域の美しい景観は，長年の自然の営みで形成されたもので，埋立てにより景観が損なわれれば，その回復は困難であって，また，景観の美しさはその地域・海域固有のもので，代替性のない性質を有する。

　　　したがって，回復の困難さや損害の性質を考慮すると（37条の4第2項）免許処分により㋐重大な損害が生ずるおそれがあって，損害を避けるためには，その景観を維持するしか方法がなく，免許処分の差止め以外に㋑適当な方法がない。

　3(1)　では，埋立免許処分がなされないことに，Xの原告適格（37条の4第3項，4項）が認められるか。景観の利益が埋立免許処分の根拠となる公水法で考慮されているか否かが問題となる（行訴法9条2項）。

　　(2)　まず，埋立免許を与える要件として，公水法4条1項3号，3項1号で，環境保全に関する法律に基づく計画に反しないことと，公有水面に関する権利者の同意がある。そこで，これらの要件が，個人の景観の利益にも配慮しているかどうかを検討する。

　　　前者の環境保全に関する法律として瀬戸内海環境保全特別措置法（以下「瀬戸内法」という）があり，その3条が本件海域を含む瀬戸内海を世界有数の景勝地として，その恵沢を等しく享受することを規定している。そして，13条や3条に基づく政府の基本計画において，公水法上の埋立免許にあたって瀬戸内海の環境保全に配慮することを定めている。それゆえ，公水法4条1項3号の環境保全の要件は，景観の利益を含む保全に配慮したものといえる。

　　(3)　もっとも瀬戸内法の規定は，13条1項では，「配慮しなければならない」，3条に基づく政府の基本計画においては，「環境保全に十分配慮する」「地域住民の

5

10

15

20

25

30

35

40

←○採るべき法的手段OK。行政事件訴訟法3条7項をあげてほしい

←△仮の救済の指摘はいいが，他の抗告訴訟にも仮の救済制度は存在するので，理由づけとして記載することは不適切

←○問題の所在OK

←○要件OK

←○丁寧にあてはめをしている

←○要件の検討OK

←○問題の所在OK

←△規範が抜けている
←○趣旨の検討OK

←△公有水面に関する権利者の同意の指摘は不要

←○抽象的な文言の指摘OK。なお，広島地判平成21年10月1日（判例シリーズ75事件）も，この点を指摘している

意見が適切に反映されるように努める」といった抽象 45
的な規定にとどまり，具体的な義務を定めたわけでは
ない。また，3条は，景勝地としての利益は，国民が
ひとしく享受するものと規定し，地域住民の個別的な
利益として保護すべきことは規定していない。

　そうすると，景観の利益は，埋立免許にあたって， 50
考慮すべき1つの公益的な要素にすぎず，地域住民の個
別的な利益でないため，公水法4条3項の「権利ヲ有
スル者」に景観の利益を有する者は含まれない。　　　　　　　　←△理由づけとして不要

(4)　したがって，Xが主張する景観の利益は，公水法上
では国民全体が享受する公益にすぎず，地域住民に対 55
して個別に保護すべき利益としては考慮されていない
ため，Xは，埋立の免許がされないことにつき，法律　　　　　　←△被侵害利益の性質も含めて検
上の利益を有さない。　　　　　　　　　　　　　　　　　　　　　　　討してほしい

4　よって，Xは適法に差し止め訴訟を提起することがで　　　　　←○問いに答える姿勢OK
きない。

以上 60

　本問では，Y県が，知事Dに対して本件海域の埋立て免許の申請をしているところ，いまだ埋立免許処分はなされておらず，また，それに先立つ処分もなされていない。Xとしては，埋立ての前提となる免許処分がなされないようにする必要がある。このような目的を達成できる行政事件訴訟法上の法的手段としては，免許処分をしてはならない旨を命ずることを求める差止めの訴え（行政事件訴訟法3条7項）・仮の差止めの申立て（37条の5第2項）が考えられる。

　次に，Xが適法に訴えを提起できるか否かを検討することが求められる。そこで，Xが差止訴訟の訴訟要件を充足するか否かについて，条文の文言を参照しつつ個々の訴訟要件について検討していくことが必要である。特に，Xに原告適格が認められるか否かを丁寧に検討することが求められる。そこで，37条の4第4項が準用する9条2項に規定された判断要素に沿いながら，本問の具体的事情のもとで原告適格が認められるかを検討していくことになる。その際，本問に掲げられた具体的事実，公水法その他の関連法規を読み込み，みずからの主張を構築してほしい。

第1　Xの採るべき法的手段
1　埋立免許処分はいまだ行われておらず，本件処分に先行するなんらかの処分もないため，本件処分の差止めの訴え（行政事件訴訟法3条7項）を提起する
2　仮の救済手段として，仮の差止め（37条の5第2項）を申し立てる

第2　訴訟要件
1　本件処分は裁判所による特定が可能な「一定の処分」（3条7項）
　　Y県の申請が要件をみたしており，本件処分が「されようとしている」
2　Xに原告適格が認められるか
　　「法律上の利益を有する者」（37条の4第3項，4項・9条2項）とは，法律上保護された利益を侵害され，または必然的に侵害されるおそれのある者をいう
　　そして，当該処分を定めた行政法規が，不特定多数者の具体的利益を個々人の個別的利益としても保護する趣旨を含むと解される場合には，このような利益も法律上保護された利益にあたる
(1)　公水法は本件処分の「根拠となる法令」
　　瀬戸内法は「関係法令」
(2)　瀬戸内法13条1項は国民が瀬戸内海に対して有する景観利益に配慮
　　公水法4条1項3号，瀬戸内法3条に

基づき策定された政府の基本計画第3の5，公水法3条3項は，瀬戸内海と深い関わりをもつ地域住民について特に本件利益を保護する趣旨
　　本件埋立て工事が行われれば本件海域の景観が損なわれ，本件利益を日常的に享受する者ほど本件利益を著しく害され，その回復もきわめて困難
　　以上より，公水法は本件利益を日常的に享受している者について本件利益を個別的利益としても保護する趣旨を含む
(3)　Xは本件利益を日常的に享受する者であり，原告適格を有する
3　「重大な損害」（37条の4第1項本文）とは，処分がされる前に差止めを命ずる方法によるのでなければ救済を受けることが困難なものをいう
　　本件埋立ての工事が実施されれば，本件利益が著しく害され，その回復はきわめて困難
　　本件処分により「重大な損害を生ずるおそれ」がある
4　公水法には公有水面の埋立てに関する特別の救済手段は規定されておらず，「他に適当な方法がある」（37条の4第1項ただし書）ともいえない
5　以上から，Xは適法に本件訴訟を提起することができる　　　　　　　　　　以上

**【参考文献】**
試験対策講座6章2節③【2】・⑨。判例シリーズ64事件，75事件。

Y県知事Aは，土地改良法に基づく県営の土地改良事業（以下「本件事業」という）の事業計画決定をした（以下「本件決定」という）。Xは，本件事業の施行予定地区域に土地を所有する者である。

　　この事案について，以下の小問に答えよ。なお，各小問は独立した問題であるものとする。

1　Xは，本件決定の取消訴訟（以下「本件訴訟」という）を提起したが，その係属中に，Y県は本件事業にかかる工事を完了した。そして，換地計画を定め，Xに対して換地処分を行い，登記も完了した。この場合，本件訴訟における訴訟要件に影響はないか。

2　本件決定は適法なものであったが，その後の換地処分（以下「本件処分」という）によってXの新たな所有地とされた土地は，従前のXの所有地に比べて著しく農作業を困難にするものであった。そこで，Xとしては，換地処分をやり直し，従前の土地と同程度に農作業に適した土地をXの換地とするべきである，と考えている。本件処分から1年が経過した現在，Xはどのような訴訟を提起すべきか。

【資料　土地改良事業について】

　　土地改良事業とは，農業生産性の向上等を目的として行われる，農用地の改良，開発，保全および集団化等に関する事業である。

　　都道府県が行う土地改良事業の大まかな手続を示すと，申請に基づき都道府県知事が事業の基本的事項につき土地改良事業計画を決定し，土地改良事業計画にかかる工事を行うことになる。その際，土地改良事業の性質上必要があるときは，換地処分を定めて換地処分が行われることがあり，その場合，換地についての登記がなされる。

　　換地処分とは，土地改良事業の実施による農用地の区画形質の変更に伴い，工事前の土地に対しその土地に代わる工事後の新たな土地（換地）を定め，法手続および処分は，当該土地改良事業計画の決定が有効に存在することを前提とするものである。

　　なお，土地改良事業計画については，判例上処分性が肯定されている。

【論　点】
1　土地改良事業と訴えの利益
2　換地処分無効確認訴訟の原告適格

# 答案例

第1　小問1について

1　Y県が本件事業にかかる工事を完了し，換地計画に基づく換地処分を行い，登記も完了した場合，「回復すべき法律上の利益」（行政事件訴訟法9条1項括弧書。以下法名省略）を欠き，取消訴訟（3条2項）たる本件訴訟の訴訟要件のうち，訴えの利益が失われないか。 <sub>5</sub>

2　訴えの利益の有無は，処分が判決時において判決によって除去されるべき法的効果を有しているか否か，処分を取り消すことで回復されうる権利利益が存在するか否かという観点から判断される。 <sub>10</sub>

3　これを本問についてみると，工事から登記にいたる事業がすべて完了しているため，本件決定にかかる事業施行地域を原状に回復することは，社会的，経済的損失の観点からみて社会通念上不可能であるといえる。そうだとすると，本件決定を取り消しても，もはや違法状態は <sub>15</sub> 除去できないため，除去されるべき法的効果が存在せず，訴えの利益は失われているようにも思える。しかし，本件決定は土地改良事業を適法に行わせるための手続であり，後に行われる換地処分等の一連の手続および処分は，本件決定が有効に存在することを前提とするものである。 <sub>20</sub> そのため，本件決定が取り消されれば後続する換地処分等の法的効力は影響を受け，Y県は本件決定にかかる事業施行地域を現状に回復する法的義務を負うことになる。

さらに，事業施行地域を原状に回復することは物理的に可能である以上，それが社会的，経済的損失の観点か <sub>25</sub> らみて社会通念上不可能であるとしても，このような事情は事情判決（31条1項）の適用に関して考慮するべき事柄である。

したがって，事業終了後も取消判決によって除去すべき法的効果が認められるから「回復すべき法律上の利 <sub>30</sub> 益」があるといえ，本件決定の取消訴訟の訴えの利益は失われない。

4　よって，本件訴訟の訴訟要件は，工事，換地処分，および登記の完了によっても，影響を受けない。

第2　小問2について <sub>35</sub>

1　まず，本件処分の取消訴訟（3条2項）を提起することが考えられるが，本問では本件処分から1年の出訴期間を経過しているため，この訴えは認められない（14条2項本文）。

2　次に，本件処分の無効確認訴訟（3条4項）の提起が <sub>40</sub> 考えられるが，36条の訴訟要件をみたすか。

(1)　本件処分は，公権力の主体たる国または公共団体の行為のうち，その行為によって，直接国民の権利義務を形成しまたはその範囲を確定することが法律上認め

— 右欄注記 —
➡問題点の抽出
➡事案の問題提起
➡規範定立
➡あてはめ
➡あてはめの結論（規範に対応させる）
➡三段論法の帰結（事案の問題提起に対応させる）
➡問いに答える
➡取消訴訟
➡無効確認訴訟
➡処分性

られているものであるから,「処分」にあたる。 45

(2) 次に, 本件処分の名宛人であるXは,「法律上の利益を有する者」にあたる。

(3) さらに, Xは本件処分に「続く処分により損害を受けるおそれのある者」ではないから,「現在の法律関係に関する訴えによつて目的を達することができない」場合である必要があるが, 本問でもこれに該当するといえるか。 50

ア 無効確認訴訟は時機に後れた取消訴訟であるが, 取消訴訟には, 原状回復機能のほかに, 差止め・再度考慮・法律関係の合一確定という, 現在の法律関係に関する訴えでは達成困難な機能もある。そうすると, 原告が, これらの機能に期待して無効確認訴訟を提起した場合にも, 訴えの利益を認めるべきである。 55

そこで,「現在の法律関係に関する訴えによつて目的を達することができない」場合とは, 当該処分に基づいて生ずる法律関係に関し, 処分の無効を前提とする当事者訴訟・民事訴訟では, その処分のため被っている不利益を排除することができない場合はもとより, 当該処分の無効を前提とする当事者訴訟または民事訴訟と比較し, 当該処分の無効確認を求める訴えのほうがより直截的で適切な争訟形態であるとみるべき場合をも意味すると解する。 60 65

イ これを本問についてみると, Xは, 本件処分の無効を前提として従前の土地の所有権確認訴訟などの民事訴訟の提起ができる。しかし, 換地処分は, 施工地域内の土地所有者等多数の権利者に対して行われるものであり, 通常相互に連鎖し関連し合っているので, 個々の土地についての所有権確認訴訟によって解決するのは必ずしも適当でない。また, Xは, 自己に対してより有利な換地が交付されるべきことを主張しているのであり, 本件処分前の従前の土地所有権の確保を目的としているわけではない。 70 75

そうだとすると, 従前の土地の所有権確認訴訟と比較して, 本件処分の無効確認訴訟のほうが, 換地処分のやり直しを期待できる点で, より直截的で適切な訴訟形態といえる。 80

ウ したがって,「現在の法律関係に関する訴えによつて目的を達することができない」場合にあたる。

(4) よって, 本件処分の無効確認訴訟は, 36条の訴訟要件をみたす。 85

3 以上により, Xは, 本件処分の無効確認訴訟を提起すべきである。 以上

➡原告適格

➡事案の問題提起

➡理由

➡規範定立
➡最判平成4年9月22日（判例シリーズ74事件）

➡あてはめ

➡あてはめの結論（規範に対応させる）

➡三段論法の帰結（事案の問題提起に対応させる）

➡問いに答える

第1　小問1

　Xは本件訴訟を提起しているところ，その係属中にY県は本件事業に係る工事を完了し，換地計画を定めてXに対して換地処分を行いその登記もしているから，訴訟要件たる訴えの利益（行政事件訴訟法9条1項かっこ書）が失われないか。

1　この点，訴えの利益とは処分を取り消す必要性をいい，その判断は処分を取り消すことによって回復される法的利益が存在するかで判断する。

2　本件についてみると，確かに本件事業に係る工事が完了しているから，Xの従前の土地を所有させることは不可能となっており，本件処分を取り消すことによって回復される法的利益は存在しないとも思える。

　しかし，Xに従前の土地を所有させることが事実上不可能であるとしても，このような事柄は事情判決（31条1項）で考慮すべきものである。また，換地処分は土地改良事業の実施による農用地の区画形質の変更に伴い，工事前の土地に対しその土地に代わる工事後の新たな土地たる換地を定め，法手続を経た後，当該換地を工事前の土地とみなす行政処分をいうところ，換地処分の手続および処分は，当該土地改良事業計画の決定が有効に存在することを前提とするものである。そうだとすれば，本件決定が取り消されれば行政庁は，本件換地に係る工事等を原状に回復する法的義務を負うことになる。したがって，本件処分を取り消すことによって回復される法的利益は存在するといえるので，訴えの利益はある。

3　よって，本件訴訟における訴訟要件に影響はない。

第2　小問2

1　まず，Xは本件処分をした行政庁たるAが所属する地方公共団体であるY県に対して（11条1項1号），本件処分の取消訴訟（3条2項）を提起することが考えられるところ，処分からすでに1年経過しているため出訴期間を満たさない（14条1項）。したがって，取消訴訟は提起できない。

2　次に，Xは本件処分の無効確認訴訟（3条4項）を提起することが考えられる。

(1)　まず，本件処分は公権力の主体たるY県が行う行為のうち，その行為によって直接国民の権利義務を形成し又はその範囲を確定することが法律上認められているものであるから「処分」（36条）にあたる。

(2)　次に，Xは本件処分の名あて人であるから，「法律上の利益を有する者」に当たる。

(3)　では，「当該処分」の「効力を前提とする現在の法律関係に関する訴えによつて目的を達することができ

5

10

15

20

25

30

35

40

← ○問題の所在が的確に示されている

← ○規範OK

← ○反対事情にも配慮した丁寧な論述である

← ○判例をよく理解していることがうかがえる

← ○問いにしっかりと答えている

← ○被告適格を条文とともに正確に論じている

← ○各要件につき，漏れなく論じられている

← △正しくは，「効力の有無を前提……」

ない」といえるかが問題となるも，処分の無効を前提 45
とする民事訴訟で争うよりも，処分の無効確認のほう
が適切な訴訟形態である場合に同文言に該当すると考
える。

　本件についてみると，換地処分には多くの利害関係
人がいるため，当事者間にしか効力が生じない民事訴 50
訟よりも，第三者効が生じる無効確認訴訟のほうが紛
争解決に有効である。

　また，Xとしては，換地処分をやり直し，従前の土
地と同程度に農作業に適した土地をXの換地とするべ
きと考えていることからすれば，処分の無効を前提と 55
する民事訴訟よりも，本件処分の無効確認訴訟のほう
が適切な訴訟形態であるといえる。

　したがって，「当該処分」の「効力を前提とする現
在の法律関係に関する訴えによつて目的を達すること
ができない」といえる。 60
⑷　よって，Xは本件処分の無効確認訴訟を提起できる。
　　　　　　　　　　　　　　　　　　　　　　　以上

← △最判平成 4 年 9 月22日（判例
シリーズ74事件）の規範で論じ
られるとよかった

← ○判例（最判平成 4 年 1 月24日
〔判例シリーズ71事件〕）を意
識した論述ができている

　訴えの利益は予備試験2016（平成28）年行政法で，無効確認の訴えは司法試験2006（平成18）年および司法試験2019（平成31）年でそれぞれ出題されており，今後再び出題される可能性がある。どの基本書にも掲載されている基本的な論点ではあるが，今一度確認してもらうため，出題した。

　小問1は，訴えの利益に関する最判平成4年1月24日（百選Ⅱ178事件）をベースにした問題である。判例百選にも掲載される重要判例であるから，本問を通じてその理解を確実なものとしてほしい。また，近時最判平成27年12月14日（民集69巻8号2404頁）などの訴えの利益が問題となった重要な判例がでていることから，余裕があれば最新の判例にも目をとおしておいてほしい。

　小問2は，無効確認訴訟の基本的な問題である。行政事件訴訟法36条に従い，漏れなく要件を検討する必要がある。本問で特に問題となるのは，「目的を達することができない」（行政事件訴訟法36条）の要件充足性である。この点について，最判平成4年9月22日（百選Ⅱ181事件）は，原告の権利保護を重視して，要件充足性を比較的ゆるやかに認めている。したがって，本問でもこの判例の理解を前提に適切な規範を定立し，本問の事情にあてはめる必要がある。なお，本問では，「どのような訴訟を提起すべきか」との問いかけがなされているため，抗告訴訟の原則形態である取消訴訟が出訴期間を経過しているため提起できないということを，一言指摘しておく必要があろう。

第1　小問1
　1　訴えの利益（行政事件訴訟法9条1項括弧書）が失われないか
　2　訴えの利益の有無は，処分が判決時において判決によって除去されるべき法的効果を有しているか否か，処分を取り消すことで回復されうる権利利益が存在するか否かで判断される
　3　本問では，社会通念上原状回復が不可能となり，訴えの利益は失われたとも思える
　　　しかし，換地処分等の手続および処分は，本件決定が有効に存在することを前提
　　　さらに，原状回復が社会通念上不可能という事情は事情判決の適用で考慮
　　　したがって，取消判決によって除去すべき法的効果が認められるから，本件決定の取消訴訟の訴えの利益は失われない
　4　本件訴訟の訴訟要件は，影響を受けない
第2　小問2
　1　本件処分から1年の出訴期間を経過しているため，取消しの訴えは認められない
　2　無効確認訴訟（3条4項）を提起。36条の要件をみたすか
　　⑴　本件処分は，「処分」にあたる

　⑵　次に，本件処分の名宛人であるXは，「法律上の利益を有する者」にあたる
　⑶　さらに，Xは「目的を達することができない」に該当するか
　　ア　「目的を達することができない」とは，当該処分の無効を前提とする民事訴訟等との比較において，当該処分の無効確認訴訟のほうがより直截的で適切な訴訟形態である場合を含む
　　イ　Xは，従前の土地の所有権確認訴訟などの民事訴訟の提起ができる。しかし，換地処分は多数の権利者に対して行われるため，個々の土地につき確認訴訟を提起することは適当でない。また，Xは，本件処分前の従前の土地所有権の確保を目的としていない
　　　　そうだとすると，無効確認訴訟のほうが，換地処分のやり直しを期待できる点で，より直截的で適切な訴訟形態
　　ウ　したがって，「目的を達することができない」場合にあたる
　　⑷　無効確認訴訟は訴訟要件をみたす
　3　以上により，Xは，本件処分の無効確認訴訟を提起すべきである　　　　　　以上

【参考文献】
試験対策講座6章2節③【3】・⑥【3】。判例シリーズ71事件，74事件。

以下の小問に答えよ。なお，各小問は独立した問題である。

1　X₁は，Y₁市立小学校の児童であった。同小学校のプールでは，必修科目である体育の授業の一環として，担当教諭Aの指導のもと，飛び込みの練習が行われていた。Aは，まず，スタート台上に静止した状態で頭から飛び込む方法を指導したが，この練習方法では，水中深く入ってしまう者，空中での姿勢が整わない者など未熟な児童が多かった。Aはその原因が児童の足の蹴りが弱いことにあると判断し，それを改善するため，児童に対し，2，3歩助走をして勢いをつけてスタート台に上がってから飛び込む方法を指導した。このような飛び込み方法は，踏み切りに際してのタイミングのとり方や踏み切る位置の判断が難しく，踏み切る角度を誤った場合には，極端に高く上がってバランスを崩し，空中での身体の制御が不可能となり，水中深く進入しやすくなるため，スタート台上に静止した状態で頭から飛び込む方法に比べてきわめて危険性が高いものであった。それにもかかわらず，Aは，スタート台からの飛び込みに自信のない者に対して「スタート台を使う必要はない」と告げただけで，飛び込みの方法自体についてはそれ以上の指導をすることはなかった。なお，児童のなかにスタート台から飛び込んだ経験のある者はほとんどいなかった。

　その練習中，スタート台から飛び込んだことのないX₁がAの指導に従い2，3歩助走をつけてスタート台からプールに飛び込んだところ，空中でバランスを失い，ほぼ垂直に頭部から入水したためけい椎を損傷した。その結果，X₁には常時介護が必要な程の重篤な後遺症が残った。

　そこで，X₁およびその両親はY₁市に対して国家賠償法に基づいて損害賠償を請求した。この請求は認められるか。

2　Y₂県道B号線は，従来山側から落石があり，何度か土砂崩れもあったため，道路管理者であるY₂県は，過去に通行止めや落石注意の看板を立てるなどの措置をとったことがあったが，防護柵を設置するなどの措置をとることはなかった。

　台風が接近していたある日の夜，大雨の影響により土砂崩れとともに大小20数個の岩石が落下し，そのうちの1つが県道B号線を走行するX₂の自動車に激突したため，X₂は全治1か月の重傷を負った。なお，事故当日に，県道B号線を通行止めにしたり見回りをするなどの措置はとられていなかった。

　そこで，X₂はY₂県に対して国家賠償法に基づいて損害賠償を請求した。この請求は認められるか。

【論　点】
1　国家賠償法1条1項の要件
2　国家賠償法2条1項の要件

## 答案例

第1　小問1について

　　X₁のY₁市に対する国家賠償法1条1項に基づく損害賠償請求が認められるか。

1　まず，AはY₁市立小学校の教諭であり，「公共団体」であるY₁市の「公務員」にあたる。　　　　　　　5　　　　➡「公務員」

2　それでは，Aの指導は「公権力の行使」に含まれるか。　　　　　　　　　　　　　　　　　　　　　➡事案の問題提起
　　　　　　　　　　　　　　　　　　　　　　　　　　　　　　　　　　　　　　　　　　　　➡規範定立

　(1)　「公権力の行使」とは，国または公共団体の作用のうち，純粋な私経済作用と国家賠償法2条によって救済される営造物の設置または管理作用を除くすべての作用と考える。　　　　　　　　　10

　(2)　本小問において，Y₁市立小学校の体育の授業におけるAの指導は，純粋な私経済作用とも営造物の管理作用ともいえないので，「公権力の行使」にあたる。　　　　　　　　➡あてはめ（規範に対応させる）
　　　　　　　　　　　　　　　　　　　　　　　　　　　　　　　　　　　　　　　　　➡三段論法の帰結

3　そして，Y₁市立小学校の体育の授業におけるAの指導は，担当教諭であるAの職務行為そのものであるので，　15　➡「その職務を行うについて」
　「その職務を行うについて」なされたものといえる。

4　では，「過失」があるといえるか。　　　　　　　　　　　　　　　　　　　　　　　　　　➡事案の問題提起
　　　　　　　　　　　　　　　　　　　　　　　　　　　　　　　　　　　　　　　　　➡規範定立

　(1)　「過失」とは，被害者救済の観点から，客観的な注意義務違反をいうと解する。そして，結果発生についての予見可能性と結果回避可能性があったにもかかわらず，結果回避義務を尽くさなかった場合に注意義務違反があり，「過失」が認められると解する。　20

　(2)　水泳は，他の体育科目に比較して事故が発生しやすく，直接生命・身体に対する危険をも包含している。特に飛び込みはその蓋然性が高いため，指導教師は，25一般的に児童の生命・身体の安全に対し，十分な配慮を行い，事故を防止する高度の注意義務を負っているといえる。　　　　　　　　　　　　　　　　　　　　　　　➡あてはめ（規範に対応させる）

　　　本小問で，2，3歩助走してスタート台から飛び込むという方法は，踏み切りに際してのタイミングのとり方や踏み切る位置の判断が難しく，踏み切る角度を　30誤った場合，極端に高く上がってバランスを崩し，空中での身体の制御が不可能となり，水中深く進入しやすくなる。そのため，スタート台から飛び込んだことのない児童に対して，十分な指導をせずに2，3歩助走して飛び込ませることにより事故が発生することは，　35Aにとって十分予見可能であったといえる。

　　　また，飛び込み自体は水泳の授業の一環として広く行われる行為であり，担当教諭が児童の技量に応じて適切な指導をすれば事故を防止することは十分に可能であるので，結果回避可能性も認められる。　　　40

　　　しかし，Aは，スタート台から飛び込んだ経験のある児童がほとんどいなかったにもかかわらず，スタート台からの飛び込みに自信のない者に対して「スター

ト台を使う必要はない」と告げたのみで，飛び込みの　45
方法自体についてはそれ以上の指導をすることはなか
った。そのため，Aは飛び込みによる事故から児童を
保護するため適切，丁寧な指導をなすべき注意義務を
尽くさなかったといえ，客観的注意義務違反がある。

(3)　したがって，「過失」があるといえる。　50　　⇒三段論法の帰結

5　次に，「違法」性の有無は，職務上通常尽くすべき注　　⇒規範定立
意義務を尽くしたか否かによって判断すべきと解すると
ころ，前述のようにAに客観的な注意義務違反が認めら　　⇒あてはめ
れることから，「違法」性が認められる。

6　また，Aの違法な職務行為とX₁の損害との間には因果　55　　⇒因果関係
関係も認められる。

7　よって，X₁のY₁市に対する請求は認められる。　　　　⇒問いに答える

第2　小問2について

　X₂のY₂県に対する国家賠償法2条1項に基づく損害賠
償請求が認められるか。　　　　　　　　　　　　　　60

1　まず，県道B号線は，「公共団体」であるY₂県が「管　　⇒要件へのあてはめ
理」する「道路」たる「公の営造物」である。

2　では，「瑕疵」があったといえるか。　　　　　　　　　⇒事案の問題提起

(1)　「瑕疵」とは，営造物が通常有すべき安全性を欠き，　　⇒規範定立
他人に危害を及ぼす危険性のある状態をいい，この危　65　　⇒最判昭和45年8月20日（判例シ
険性の有無は当該営造物の構造，用法，場所的環境お　　　　リーズ90事件）
よび利用状況等，諸般の事情を考慮して判断する。

(2)　本小問において，県道B号線の用法は，不特定多数　　⇒あてはめ（規範に対応させる）
の自動車の通行の用に供することである。そして，従
来からしばしば落石や土砂崩れがあったのであるから，70
利用者に危険が生じるような場所的環境であると認め
られる。

　しかし，過去においても通行止めや落石注意の看板
を立てるといった措置がとられたにとどまり，防護柵
を設置するなどの措置は講じられていなかったのであ　75
るから，安全な構造を有していたとはいえない。また，
事故当日においても，台風が接近し大雨が降っていた
にもかかわらず，県道B号線を通行止めにしたり，見
回りをしたりするなど特段の措置はとられていなかっ
た。　　　　　　　　　　　　　　　　　　　　　　80

　これらの事情を総合考慮すれば，県道B号線は，通
常有すべき安全性を客観的に欠き，他人に危害を及ぼ
す危険性のある状態にあったと認められる。

(3)　したがって，「瑕疵」があったといえる。　　　　　　⇒三段論法の帰結

3　また，上記の瑕疵とX₂の損害に因果関係もある。　85　　⇒因果関係

4　よって，X₂のY₂県に対する請求は認められる。　　　　⇒問いに答える

　　　　　　　　　　　　　　　　　　　　　　以上

1　1について

　本問請求が認められるかについて，国家賠償法１条１項をみたすか。以下，要件を順に検討していきたい。

(1)　「公権力の行使に当たる公務員」といえるか。

　　ア　まず，Aは，市立小学校の教諭なので「公務員」といえる。　　　　　　　　　　　　　　　　　　　　5

　　イ　では，「公権力の行使に当たる」といえるか。「公権力の行使」の意義が問題となる。

　　　　この点，権力的作用のみなどの見解もあるが，国家賠償法が憲法17条を受けて，被害者国民の救済のために制定されたことに鑑みれば，より広く解すべきなので，「公権力の行使」とは，純粋な私的経済的作用と国家賠償法２条に規定するものを除くあらゆる国の作用ととらえる。　　　　　　　　　　　　　10

　　　　とすれば，本問におけるAの行為，体育教諭の授業における生徒への指導も「公権力の行使に当たる」ものといえる。　　　　　　　　　　　　　　　　15

　　ウ　よって，「公権力の行使に当たる公務員」といえる。

(2)　次に，「職務を行うについて」といえるかであるが，判例は同法についても，民法715条と同じく外形標準説を採るが，本件においては，授業中のことなので問題なく「職務を行うについて」といえる。　　　　　20

(3)　「故意又は過失」があるか。

　　　Aは，水泳の飛び込みの練習に際し，経験のない児童に特に注意点も述べていないため，そのように不適当に指導すれば児童が危険になるという予見可能性が十分にあり，かつ，特別注意もせず結果回避義務を怠ったといえるので，過失があるといえる。　　　　　　　　25

(4)　「違法に」といえるか。

　　　本件において，正当防衛，緊急避難等の違法性が阻却されるような事情は見当たらない。よって，いえる。　　　30

(5)　「損害」があるか。

　　　行為と損害との間に因果関係あり，その意味での損害が必要だが，頚椎を損傷し，重篤な後遺症を負うという損害があり，それはAの過失行為と因果関係が肯定される。　　　　　　　　　　　　　　　　　　35

　　　よって，損害がある。

(6)　したがって，本問請求は，国家賠償法１条１項の要件をすべてみたし，認められる。

2　2について　　　　　　　　　　　　　　　　40

　本問請求が認められるかについて，国家賠償法２条１項の要件をみたすか。以下検討したい。

(1)　「公の営造物」といえるか。

　　　同法２条１項は，民法717条に規定される「土地の工



←○請求が認められるために必要なことの確認OK

←×正確には「当る」である

←○事案の問題提起，論点の問題提起OK

←○趣旨からの検討OK

←△Aの行為が純粋な私経済作用と２条の作用にはあたらないことについて一言ほしい

←○結論OK

←△判例への言及の意図がわかりにくい

←△ここはもっと厚く論じてほしい

←△違法性の内容について一言触れてほしい

←△文章の意味がわかりにくい

←○問いに答えている

←○請求が認められるために必要なことの確認OK

←△問題がなく認められると述べていることから，コンパクトなあてはめにすべき

作物」という表現ではなく，わざわざ「公の営造物」と 45
したところから，より被害者救済に重点をおいた趣旨と
考えられ，およそ，公の用に供される有体物という広い
意味で「公の営造物」をとらえると考える。
　　ただ，本件においては，県道につき問題となっており，
問題なく「公の営造物」といえる。 50
(2)　「設置又は管理」といえるか。
　　本来落石が起こる場所には，それ相応の処理をしなけ
れば危険であり，とくに大雨が降っていれば道路に出向
いて対処する等，管理が必要であり，本件事故は「管
理」につき，不備があり，問題になったといえる。 55
(3)　「瑕疵」があったといえるか。
　ア　「瑕疵」の意義が問題となる。 ←○論点の問題提起OK
　　　この点，営造物の管理につき，管理すべき公務員の ←○全体的に論証はよく書けている
　　注意義務違反が「瑕疵」になると解すると，国家賠償 る
　　法1条1項において「公権力の行使」を広くとったこ 60
　　とから，1条と2条の区別がなくなってしまう。
　　　そこで，2条1項の「瑕疵」とは，物理的瑕疵，す
　　なわち，「公の営造物」が通常有すべき安全性を欠い
　　ていることと考える。
　　　ただ，通常有すべき安全性を欠いていれば，常に 65
　　「瑕疵」があり，損害賠償責任が発生するとしては，
　　責任主義の観点より妥当でない。
　　　よって，通常有すべき安全性を欠いており，かつ，
　　それにつき設置・管理にあたるべき公務員に物理的瑕
　　疵の発生につき予見可能性を前提とした結果回避義務 70
　　違反があったといえる場合に，「瑕疵」があるとする。
　イ　では，本件についてみるに，落石，土砂崩れが起き ←△一文が長い
　　たことは，道路として，通常有すべき安全性を欠いた
　　ものといえ，かつ，そのことにつき管理者であるY₂は，
　　本件県道B号線が落石，土砂崩れがあったことから， 75
　　大雨が降れば事故が起こることにつき当然予見可能性
　　はあったといえ，そのことがわかっていたならば，通
　　行止めにする等結果回避可能性があり，回避義務があ
　　ったにもかかわらず，それを怠ったといえる。
　　　よって，通常有すべき安全性を欠き，かつ，そのこ 80 ←○結論OK
　　とにつき管理すべき者が予見可能性を前提とした結果
　　回避義務違反をしたので，「瑕疵」があるといえる。
(4)　「瑕疵」と因果関係ある「損害」があるか。
　　県道の「瑕疵」である落石事故により，X₂に全治1
　ヵ月の重症という「損害」が発生しているといえる。 85
(5)　したがって，本件請求は，2条1項の要件をみたし， ←○問いに答えている
　認められる。

　　　　　　　　　　　　　　　　　　　　　　以上

　小問1では，Aの注意義務違反が問題となる。判例は，公務員の違法な行為に着目し，侵害行為の態様の側から，法に違反する行為をしたことにつき違法性を認定する見解である行為不法説を採り，これを前提として，職務上尽くすべき注意義務を尽くしたか否かによって違法性を判断しているといわれる。「過失」と「違法」の関係については，「違法」について職務行為基準説を採り，「過失」を客観的な注意義務違反を解することによって，必ずしも次元を異にする概念ではなくなってきている。そのため，学校事故における教師の義務違反が，「過失」，または「違法」のいずれの問題になるかという点について，確定的な見解はないと考えられる。また，学校事故の判例に関しては，教師の行為が厳密な行為規範に基づいているかが問題なのではなく，被害の発生について一般的な予見可能性・回避可能性が主要な争点になるため，違法性ではなく過失が問われる傾向にある。たとえば，最判昭和58年2月18日（民集37巻1号101頁）では，教師の行為に注意義務違反があったかという一元的判断により，過失と違法性が認定されている。

　小問2は，まず，国家賠償法2条1項の問題であることを明示する必要がある。そして，本小問では主要な論点が「設置又は管理」の「瑕疵」にあることを意識し，その部分を比較的厚く論じる必要がある。

第1　小問1
1　Aは「公務員」にあたる
2(1)　「公権力の行使」とは，国または公共団体の作用のうち，純粋な私経済作用と国賠2条で救済される営造物の設置管理作用を除くすべての作用をいう
　(2)　Aの指導は，純粋な私経済作用や営造物の設置管理作用とはいえず，「公権力の行使」にあたる
3　Aの指導は「その職務を行うについて」なされたものといえる
4(1)　「過失」とは，結果発生についての予見可能性と結果回避可能性があったにもかかわらず，結果回避義務を尽くさなかった場合をいう
　(2)　水泳の飛び込みは，直接生命・身体に対する危険が生じる蓋然性が高いため，指導教師は高度の注意義務を負う
　　　　事故が発生することは十分予見可能
　　　　担当教諭が児童の技量に応じて適切な指導をすれば事故を防止することは十分に可能
　　　　しかし，Aは自信のない者はスタート台を使う必要はないと告げたのみで，適切，丁寧な指導をなすべき注意義務を尽

くさなかった
　(3)　したがって，「過失」あり
5　Aに客観的な注意義務違反が認められることから，「違法」性もある
6　また，因果関係もあり
7　よって，X₁のY₁市に対する請求は認められる
第2　小問2
1　県道B号線は，「公の営造物」である
2(1)　「瑕疵」とは，営造物が通常有すべき安全性を欠き，他人に危害を及ぼす危険性のある状態をいい，この危険性の有無は当該営造物の構造，用法，場所的環境および利用状況等，諸般の事情を考慮して判断
　(2)　県道B号線はしばしば落石や土砂崩れがあったのであるから，利用者に危険が生じるような場所的環境である
　　　　しかし，防護策を設置するなどの措置，事故当日においての通行止めや見回りなどの措置はとられていなかった
　(3)　したがって，「瑕疵」あり
3　また，因果関係もある
4　よって，X₂のY₂県に対する請求は認められる　　　　　　　　　　　　　　　以上

**【参考文献】**
試験対策講座7章2節②(3)，③【3】(2)(b)。判例シリーズ90事件。

Aは，2021（令和３）年８月９日午後10時ころ，居酒屋に入り，かなりの量の酒を飲んだ。その後，カバンから飛び出しナイフ（刃渡り13センチメートル，以下「本件ナイフ」という）を取り出して刃を開き，店内でナイフを振り回した。そこで，店主Xが本件ナイフを取り上げて，Aを店から150メートルほど離れたY県警B警察署に連れて行った。そしてXは，警察官Cに対し，Aが店でナイフを出して刃を開き，店内でナイフを振り回したことを伝えたうえ，ナイフとともにAを引き渡した。

　CはAに対して，本籍，住所，氏名，本件ナイフの所持目的および居酒屋での行動について質問した。これに対して，Aは本籍，住所，氏名を答え，ナイフは果物の皮をむくために所持していただけで，居酒屋ではナイフの刃は開いていないと答えた。その際，Aは反抗的な態度をとっており，相当酩酊していた。Cは酒を飲む者が深夜，果物の皮をむくためにカバンにナイフを忍ばせて外出することは異常だと思ったが，翌10日午前２時過ぎ，銃砲刀剣類所持等取締法（以下「銃刀法」という）第24条の２第２項に基づく一時保管をせずに，ナイフを持たせたままAを帰宅させた。

　その帰り道，警察に連れて行かれたことに対する怒りが込み上げてきたAは，再びXが経営する居酒屋に行った。XがAに対して，閉店するので出て行ってくれと言うと，Aは本件ナイフでXの胸部を刺し重傷を負わせた。この事例に関する以下の小問を検討せよ。

1　Xは，Y県に対して，Cが銃刀法第24条の２第２項に基づく一時保管をしなかったことについて，国家賠償法（以下「国賠法」という）第１条第１項に基づく損害賠償請求を考えている。国賠法第１条第１項の違法性が認められるかどうかについて論じなさい。

2　Xは，Cに対して，損害賠償請求をすることを考えている。XのCに対する損害賠償請求が認められるかどうかについて論じなさい。


【参照条文】
○銃砲刀剣類所持等取締法（昭和33年法律第６号）（抜粋）
（趣旨）
第１条　この法律は，銃砲，刀剣類等の所持，使用等に関する危害予防上必要な規制について定めるものとする。
（定義）
第２条　（略）
2　この法律において「刀剣類」とは，刃渡り15センチメートル以上の刀，やり及びなぎなた，刃渡り5.5センチメートル以上の剣，あいくち並びに45度以上に自動的に開刃する装置を有する飛出しナイフ（刃渡り5.5センチメートル以下の飛出しナイフ〔略〕を除く。）をいう。
（刃体の長さが６センチメートルをこえる刃物の携帯の禁止）
第22条　何人も，業務その他正当な理由による場合を除いては，内閣府令で定めるところにより計つた刃体の長さが６センチメートルをこえる刃物を携帯してはならない。（略）
（銃砲刀剣類等の一時保管等）
第24条の２　警察官は，銃砲刀剣類等を携帯し，又は運搬していると疑うに足りる相当な理由のある者が，異常な挙動その他周囲の事情から合理的に判断して他人の生命又は身体に危害を及ぼすおそれがあると認められる場合においては，銃砲刀剣類等であると疑われる物を提示させ，又はそれが隠されていると疑われる物を開示させて調べることができる。
2　警察官は，銃砲刀剣類等を携帯し，又は運搬している者が，異常な挙動その他周囲の事情から合理的に判断して他人の生命又は身体に危害を及ぼすおそれがあると認められる場合において，その危害を防止するため必要があるときは，これを提出させて一時保管することができる。

【論　点】
1　規制権限不行使に対する損害賠償請求
2　加害公務員の個人的責任

答案構成用紙

## 答案例

第1　小問1について

1　Aは居酒屋という人の集まる場所で、「刀剣類」（銃刀法2条2項）にあたる刃渡り13センチメートルの本件ナイフを振り回していたところ、本件ナイフの携帯は銃刀法22条に違反する。また、Cの質問に対して反抗的な態度をとっており相当酩酊していた。これらの事情から、「異常な挙動その他……認められる場合」（銃刀法24条の2第2項）の要件を充足していたといえる。それにもかかわらず、CはAに対して銃刀法24条の2第2項による本件ナイフの一時保管という規制権限を行使しなかった。

では、Cの規制権限の不行使について、国賠法1条1項の違法性が認められるか。銃刀法24条の2第2項が、「警察官は、……一時保管することができる。」と規定し、ナイフ等の一時保管をする権限の発動について警察官の裁量を認めていることから問題となる。

2　そもそも、違法性の判断基準として行政活動の法規範適合性が重要であるので行為に着目すべきである。そして、行政事件訴訟と国家賠償請求訴訟とは制度趣旨を異にしており、それらの訴訟における違法性は別個に判断されると考えられる。そこで、「違法」とは、職務上通常尽くすべき注意義務を尽くさなかったことをいうと解する。

そして、行政庁による規制権限の不行使は、その権限を定めた法令の趣旨・目的や、権限の性質等に照らし、具体的事情のもとにおいて、不行使が許容される限度を逸脱して著しく合理性を欠くと認められる場合に、国賠法1条1項の適用上、違法となると考える。具体的な考慮要素としては、被侵害法益の重要性、予見可能性の存在、結果回避可能性の存在、期待可能性の存在といった要素を総合考慮すべきと解する。

3　本問についてみるに、まず、銃刀法の趣旨は、殺傷を目的とする凶器である銃砲刀剣類およびこれらに類する物件を所持、使用することなどにより生ずる危険性にかんがみ、その危害を予防し、国民の生活の安全を図ることにある。

そして、銃刀法24条の2第2項のナイフ等を一時保管する権限は、個人の生命および身体という個別的利益を保護することを目的として、適時にかつ適切に行使されるべきものである。

被侵害法益について検討するに、Aは、刃渡り13センチメートルもある危険な本件ナイフを振り回しており、周囲の人間の生命・身体というもっとも重要な法益が侵害されうる状況にあった。また、実際にXは胸部に重傷

5

10

15

20

25

30

35

40

➡要件充足の認定

➡権限不行使の認定

➡事案の問題提起

➡規範定立
⇨最判平成元年11月24日（判例シリーズ85事件）

➡法令の趣旨

➡権限の性質

➡被侵害法益の重大性

を負っており，生命・身体というもっとも重要な法益を 45
侵害されている。

　予見可能性についても，Cは，Aが店で刃渡り13セン ⇨予見可能性
チメートルもある危険な本件ナイフを振り回していたこ
とをXから伝えられている。そして，Cの質問に対して
Aが反抗的な態度をとるとともに相当酩酊していたこと 50
からすれば，Aに本件ナイフの携帯を許せば人に危害を
加えるであろうことをCは十分に予測できたといえる。

　さらに，Cが本件ナイフの一時保管をしていたとすれ ⇨結果回避可能性
ば，Aは本件ナイフを使用することができなかったので
あり，Xの重傷を回避することができたといえる。 55

　加えて，前述のように「異常な挙動その他……認めら ⇨期待可能性
れる場合」という要件を充足していたうえ，特に一時保
管できない事情もなかった。それゆえ，権限行使の期待
可能性も認められる。

　以上の諸事情を総合すると，CがAに対して24条の2 60 ⇨あてはめの結論（規範に対応させる）
第2項による本件ナイフの一時保管をしなかったことは，
上記規制権限を定めた銃刀法の趣旨，目的や，その権限
の性質等に照らし，著しく合理性を欠くと認められる。

4　よって，Cの規制権限の不行使について，国賠法1条 ⇨三段論法の帰結，問いに答える
1項の違法性が認められる。 65
第2　小問2について
1　Xとしては，Cに対して，民法709条に基づいて損害賠 ⇨損害賠償請求の根拠
償請求をすることが考えられる。

　このとき，国賠法の適用を受ける不法行為について加 ⇨論点の問題提起
害公務員も直接責任を負うか，国賠法が加害公務員の個 70
人責任について規定していないことから問題となる。

2　この点について，公務員に個人的責任を認めると，公
務員を萎縮させ，公務の適正な執行を妨げるおそれがあ
る。また，国が賠償責任を負担すれば，被害者に対する
救済としては十分である。 75

　したがって，公務員個人は直接責任を負わないと解す ⇨結論
る。

　このように解しても，被害者の報復感情の満足や違法
行為の抑止については，国による求償や懲戒処分，刑事
責任の追及によっても目的を達成することができるので 80
問題ないといえる。

3　よって，XのCに対する民法709条に基づく損害賠償請 ⇨問いに答える
求は認められない。

以上

第1　小問1

1　Xは自身が経営する居酒屋で，Aがナイフを振り回し
　ていたことを警察官Cに伝えたうえで，AをCに引き渡
　し，Aが所持していたナイフも同時にCに引き渡していた。
　　それにもかかわらずCは，Aにナイフを持たせたまま　　5
　帰宅させ，Aは再びXの居酒屋に行き，Xをナイフで刺
　し重傷を負わせた。
　　そこで，Cが銃刀法24条の2第2項のナイフの一時保
　管措置をとらなかった不作為により，Xが重傷を負った
　として，Cの不作為が国賠法1条1項の「違法」と評価　　10
　できないか。銃刀法24条の2は，警察官の権限を定めた
　にすぎず，警察官に対する行為規範でないため「違法」
　性の判断基準が問題となる。

2　公務員の公権力の行使にあたって具体的な公務員の義
　務を定めた行為規範がない場合，その職務を行うにあた　　15
　り，当該公務員の職務の性質に照らして，一般的に有す
　る注意義務に違反したか否かで，違法性を判断すべきと
　考える（職務行為基準説）。このように，「違法」性判断
　に注意義務違反の有無を考慮することは違法性と過失を
　一体的に判断することを意味するが，法令での具体的な　　20
　行為規範がない以上，公務員として一般的に求められる
　注意義務を基準とするしかなく，違法性と過失を区別す
　ることはできない。
　　本問のように公務員の不作為により損害が生じた場合
　は，①当該不作為により損害が生じることが，当該公務　　25
　員が職務上有する注意義務に照らして予見可能であり，
　②当該不作為の時点で，求められる作為が可能であって
　法令に違反しないものと判断できる場合には，当該不作
　為を違法と評価できる。

3(1)　本問では，C自身がXの居酒屋でAがナイフを振り　　30
　　回していたことを現認せず，Aもこれを否認している。
　　しかし，Xが自身のお店の客であるAを店の外に出し
　　て警察署まで連れてきている以上，それはAが店内で
　　危険な行為をしたからこそのXの措置と考えるのが合
　　理的であり，CがXの供述を信用できると判断するこ　　35
　　とは可能であった。
　　　また，Aは反抗的な態度をとっており，酩酊状態で
　　もあったことから，そのような状況下のAにナイフを
　　持たせたままにすれば，治安維持を職務とする警察官
　　としては，Aがナイフを用いて傷害事件等を起こすこ　　40
　　とは十分に予見できたといえる。
　　　したがって，①警察官の職務上有する注意義務に照
　　らせばAのナイフを一時保管を怠る不作為によって，
　　Aがその周辺の人物にナイフで危害を加えるという損

【右欄注記】

←○事実関係の認定OK

←○問題点の指摘OK

←△規制権限の不行使の違法について の最高裁の規範を正確に記 述すべき

←○考慮要素を示す姿勢がよい。 被侵害法益の重大性や期待可能 性の存否も加えると更によい

←○あてはめが丁寧

←○事情をうまく拾えている

害が生じることは予見可能であった。　45

（2）　そしてAが所持していたナイフは刃渡り13センチで，そのナイフの携帯は銃刀法22条に違反することは明白であって，酩酊状態で果物の皮をむくために所持していたと不合理な供述をしている。それゆえ，XがAを警察署に連れてきた時点で，刀剣類の携帯，異常な挙動により他人の生命身体に危険を及ぼすおそれがあり，危害防止の必要性というナイフの一時保管の要件をみたしているとCが判断することは可能であったといえる。　50

したがって，②Cがナイフを一時保管することは可能であり，かつ，銃刀法24条の2第2項の要件をみたして法令に反しないと判断することができた。　55

第2　小問2

1　XはCに対して，国賠法4条，民法709条を根拠に損害賠償請求ができるか。　60

国賠法に公務員個人の責任に関する明文の規定がないため問題となる。

2　まず，公務員の職務について国賠法1条1項が国・地方公共団体を責任主体としたのは，損害賠償をなす資力が確実にある公権力を主体とすることで，被害者を保護するためである。これに対して民法上の使用者責任（民法715条1項）の場合は，使用者が個人企業などで資力がないことも想定できるので，被用者の個人責任（民法709条）は否定されない。ゆえに，資力の不足を想定できない国・地方公共団体を責任主体とする国家賠償請求では，公務員の個人責任を肯定する必要がない。　65　70

また，公務員の個人責任が肯定されると，特に権力的公務で損害賠償責任の発生をおそれて円滑な公務の実現が妨げられるおそれがある。

したがって，国賠法1条1項は公務員の個人責任を否定する趣旨を含んでおり，「前3条の規定」（国賠法4条）により，民法709条の適用が排除されている。　75

3　よって，XのCに対する請求は認められない。

以上

← ○事情をうまく拾い，自分なりの評価もできている

← ×問いに答えていない

← ○条文の指摘OK

← ○問題点の指摘OK

← ○よく考えられている

← ○理由づけOK

← ○問いに答えている

　小問1では，Cの規制権限不行使が「違法」となるかが問題となる。規制権限不行使がどのような場合に違法となるかの基準について，最高裁の規範をあげて論じることが求められている。その際一般的に，①被侵害利益の重大性，②予見可能性の存否，③結果回避可能性の存否などが考慮要素として認められる。あてはめの際には，問題文に具体的に示されている事実，たとえば，ナイフの長さや，Aが警察署でCの質問に対して反抗的な態度をとっており，相当酩酊していること等を指摘することが重要である。そして，具体的事実に評価を加えると，より説得的になるだろう。

　小問2では，加害公務員が直接被害者に対して損害賠償責任を負うかが問われているが，国家賠償法には明文がない。この点について，判例（最判昭和30年4月19日〔百選Ⅱ234事件〕）は否定説を採っている。通説も判例と同様に否定説を採っており，否定説の理由づけを説得的に書ければ十分であろう。なお，かりに公務員に故意・重過失がある場合にかぎって被害者から公務員に対する損害賠償請求を認めるとする制限的肯定説に立った場合，Cに重過失が認められるかどうかは，問題文の事情を拾って丁寧に認定する必要がある。結論はどちらでもよいであろう。

　また，下級審においては，公務員の故意に基づく職権濫用行為については，当該公務員も責任を負うとしたもの（大阪高判昭和37年5月17日〔判時308号22頁〕）や，公務としての保護を必要としないほどに明白に違法な行為であり，行為時に公務員自身がその違法性を認識していたが，当該違法行為が組織的に公務として行われていた場合に，公務員個人も被害者に対して損害賠償責任を負うべきとしたもの（東京地判平成6年9月6日〔判時1504号41頁〕）がある。

**答案構成**

第1　小問1
1　Aについて，「異常な挙動その他……認められる場合」（銃刀法24条の2第2項）の要件を充足しているにもかかわらず，Cは一時保管の権限を行使しなかった
　　では「違法」性はあるか
2　権限の発動について行政庁の裁量あり
　　しかし，救済の必要
　　そこで，規制権限の不行使は，その権限を定めた法令の趣旨や目的，権限の性質等に照らし，具体的事情のもとにおいて，不行使が許容される限度を逸脱して著しく合理性を欠くと認められる場合に，国賠法1条1項の適用上，違法となる
　　考慮要素として，被侵害利益の重要性，予見可能性の存在，結果回避可能性の存在，期待可能性の存在等を総合考慮すべき
3　銃刀法の趣旨は，国民の生活の安全
　　銃刀法24条の2第2項の一時保管する権限は，個人の生命および身体を保護すべく，適時かつ適切に行使されるべき
　　まず，生命・身体はもっとも重要な法益

　　また，Aは店で本件ナイフを振り回したり，反抗的な態度をとっており，相当酩酊していたため，予見可能性あり
　　さらに，一時保管していればXの重傷を回避できた
　　加えて，権限行使を妨げる事情もなく，期待可能性も認められる
　　したがって，その不行使が著しく合理性を欠くと認められる
4　国賠法1条1項の違法性が認められる
第2　小問2
1　XのCに対する民法709条に基づく損害賠償請求は認められるか
　　国賠法の適用を受ける不法行為について加害公務員も直接責任を負うか
2　個人的責任を認めると，公務員を萎縮させ，公務の適正な執行を妨げるおそれ
　　国が賠償すれば救済として十分
　　したがって，公務員個人は責任を負わず
3　よって，Cに対する民法709条に基づく損害賠償請求は認められない
　　　　　　　　　　　　　　　　　　以上

**【参考文献】**
試験対策講座7章2節②【2】(4)(c)(i)。判例シリーズ85事件，89事件。

Y市では，市庁舎の1部屋（以下「本件部屋」という）の使用許可を職員組合Xに与えていたが，後に当該許可を撤回した（以下「本件撤回」という）。しかし，Xが本件部屋から立ち退かないため，市庁舎の管理人であるAは，行政代執行の手続に従って本件部屋にあった物件を搬出することとし，Xに対して行政代執行法第3条第1項に基づく戒告（以下「本件戒告」という）を行った。

　この事案に関する以下の小問について検討せよ。なお，本件撤回は処分にあたるものとする。

1　Xは，本件戒告の取消訴訟を請求した。この場合，本件戒告は「処分」（行政事件訴訟法3条2項）にあたるか。

2　1の訴訟において，Xは，本件撤回は違法になされたものであるため，本件戒告も違法となると主張した。かりに，本件撤回が違法になされたものであった場合，Xの主張は認められるか。

3　1の訴訟において，Xは，行政代執行手続では，Xを強制的に立ち退かせることはできないと主張した。Xの主張は認められるか。

【論　点】

1　代執行の戒告の処分性

2　違法性の承継

3　行政代執行によって立ち退かせることの可否

第1　小問1について

1　「処分」とは，公権力の主体たる国または公共団体が
行う行為のうち，その行為によって，直接国民の権利義
務を形成しまたはその範囲を確定することが法律上認め
られているものをいう。具体的には，①公権力性および
②直接具体的法効果性により判断する。

■定義（最判昭和39年10月29日
〔判例シリーズ44事件〕）

2(1)　まず，本件通達は，厚生労働省が，その優越的地位
に基づき，一方的になした行為であるから，①公権力
性が認められる。

■あてはめ

(2)　たしかに，戒告は，処分性の認められる行政代執行
そのものではなく，また，すでに発生している義務の
履行を示す表示にすぎないから，これによって国民に
新たな義務を課すものではない。

　しかし，戒告は，行政代執行の前提要件として代執
行手続の一環をなすとともに，行政代執行の行われる
ことをほぼ確実に示す表示でもある。そうだとすれば，
戒告は，後に続く行政代執行と一体的な行為であり，
国民に義務を課すという法効果を有するといえる。

■戒告の手続的意味

　さらに，行政代執行の段階に入れば，通常ただちに
執行は終了するため，実効的な権利救済を図れない。

■実質的観点から

　したがって，本件戒告は直接Xの権利義務を形成し
またはその範囲を確定するものといえ，②直接具体的
法効果性は認められる。

■あてはめの結論（規範に対応さ
せる）

3　よって，本件戒告は「処分」にあたる。

■問いに答える

第2　小問2について

1　本小問のXの主張が認められるためには，本件撤回の
違法性が，本件戒告にも承継されていることが必要であ
る。では，違法性は承継されるか。

■事案の問題提起

■論点の問題提起

2　この点につき，原則として，行政行為相互間に違法性
の承継を認めるべきではない。なぜなら，通常，行政行
為により形成された法律関係はできるだけ早期に確定し
その安定を維持すべく，行政行為の違法性は，それぞれ
独立して一定期間内に争われるべきだからである。

■原則

　もっとも，①連続する複数の行為が結合して1つの法
効果の発生をめざしており，②先行処分の段階で処分を
争う手続保障が十分に与えられていない場合には，違法
性の承継が認められると考える。なぜなら，このような
場合には，先行行為は，後行行為の準備として行われて
いるにすぎず，両行為は一体のものとして捉えるべきだ
からである。

■規範定立（論点の問題提起に対
応させる）
➡最判平成21年12月17日（判例シ
リーズ18事件）

3　本件撤回は，庁舎の使用に関する法律関係に関する行
為である。一方，行政代執行の手続である本件戒告は，
そのような実体関係を前提とするが，あくまでも行政庁
の自力救済に関する手続の一部を構成する行為である。

■あてはめ（規範に対応させる）

そうだとすると，①両者は結合して１つの法効果の発生をめざすものとはいえない。また，②本件撤回の段階でその違法性を争う手続保障が十分に与えられていないという事情はない。

したがって，原則どおり，本件撤回の違法性は，本件戒告には承継されないこととなる。

➡三段論法の帰結（事案の問題提起に対応させる）

4　以上より，Xの主張は認められない。

➡問いに答える

第３　小問３について

1　「法律に基き行政庁により命ぜられた行為」

(1)　本件部屋からXを立ち退かせる行政代執行手続は，「法律に基き行政庁により命ぜられた行為」（行政代執行法２条）という要件をみたすか。その意義が問題となる。

➡事案の問題提起

➡論点の問題提起

(2)　この点につき，「法律に基き行政庁により命ぜられた行為」があるというためには，権原の消滅など不法状態が発生するだけでなく，行政庁の命令によって，その不法状態の除去義務のような積極的な作為義務が発生することが必要と考える。

➡規範定立（論点の問題提起に対応させる）

(3)　本問についてみると，使用許可撤回処分は，使用関係を将来にわたって消滅させる行為であるから，本件撤回の効力発生後は，Xの使用権原は消滅する。

しかし，本件撤回はあくまでも使用権原の消滅により不法占有状態を発生させるだけにすぎず，これによりXに積極的な明渡義務が発生するものではない。

よって，本件部屋から立ち退くことをXが「法律に基き行政庁により命ぜられた」とはいえない。

➡あてはめ（規範に対応させる）

2　「他人が代つてなすことのできる行為」

かりに，本件撤回のなかに，Xに対する，法律に基づきAにより命ぜられた明渡命令処分が含まれていると解される場合であっても，それによりXが負う本件部屋の明渡義務は，占有者自身がすることに意味のある義務であり，第三者が代わって履行できるものではない。よって，本件部屋の明渡義務は，代替的作為義務ではないと考えるべきである。

したがって，Xによる本件部屋の明渡しは，「他人が代つてなすことのできる行為」にあたらない。

3　以上より，AはXを本件部屋から立ち退かせるために行政代執行手続を用いることができず，本小問のXの主張は認められる。

➡問いに答える

以上

1 小問1

　本問では，Xに対し戒告がなされている。そこで，Xとしては行政代執行手続の適法性を争うため，戒告の取消訴訟（行政事件訴訟法3条2項）を提起するという方法を採ればよいのではないか。　　　　　　　　　　　　　5

　本問では，戒告が「処分」にあたるかが問題となる。

(1)　「処分」とは，公権力の主体たる国又は公共団体の行為のうち，これによって直接国民の権利利益を形成し，又はその範囲を確定するものであることが法律上認められているものをいう。　　　　　　　　　　10

(2)　本件戒告は，公権力性は認められるものの，事実行為にすぎないため，直接具体的な法的効果性が認められるか問題となる。

　　この点につき，戒告は行政代執行を行う前提要件であり，代執行と密接な関連を有する行為である。そして，15 代執行は，権力的事実行為として直接的法的効果性が認められるものということができる。

　　よって，戒告も，代執行の行為の一部として，直接具体的法的効果性が認められるものといえ，「処分」にあたるといえる。　　　　　　　　　　　　　　20

(3)　以上より，Xは，戒告の取消訴訟という方法を採ればよい。

2 小問2

　Xの主張は，処分たる使用許可の撤回の違法性が，処分たる戒告にも承継されるとの主張である。そこで，違法性 25 の承継が認められるかが問題となる。

(1)　この点につき，処分については取消訴訟の排他的管轄が及び，公定力を有することから，それを潜脱することとなる，違法性の承継は認められないのが原則であると考える。　　　　　　　　　　　　　　30

　　もっとも，先行処分と後行処分が一連の行為といえ，目的を共通にするという場合には，各処分を一体として捉えるべきであるといえるから，例外的に違法性の承継が認められるべきであると考える。

(2)　本件では，使用許可の撤回と戒告とは，行政財産の利 35 用と行政代執行という別個の行為であるといえる。また，前者の目的は行政財産の適切な利用にあると考えられるのに対し，後者の目的は，行政上の義務履行確保にあるといえ，両者の目的は共通とはいえない。

　　よって，本件使用許可の撤回の違法性は，戒告に承継 40 されない。

(3)　以上より，Xの主張は認められない。

3 小問3

　Xの主張は，行政代執行法2条の要件を満たさない旨の

---

⇦○導入OK

⇦△「処分」の定義が不正確。「権利義務を形成」である

⇦○問題の所在OK

⇦△答案例のように，国民の救済の観点も加味できるとよい

⇦○問いに答えている

⇦○問題点の抽出OK

⇦○答案例とは異なる理由づけだが，この理由づけもある

⇦△規範が不正確

⇦○規範に形式的にあてはめられており，三段論法の意識OK

⇦○問いに答えている

主張であると考えられる。そこで以下，2条の要件を検討　45
する。
(1)　「法律に基き行政庁により命ぜられた行為」
　　　本問では，使用許可の撤回がなされている。これは，
　　使用許可を定めた「法律に基」づく撤回であるといえる
　　ものの，立退きを「命」ずる行為であるといえるか。　　50
　　　代執行は義務者に対し大きな影響を与えるものである
　　から，要件は厳密に解すべきであり，「命」ずるとは，
　　直接的になされたものであることが必要であると考える。
　　　本件使用許可の撤回により立退きを余儀なくされるが，
　　これはXが占有権原を失うことによるものであって，直　55
　　接「命ぜられた行為」とはいえない。
　　　よって，この要件を満たさない。
(2)　「他人が代つてなすことのできる行為」
　　　本問は，部屋にあった物件を搬出する旨の戒告をして
　　いるが，この義務は，代替的作為義務にあたるか。　　　60
　　　確かに物件搬出は他人によっても執行できるものであ
　　るといえ，代替的作為義務にあたるとも思える。
　　　しかし，本問では使用許可の撤回に基づき代執行を行
　　おうとしているため，実質的にみればXに対する明渡し
　　義務が問題となっているといえる。　　　　　　　　　　65
　　　そして，明渡し義務は，他人による執行ができないか
　　ら，代替的作為義務ではない。
　　　よって，本件ではこの要件も満たさない。
(3)　以上より，本問のXの主張は認められる。
　　　　　　　　　　　　　　　　　　　　　　以上　70

⬅○問題点の指摘OK

⬅○自分なりに考えられている

⬅○裁判例（大阪高決昭和40年10
月5日〔判時428号53頁〕）でも
指摘されており，この点につい
ての理解を感じさせる

⬅○問いに答えている

　小問1は，そもそも本件戒告に対する取消訴訟が可能であるかを問う問題である。代執行の戒告に処分性が認められることは裁判例・学説の大勢であり，争いの少ないところであるから，簡潔な論証が求められる。

　小問2の違法性の承継については，原則論を，理由もあわせて指摘することが求められる。あてはめはやや難しいかもしれないが，この論点において自分が知っている具体例と照らしあわせて考えてみてほしかった。普段から，1つひとつの論点について，具体例と一緒に理解することが重要であるといえよう。

　小問3では，何が問題となっているのかを理解できるか否かがポイントである。行政代執行の要件である「法律に基き行政庁により命ぜられた行為」（行政代執行法2条），「他人が代つてなすことのできる行為」（行政代執行法2条）をヒントに，問題の所在が指摘できれば十分であろう。

## 答案構成 ▮▮

第1　小問1
1　処分性の定義
2(1)　公権力あり
　(2)　たしかに，戒告は処分たる行政代執行そのものではなく，また，これによって国民に新たな義務を課すものではない
　　　しかし，戒告の手続的意味から，行政代執行と一体的な行為といえ，直接具体的法効果性あり
3　よって，本件戒告は「処分」にあたる
第2　小問2
1　違法性は承継されるか
2　この点，原則として違法性承継しない
　　　なぜなら，法律関係早期安定のため
　　　もっとも，両行為の一体性ゆえ，①連続する複数の行為が結合して1つの法効果の発生をめざしており，②先行処分の段階で処分を争う手続保障が十分に与えられていない場合には，違法性が承継される
3　本件撤回と本件戒告とは別個独立
　　本件撤回の段階でその違法性を争う手続保障が十分に与えられていないという事情

なし
　したがって，本問では違法性承継しない
4　以上より，Xの主張は認められない
第3　小問3
1　「法律に基き行政庁により命ぜられた行為」
　(1)　「法律に基き行政庁により命ぜられた行為」の意義が問題
　(2)　命令により，不法状態を発生させるだけでなく，積極的な作為義務の発生が必要
　(3)　本件撤回は，Xの積極的な明渡義務を発生させるものとはいえない
2　「他人が代つてなすことのできる行為」
　　本件撤回のなかに，明渡命令処分が含まれているとしても，明渡義務自体は第三者が代わって履行できない
　　　よって，本件部屋の明渡義務は，代替的作為義務ではない
3　以上より，Xの主張は認められる
　　　　　　　　　　　　　　　　　　　　以上

【参考文献】
試験対策講座4章2節④【4】，5節①【4】，6節③【1】(1)(c)。判例シリーズ18事件。

第2部

# 応用編

# 第21問　令和3年予備試験論文問題

　Aは，B県知事から，廃棄物の処理及び清掃に関する法律（以下「法」という。）第14条の4第1項に基づき，特別管理産業廃棄物に該当するポリ塩化ビフェニル廃棄物（以下「PCB廃棄物」という。）について収集運搬業（積替え・保管を除く。）の許可を受けている特別管理産業廃棄物収集運搬業者（以下「収集運搬業者」という。）である。PCB廃棄物の収集運搬業においては，積替え・保管が認められると，事業者から収集したPCB廃棄物が収納された容器を運搬車から一度下ろし，一時的に積替え・保管施設内で保管し，それを集積した後，まとめて別の大型運搬車で処理施設まで運搬することができるので効率的な輸送が可能となる。しかし，Aは，積替え・保管ができないため，事業者から排出されたPCB廃棄物の収集量が少なく運搬車の積載量に空きがあっても，遠隔地にある処理施設までそのまま運搬しなければならず，輸送効率がかなり悪かった。そこで，Aは，自らが積替え・保管施設を建設してPCB廃棄物の積替え・保管を含めた収集運搬業を行うことで輸送効率を上げようと考えた。同時に，Aは，Aが建設する積替え・保管施設においては，他の収集運搬業者によるPCB廃棄物の搬入・搬出（以下「他者搬入・搬出」という。）も行えるようにすることで事業をより効率化しようと考えた。Aは，B県担当者に対し，前記積替え・保管施設の建設に関し，他者搬入・搬出も目的としていることを明確に伝えた上でB県の関係する要綱等に従って複数回にわたり事前協議を行い，B県内のAの所有地に高額な費用を投じ，各種規制に適合する相当規模の積替え・保管施設を設置した。B県知事は，以上の事前協議事項についてB県担当課による審査を経て，Aに対し，適当と認める旨の協議終了通知を送付した。その後，Aは，令和3年3月1日，PCB廃棄物の積替え・保管を含めた収集運搬業を行うことができるように，法第14条の5第1項による事業範囲の変更許可の申請（以下「本件申請」という。）をした。なお，本件申請に係る書類には，他者搬入・搬出に関する記載は必要とされていなかった。

　B県知事は，令和3年6月21日，本件申請に係る変更許可（以下「本件許可」という。）をしたが，「積替え・保管施設への搬入は，自ら行うこと。また，当該施設からの搬出も，自ら行うこと。」という条件（以下「本件条件」という。）を付した。このような内容の条件を付した背景には，他者搬入・搬出をしていた別の収集運搬業者の積替え・保管施設において，保管量の増加と保管期間の長期化によりPCB廃棄物等の飛散，流出，異物混入などの不適正事例が発覚し，社会問題化していたことがあった。そこで，B県知事は，特別管理産業廃棄物の性状等を踏まえ，他者搬入・搬出によって収集・運搬に関する責任の所在が不明確となること，廃棄物の飛散，流出，異物混入などのおそれがあること等を考慮して，本件申請直前に従来の運用を変更することとし，本件許可に当たり，B県で初めて本件条件を付することになった。

　本件条件は法第14条の5第2項及び第14条の4第11項に基づくものであった。しかし，Aは，近隣の県では本件条件のような内容の条件は付されていないのに，B県においてのみ本件条件が付された結果，当初予定していた事業の効率化が著しく阻害されると考えている。また，Aは，本件条件が付されることについて，事前連絡を受けておらず，事前協議が無に帰してしまい裏切られたとの思いから，強い不満を持っている。

　以上を前提として，以下の設問に答えなさい。

　なお，法及び廃棄物の処理及び清掃に関する法律施行規則（以下「法施行規則」という。）の抜粋を【資料】として掲げるので，適宜参照しなさい。

〔設問1〕
　本件条件に不満を持つAは，どのような訴訟を提起すべきか。まず，本件条件の法的性質を明らかにし，次に，行政事件訴訟法第3条第2項に定める取消訴訟について，考えられる取消しの対象を2つ挙げ，それぞれの取消判決の効力を踏まえて検討しなさい。なお，解答に当たっては，本件許可が処分に当たることを前提にしなさい。また，取消訴訟以外の訴訟及び仮の

救済について検討する必要はない。

〔設問２〕
　Ａは，取消訴訟において，本件条件の違法性についてどのような主張をすべきか。想定されるＢ県の反論を踏まえて検討しなさい。なお，本件申請の内容は，法施行規則第10条の13等の各種基準に適合していることを前提にしなさい。また，行政手続法上の問題について検討する必要はない。

【資料】

○　廃棄物の処理及び清掃に関する法律（昭和45年法律第137号）（抜粋）

（目的）
第１条　この法律は，廃棄物の排出を抑制し，及び廃棄物の適正な分別，保管，収集，運搬，再生，処分等の処理をし，並びに生活環境を清潔にすることにより，生活環境の保全及び公衆衛生の向上を図ることを目的とする。
（定義）
第２条　１～４　（略）
５　この法律において「特別管理産業廃棄物」とは，産業廃棄物のうち，爆発性，毒性，感染性その他の人の健康又は生活環境に係る被害を生ずるおそれがある性状を有するもの（中略）をいう。
６　（略）
（国及び地方公共団体の責務）
第４条　（略）
２　都道府県は，（中略）当該都道府県の区域内における産業廃棄物の状況をはあくし，産業廃棄物の適正な処理が行なわれるように必要な措置を講ずることに努めなければならない。
３～４　（略）
（特別管理産業廃棄物処理業）
第14条の４　特別管理産業廃棄物の収集又は運搬を業として行おうとする者は，当該業を行おうとする区域（運搬のみを業として行う場合にあつては，特別管理産業廃棄物の積卸しを行う区域に限る。）を管轄する都道府県知事の許可を受けなければならない。（以下略）
２～４　（略）
５　都道府県知事は，第１項の許可の申請が次の各号に適合していると認めるときでなければ，同項の許可をしてはならない。
　　一　その事業の用に供する施設及び申請者の能力がその事業を的確に，かつ，継続して行うに足りるものとして環境省令で定める基準に適合するものであること。
　　二　（略）
６～10　（略）
11　第１項（中略）の許可には，生活環境の保全上必要な条件を付することができる。
12～14　（略）
15　特別管理産業廃棄物収集運搬業者（中略）以外の者は，特別管理産業廃棄物の収集又は運搬を（中略）受託してはならない。
16～18　（略）
（変更の許可等）
第14条の５　特別管理産業廃棄物収集運搬業者（中略）は，その特別管理産業廃棄物の収集若しくは運搬又は処分の事業の範囲を変更しようとするときは，都道府県知事の許可を受けな

けなければならない。（以下略）

2　前条第５項及び第11項の規定は，収集又は運搬の事業の範囲の変更に係る前項の許可について（中略）準用する。

3〜5　（略）


○　廃棄物の処理及び清掃に関する法律施行規則（昭和46年厚生省令第35号）（抜粋）


（特別管理産業廃棄物収集運搬業の許可の基準）

第10条の13　法第14条の４第５項第１号（法第14条の５第２項において準用する場合を含む。）の規定による環境省令で定める基準は，次のとおりとする。

　一　施設に係る基準

　　イ　特別管理産業廃棄物が，飛散し，及び流出し，並びに悪臭が漏れるおそれのない運搬車，運搬船，運搬容器その他の運搬施設を有すること。

　　ロ〜ホ　（略）

　　ヘ　積替施設を有する場合には，特別管理産業廃棄物が飛散し，流出し，及び地下に浸透し，並びに悪臭が発散しないよう必要な措置を講じ，かつ，特別管理産業廃棄物に他の物が混入するおそれのないように仕切り等が設けられている施設であること。

　二　申請者の能力に係る基準

　　イ　特別管理産業廃棄物の収集又は運搬を的確に行うに足りる知識及び技能を有すること。

　　ロ　（略）

　　ハ　特別管理産業廃棄物の収集又は運搬を的確に，かつ，継続して行うに足りる経理的基礎を有すること。

## ① はじめに

　本問は，設問1ではAが提起すべき訴訟について，本件条件の法的性質を明らかにするとともに，取消訴訟について考えられる取消しの対象を2つあげ，それぞれの取消判決の効力をふまえて検討することが求められている。設問2では，本件条件の違法性についてAのなすべき本案上の主張について，想定されるB県の反論をふまえた検討を求めるものである。

## ② 設問1について

　設問1は，本件条件の法的性質を明らかにするとともに，取消判決の効力をふまえて取消訴訟の対象を検討させるものである。附款や取消判決の効力は馴染みのない論点である一方，誘導が充実しているため，そこから出題者の意図をくみとれたかどうかが合格答案への分かれ目となるだろう。

### 1　本件条件の法的性質

　本件条件は処分である本件許可に付された条件であり，ある程度の学習者にとっては，附款であるということは一目瞭然だろう。附款の定義を示したうえで，本件条件をこれにあてはめるかたちで正確に説明したい。

### 2　取消訴訟の対象

　設問1の本題は取消訴訟の対象であるから，誘導に従って厚く論述すべきである。「考えられる取消しの対象を2つ挙げ」ることが問題文で明示的に求められているから，本件許可と本件条件が想定される旨を冒頭で簡潔に述べることを忘れず，問いに答える姿勢を見せていきたい。

(1)　まずは，本件許可を対象とする場合を検討する。

　ア　本件許可は授益的処分であるから，その取消しを求めるにつき訴えの利益が問題となるも，Aの救済のため必要がある旨を簡潔に説明すれば足りるだろう。

　イ　次に，本件許可の取消判決の効力を検討する。一般論として，取消判決は，既判力・形成力・第三者効・拘束力といった効力を有している。それぞれの効力の詳細な説明は，各自の基本書を参照してほしい。このうち本設問で問題となる効力は，主に形成力と拘束力である。

　　　形成力とは，取り消された処分の効力を遡及的に消滅させる効力をいう。本問では，本件許可の取消判決により，本件条件を含む本件許可全体が遡及的に消滅することとなる。

　　　拘束力とは，行政庁に対し，処分・裁決を違法とした判断を尊重し，取消判決の趣旨に従って行動することを義務づける効力をいう（行政事件訴訟法33条参照）。かりに，本件条件の違法性を理由に本件許可が取り消された場合，本件条件を付加することは許されないこととなる。

　　　以上のとおり，Aは本件許可の取消判決を得ることにより，本件条件の効力を否定できる。もっとも，本設問では申請型義務付け訴訟の検討を求められていないこともあり，改めてB県に本件申請に応答させることとなるため，相当の時間を要することとなる。これでは，すでに高額な費用を投じたAの救済として不十分であろう。このように，Aから相談を受けた弁護士の立場で，依頼者のおかれている状況を正しく理解することができるかどうかがポイントである。

(2)　そこで，次に本件条件を対象とする場合を検討する。

　ア　本件条件は附款であるが，そもそも附款を単独で取消訴訟の対象とすることが可能か，問題となる。この点は，当該附款がなければ当該行政処分自体がなされなかったであろうことが客観的にいえるような場合には，当該処分全体が瑕疵を帯びているものとして当該処分の取消訴訟を提起すべきであり，附款だけの取消訴訟は提起できないとされている（塩野204頁）。あてはめでは，本件条件と本件許可が分離可能であることを指摘したい。

　イ　本件条件の取消判決がなされると，形成力によって本件条件の効力は遡及的に消滅するが，本件許可自体は存続する。また，拘束力によって同一事情に基づく本件条件の付与が禁止される。

(3)　以上をふまえると，本件条件の効力のみを排除できる本件条件の取消訴訟が，Aにとってもっともふさわしい訴訟といえる。

③ 設問2について

　設問2は，本件条件の違法性について，B県の反論をふまえたうえで，Aのなすべき主張を検討するものである。裁判官の立場からAの主張の是非を問うものではないことや，行政手続法上の問題について検討する必要がないことを見落とさないよう，問題文を注意深く読んでおきたい。

1　B県知事の裁量

　附款を付すことが許されるか否かは，当該行政行為の根拠法において，法律で定めたこと以外の規律が当該行政行為に許されているかの解釈問題とされる。本件条件の付加は，法14条の5第2項および14条の4第11項という明文の根拠をもつため，附款を付すこと自体が許容されることは明白である。

　次に，法14条の4第11項をみると，「必要な条件」「できる」といった文言を用いているため，要件裁量・効果裁量の可能性に気づけるだろう。そのうえで，条件の性質を考えても，法は「廃棄物」の排出の抑制や適正な処理等による「生活環境の保全」等を目的としているところ（法1条），産業廃棄物の危険性は専門技術的な事項であるし，区域内の生活環境等は地域によりさまざまであるから，許可に条件を付加するにあたっては，地域の実情に通じた都道府県知事による個別的判断を要するといえる。よって，本件条件の付加につきB県知事には裁量が認められるといえよう。

　裁量が認められるとの指摘は，行政行為の違法性を裁量権の逸脱・濫用がある場合に限定するという結論を導く（行政事件訴訟法30条）から，B県の側からの主張（反論）に位置づけられよう。

2　Aの主張をふまえた対立点について

　附款を付しうる場合にも，附款は行政庁の裁量権行使の一環であるから，明文の確認規定に反する場合を含めて，比例原則違反，目的・動機違反等の裁量権の逸脱・濫用にあたるような附款は許されない（宇賀107頁，行政法の争点40頁）。この一般論を指摘したうえで，本問の事情のもとでは，Aは以下のような主張をすることができると考えられる。

⑴　行政上の信義則違反について

　Aが他者搬入・搬出を目的としていることを明確に伝えたうえで事前協議を行い，適当と認める旨の協議終了通知がされていたこと，本件申請にかかる書類には他者搬入・搬出に関する記載が必要とされていなかったことに照らすと，Aは他者搬入・搬出が可能と信頼していたといえる。また，Aは事前協議に基づき高額な費用を投じて相当規模の積替え・保管施設を設置ずみであるにもかかわらず，本件条件によって多大な不利益を被っている。よって，Aの信頼に背く内容の本件条件は，行政上の信義則に反すると，Aは主張できる。

　信義則違反の主張に対しては，信頼が保護に値しないとの反論や，信義に反しない特段の事情の反論などが想定される。答案例では，B県が後者の特段の事情の反論をするのに対して，Aがこれを否定するというかたちで議論を展開した。

⑵　平等原則（憲法14条1項）違反について

　B県においてのみ本件条件が付されたという事実から，Aは，近隣の他県の収集運搬業者との間に不平等が生じたとして，平等原則（憲法14条1項）違反を指摘できよう。

　平等原則違反の主張に対しては，区別に合理性があるとの反論が想定される。答案例では，区別の合理性（相当性）を欠くとのAの再反論を採用した。

【関連判例】
最判昭和38年4月2日民集17巻3号435頁（判例シリーズ30事件）
最判昭和62年10月30日判時1262号91頁（判例シリーズ4事件）
最判昭和56年1月27日民集35巻1号35頁（判例シリーズ3事件）

【参考文献】
試験対策講座4章2節③，6章2節⑤【3】。判例シリーズ3事件，4事件，30事件。
塩野宏『行政法Ⅰ』204頁，中原茂樹『基本行政法』145頁，宇賀克也『行政法概説Ⅰ』106〜109頁。

## 答案例

第1　設問1について
　1　本件条件の法的性質
　　　行政処分の効果を制限し，あるいは特別な義務を課すため，処　　　　　➡規範定立
　　分本体に付加される従たる定めを行政処分の附款という。
　　　本件条件は，法14条の5第2項および14条の4第11項に基づき，　5　　➡あてはめ
　　本件許可（法14条の5第1項）処分に付加された従たる定めとい
　　える。また，本件条件の内容は，本件条件がなければ認められて
　　いたはずの積替え・保管施設における他者搬入・搬出を禁止する
　　という特別の義務をAに対して課すものである。
　　　よって，本件条件は，本件許可に付加された附款にあたる。　　　10　　➡結論
　2　取消訴訟の対象
　　　本設問では，取消訴訟の対象として，本件許可と本件条件の2　　　　➡問題提起
　　つが想定されるから，そのどちらを対象とすべきか検討する。
　(1)　本件許可について
　　ア　本件許可は処分であるから，取消訴訟の対象となりうる。　　15　　➡取消訴訟の対象とでき
　　　　　　　　　　　　　　　　　　　　　　　　　　　　　　　　　　るか
　　イ　本件許可の取消判決がなされると，形成力によって本件許　　　　➡取消判決の効力をふま
　　　可の効力は遡及的に消滅する。そのうえで，取消判決の拘束　　　　　えた検討
　　　力（行政事件訴訟法33条1項）によって，B県知事は本件申
　　　請に対する応答をなす義務を負い，その際には，取消判決の
　　　趣旨に従わなければならない（行政事件訴訟法33条2項）。　　20
　　　　もっとも，改めて本件申請に対して応答させるのは時間を
　　　要するためAの即時の救済とならず，迂遠である。
　(2)　本件条件について
　　ア　次に，本件条件のみを取消訴訟で争えるか，問題となる。　　　　➡取消訴訟の対象とでき
　　　　そもそも，瑕疵ある附款が処分自体と不可分の関係になけ　25　　　るか
　　　れば，附款は処分の従たる定めにすぎないから，裁判所はそ
　　　れを単独で審査することが可能である。
　　　　よって，当該附款がなければ当該処分自体がなされなかっ
　　　たと客観的にいえるような特段の事情がないかぎり，附款の
　　　みを対象とする取消訴訟を提起することができると解する。　30
　　　　本設問についてみると，事業範囲の変更が収集運搬業者の
　　　職業選択の自由（憲法22条1項）として保障されることに照
　　　らすと，法14条の5第2項および14条の4第5項の要件をみ
　　　たすかぎり，B県知事は変更許可処分をしなければならない。
　　　また，本件条件は附款のうちの負担にあたり，これに違反し　35
　　　ても本件許可自体の効果が消滅するものではない。したがっ
　　　て，本件条件がなくとも本件許可は存続しうるといえ，特段
　　　の事情は認められない。
　　　　よって，本件条件は取消訴訟の対象となりうる。
　　イ　本件条件の取消判決がなされると，形成力によって本件条　40　　➡取消判決の効力をふま
　　　件の効力のみが遡及的に消滅する一方で，本件許可自体の効　　　　　えた検討
　　　力は存続する（行政事件訴訟法33条2項参照）。
　　　　よって，変更許可処分を必要とするAの救済に資する。
　(3)　以上より，Aは本件条件の取消訴訟を提起すべきである。　　　　　➡結論

第2　設問2について　　　　　　　　　　　　　　　　　　　　　　45
　　Aとしては，本件条件の違法性について以下のように主張する。
1　法14条の5第2項および14条の4第11項の「必要な条件」「で ➡B県の反論
　　きる」といった文言や，産業廃棄物の性質，地域の環境等をふま
　　えた専門技術的・地域個別的判断の必要性を理由に，本件条件の
　　付加につきB県知事に裁量があるとのB県の主張が考えられる。　50
2　もっとも，附款の付加につき裁量権の逸脱・濫用が認められる ➡Aの主張の一般論
　　場合には，当該附款は違法となる（行政事件訴訟法30条）。
　⑴　まず，①Aが他者搬入・搬出を目的としていることをB県担 ➡あてはめ
　　　当者に明確に伝えたうえで事前協議を行い，適当と認める旨の
　　　協議終了通知がされていたこと，本件申請にかかる書類には他 55
　　　者搬入・搬出に関する記載が必要とされていなかったこと，A
　　　は事前協議に基づきB県内のAの所有地に高額な費用を投じて
　　　各種規制に適合する相当規模の積替え・保管施設を設置してい
　　　ることから，他者搬入・搬出が可能と考えたAの信頼に背いて
　　　これを禁止する本件条件は，行政上の信義則に反する。また，60
　　　②近隣の県では他者搬入・搬出を禁止する条件は付されておら
　　　ず，B県においてのみ本件条件を付することは，平等原則（憲
　　　法14条1項）に反する。
　⑵　これに対してB県からは，本件条件には他者搬入・搬出によ ➡B県の反論
　　　る弊害の社会問題化への対処という合理的な必要性があり，や 65
　　　むをえないとの反論が考えられる。
　⑶　しかし，①について，Aはすでに高額な費用を投じていると ➡再反論（①信義則違反）
　　　ころ，Aに対して事前連絡をし，改めて協議をすることによっ
　　　てもB県の主張する必要性に対応できる可能性があったから，
　　　Aの被った損害を正当化しうるほどの合理的な必要性があった 70
　　　とはいえない。
　　　　②について，上記弊害の原因は保管量の増加と保管期間の長 ➡再反論（②平等原則違反）
　　　期化という点にあるのに，他者搬入・搬出という周辺的な行為
　　　を禁止することは，区別の目的との関連性を欠く。
3　以上より，B県の反論はいずれも認められず，B県知事には裁 75 ➡結論
　　量権の逸脱・濫用があるから，本件条件は違法である。
　　　　　　　　　　　　　　　　　　　　　　　　　　　　　以上

第1　設問1について
　1　本件条件は，法14条の４第11項に基づき本件許可に付されているところ，これは行政行為に付随する意思表示に当たることから，行政行為の附款に当たる。

⬅○簡潔に附款のあてはめができている

　　(1)　本件条件の法的性質につき，附款のうち講学上の条件に当たるか，もしくは講学上の負担に当たるか問題となる。両者の区別は，それに違反した場合に行政行為の効力が消滅するか否かで判断される。消滅しない場合，負担に当たる。　　　　5

⬅△取消訴訟の対象や効力を検討するにあたって条件か負担かは大きな影響を与えないため，大展開するべきでない

　　(2)　本件条件は，PCB廃棄物の搬入・運搬をA自ら行うことを定めるのみであり，これに違反したからといって本件許可の効力が消滅することにはならない。したがって，本件条件は，講学上の負担に当たる。　　　　10

　2　取消訴訟の対象たる「処分」（行政事件訴訟法（以下，「行訴法」と省略。）３条２項）として，本件許可と本件条件の２つが挙げられる。処分とは，公権力の主体たる国又は公共団体の行う行為のうち，その行為によって，直接国民の権利義務を形成し又はその範囲を確定することが法律上認められているものをいい，公権力性と法効果性の要素から成る。本件条件はB県知事が優越的地位に基づきなしたもので，これによりAは他者運搬・搬出を行えなくなることから，公権力性および法効果性が認められる。　　　20したがって，本件条件は処分に当たる。

⬅○対象２つをあげられている

⬅△本件許可が処分にあたることは前提とされているところ，本件条件は典型的な附款（負担）であるから，わざわざ本件条件について処分性を検討することは求められていないと考えられる

　　(1)　Aは，収集運搬業者として事業を続けることを望みつつ，他者運搬・搬出を禁止する本件条件に不満を持っていることから，本件条件の効力を取消訴訟で争うべきである。

　　(2)　ここで，上記のように本件条件は負担であり，本件許可と運命を共にするわけではない。つまり，本件許可と本件条件は別個独立の処分ということになる。したがって，本件条件が取り消された場合，判決の拘束力（行訴法33条１項）により，B県知事はそれに従って本件条件を再考しなければならない。その一方，本件許可が取り消されても，本件条件も取り消されるわけではないため，Aの目的を達成することはできない。　　　30

⬅×附款の性質の理解を誤っている

　　(3)　以上より，Aとしては，本件条件について取消訴訟を提起するべきである。

第2　設問2について
　1　Aは，本件条件の違法事由として，本件許可につき本件条件を付したことが裁量権の逸脱・濫用に当たると主張すべきである。　　　35その内容として，以下の３点を主張すべきである。

⬅×行政事件訴訟法30条を指摘するべき。そもそも裁量権の存否自体も問題になりうる

　　(1)　B県知事は，他者運搬・搬出により収集・運搬に関する責任の所在が不明確になること，および廃棄物の飛散・流出・異物混入のおそれがあることを考慮しているが，これは他事考慮に　　　40当たるため，社会通念上著しく妥当性を欠くものである。

⬅○他事考慮として検討してもよい

　　(2)　隣県では本件条件のような内容の条件を付しておらず，本件条件が付されたことで，Aの事業の効率化が著しく阻害される。これは，合理的な理由なしにAと隣県の事業者を区別するもの

であるため，本件条件を付したのは平等原則（憲法14条1項） 45 ⇐○平等原則違反の指摘
に反する。

(3)　B県が，事前連絡をせずに本件条件を付したのは，事前協議
を重ねたAを裏切るものであるため，信義則（民法1条2項） ⇐○信義則違反の指摘
に反する。

2(1)　他事考慮であるという反論に対して，B県は，許可基準（法 50 ⇐○B県からの反論
14条の4第5条1号，法施行規則10条の13第1号ヘ，第2号イ）
の内容から，他事考慮に当たらないと反論すると考えられる。

(2)　これにつき，産業廃棄物処理業を営む権利は，職業の自由と ⇐×憲法22条1項で保障
された人権の制約であ
るということだけで
「最低限度の制約を課
したもの」と考えるべ
き理由が明らかでない
して憲法22条1項で保障されたものである。そのため，許可基
準は事業者への最低限度の制限を課したものと考えるべきであ 55
る。したがって，変更許可につき，B県知事には裁量は狭いも
のであり，許可基準は字義通りに解するべきである。

収集・運搬に関する責任の所在を明確にすることは，許可基
準の内容となっていない。また，あくまで施設についての基準
を設けているだけであり，廃棄物の飛散・流出・異物混入のお 60
それがあることは考慮事由に当たらない。

以上より，Aは以上の事情を考慮することは，やはり他事考
慮に当たるため，社会通念上著しく妥当性を欠くものとして裁
量権の逸脱・濫用に当たると主張すべきである。

3(1)　B県は，Aの平等原則違反の主張に対して，他者運搬・搬出 65 ⇐○B県からの反論
による廃棄物の飛散・流出・異物混入が社会問題になっている
ことから，B県にのみ本件条件を付したことは，合理的理由に
基づくものである，と反論すると考えられる。

(2)　しかし，隣県でもそのような問題が発生していると考えられ ⇐○Aの再反論
るため，B県が挙げる理由が隣県と区別すべき理由とはならな 70
いといえる。以上より，Aとしては，やはりB県のみで本件条
件を付したことは，合理的理由に基づかない区別であり，平等
原則に反し裁量権の逸脱・濫用に当たると主張すべきである。

4(1)　B県としては，B県が公的見解としてAによる他者運搬・搬 ⇐○B県からの反論
出を認めることを明示したわけではないため，信義則に違反し 75
ないと反論すると考えられる。

(2)　しかし，Aが他者運搬・搬出も目的にしていることをB県担 ⇐○Aの再反論
当者に対して明確に伝えており，B県と複数回に渡り事前協議
を行っている。その後，Aに対してB県知事が，適当と認める
旨の協議終了通知を送付している。この経過から，B県はAに 80
他者運搬・搬出を認めると公的見解を表したといえる。これに
より，Aが他者運搬・搬出を行えるという信頼を抱き，高額の
費用を投じて設備を建設した。これが認められなければ，Aに
多大な損害が生じることになる。

以上より，B県が他者運搬・搬出を認めないのは，信義則に 85
違反するものである。Aは，このような論理で，裁量権の逸
脱・濫用に当たると主張すべきである。

以上

本問を検討した時点において，いまだ出題趣旨は公表されていない。もっとも，予備試験合格者複数名が検討に検討を重ね，答案例および思考過程を作成している。

出題趣旨の公表までは，予備試験合格者の慎重な検討を経た思考過程・答案例を参考にして本問を考えてほしい。出題趣旨公表後には，法務省ウェブサイトを参照してほしい。

また，本問の優秀答案にかぎり，2020（令和2）年予備試験合格者がA評価相当の答案を意識して作成している。

## 優秀答案における採点実感

### 1 全体

設問をよく読み，問いに丁寧に答えようとする姿勢がみてとれる。このような姿勢が身についていると，個々の問題について出題意図から外れてしまったとしても，全体としては大きなダメージとはならず，優秀層にふみとどまることが期待できる。

### 2 設問1について

冒頭で本件条件が附款にあたることを簡潔に指摘できており好印象である。

その反面，条件と負担のいずれにあたるかについて問題提起までして展開してしまった点は残念であった。設問1は，「どのような訴訟を提起すべきか」を問う問題であり，その過程として「本件条件の法的性質を明らかにし」「考えられる取消しの対象を2つ挙げ，それぞれの取消判決の効力を踏まえて検討しなさい」というものである。本件条件の法的性質はあくまで「どのような訴訟を提起すべきか」という問いに答えるためのヒントであるから，法的性質論自体を大展開するのは出題意図から外れるというべきであろう。

また，本件条件の処分性について検討している点も，不必要な検討と思われる。設問で「本件許可が処分に当たること」が前提とされていることから，反対解釈として本件条件の処分性は明らかでないと考えたのであろう。思考としては理解できるものの，本件条件は，処分性ある本件許可に付された典型的な附款（負担）であるから，処分性が肯定されることは論を待たないであろう。それよりも，本件条件を独立して取消訴訟の対象としうるのかという可分性の問題を論じてほしかった。

### 3 設問2について

本件条件の違法性を主張するにあたって，判断枠組みとして裁量権の逸脱・濫用を設定し，端的に検討に入った点は好印象である。もっとも，そもそもB県に裁量権があるかという点から問題になりうるため，簡潔にでも検討してほしかった。また，行政事件訴訟法30条の指摘がされていない点は不適切である。

他事考慮の観点から検討したこと自体はよい着眼点であったが，理由づけが不十分なものとなってしまった。憲法22条1項で保障された営業の自由に対する制約であれば，憲法で学ぶ目的二分論に照らしても広い裁量の余地が認められることになるであろう。

平等原則違反と信義則違反の主張については，必要な事実を摘示して評価ができていた。特に信義則違反の主張については，考慮要素を意識しないと単なる価値判断となってしまい，説得力に欠けるおそれがある。この点，優秀答案では，従前の協議状況，それによって生じた信頼，信頼に基づく行動による損失という要点をおさえられており，説得力ある答案となっている。

❶ **設問1について**

　まず，設問をしっかり読んでもらいたい。①本件条件の法的性質を明らかにすること，②取消訴訟の対象を２つあげること，③それぞれの取消判決の効力をふまえて，提起する訴訟を確定すること，の３つが問われていることがわかるだろう。つまり，２つの取消訴訟を想定して，どちらが原告Aの不満を解消するために適切かを，答案に表さなければならない。答案のなかに，２つあげるだけでどちらを選ぶべきかを書いていないものがあったが，これでは問いに答えたことにならないであろう。また，なお書きで「取消訴訟以外の訴訟及び仮の救済について検討する必要はない。」と明示されているにもかかわらず，申請型義務付け訴訟についての論述をしている答案もあった。設問で何が問われているかを吟味するという意識が不足しているものと思われる。このような論述以前の段階で，ミスをしないようにしてもらいたい。

　①について，本件条件が附款であることは，ほとんどの答案が明示できていた。これについて，冒頭に附款の定義を書き三段論法を展開することが理想であるが，時間の兼ね合いもあるため，多くの答案がそうしていたように，認定のかたちで簡潔に本件条件が附款にあたることを書いてもよいであろう。もっとも，本件条件が附款であることは，②③の前提であるだけでなく，設問2にも関連する事項であるから，あてはめをおざなりにしてはならないことに注意を要する。また，②につながることから，ここで，本件条件が講学上の負担にあたることを書くことが望ましいといえる。本件条件が負担にあたることは，本件条件に違反しても本件許可の効力が消滅しないことを理由に，簡潔に書けばよい。なお，本件条件が講学上の条件にあたると書いていた答案があったが，それは間違いである。それらは，変更許可に付された条件に違反した場合に変更許可を取り消す旨の条文がないことを理由としていたが，実際にそのような規定が法に存在し（法14条の6），単に資料に記載されていなかっただけである（これは知りようがないが）。なかには，緻密な解釈を展開して条件にあたるとしていたものもあったが，時間や紙幅の関係で，端的に負担にあたるとしたほうが，試験戦略として妥当であろう。

　②について，取消訴訟の対象2つが，本件許可と本件条件であることは一目瞭然である。しかし，なぜその2つになるか，その論拠が重要である。附款の争い方として，附款自体を争う方法と附款が付された行政行為を争う方法が考えられるが，どちらを選択するかは附款が行政行為と可分であるか否かによって決されるものである。すなわち，可分であれば附款自体のみを争えば足り，不可分であれば本体となる行政行為を争うことになる。本件条件が可分か否かでどちらを対象にすべきか決される点に気づけたかが，評価の分かれ目になったと考えられる。

　③について，行政事件訴訟法33条1項および2項を適用して，本件許可と本件条件のどちらを対象にして取消訴訟を提起すべきか検討しなければならない。問題文から，Aは本件条件の内容に不満があるといえるため，これを解消できる訴訟を，取消判決の効果を考慮して選択すべきである。なお，原告適格や出訴期間等の訴訟要件について触れていた答案もあった。問題文の記載から，書いても誤りではないといえるが，振られていたとしても点は僅かと考えられ，またほかに書くことが多いため，わざわざ時間と紙幅を割かなくてもよいと思われる。

❷ **設問2について**

　まず，設問2についても，設問をしっかり読んで何が問われているか確認してほしい。設問は，「A」の立場から，「想定されるB県の反論を踏まえて」，本件条件の違法性についてどのような主張をすべきか，を問うている。つまり，Aの主張──→B県の反論──→Aの再反論の順で論述を展開しなければならない。しかし，答案には，B県の反論が成り立つと結論づけているものがあった。これでは，設問に答えていない。予備試験ではこの型が定着しているため，過去問学習が足りていなかったものと思われる。このような解答の型は，過去問学習を通じて早く身につけておいたほうがよい。

考えられるAの主張は，本件条件の付加につきB県知事に裁量があることを前提に，裁量権の逸脱・濫用が認められ本件条件の付加は違法となる，というものである。そもそも裁量がないという主張も考えうるが，これが認められるのは困難であるといえるため，試験政策的にも得策ではない。裁量権の逸脱・濫用の内容として，Aの「近隣の県では本件条件のような内容の条件は付されていないのに，B県においてのみ本件条件が付された結果，当初予定していた事業の効率化が著しく阻害される」「本件条件が付されることについて，事前連絡を受けておらず，事前協議が無に帰してしまい裏切られたとの思いから，強い不満を持っている」という生の主張から，①信義則違反，②平等原則違反の2つを検討すればよい。この2点について問題文の事実を多く拾って論述すれば，十分合格答案になると思われる。

　①については，青色申告についての判例（最判昭和62年10月30日）や工場誘致施策変更についての判例（最判昭和56年1月27日）を参考に，論述を展開することが考えられる。AがB県と複数回にわたり事前協議を行い適当と認める旨の協議終了通知の送付を受けたこと，Aは事前協議に基づき高額な費用を投じて相当規模の積替え・保管施設を設置ずみであることを指摘したうえで，事前連絡なく本件条件を付したことについて，Aの被った不利益を正当化しうるほどの合理的必要性が認められるかを検討できれば十分である。

　②については，「他者搬入・搬出をしていた別の収集運搬業者の積替え・保管施設において，保管量の増加と保管期間の長期化によりPCB廃棄物等の飛散，流出，異物混入などの不適正事例が発覚し，社会問題化していた」という事情から，近隣の県とは異なる対応をすることの必要性や相当性の観点から，AとB県の各主張を展開すればよい。

　問題文や設問をみるかぎり，設問1と設問2の得点比は2：3程度と推測できる。そのため，設問1に割く時間と紙幅を節約して，設問2に集中するべきである。

# 第22問　オリジナル問題

　株式会社Aは，B県知事により採石法所定の登録を受けている採石業者である。Aは，B県の区域にある岩石採取場（以下「本件採取場」という）で岩石を採取する計画を定め，採石法に基づき，B県知事に対し，採取計画の認可の申請（以下「本件申請」という）をした。Aの採取計画には，跡地防災措置（岩石採取の跡地で岩石採取に起因する災害が発生することを防止するために必要な措置をいう。以下同じ）として，掘削面の緑化等の措置を行うことが定められていた。

　B県知事は，B県採石法事務取扱要綱（以下「本件要綱」という）において，跡地防災措置が確実に行われるように，跡地防災措置にかかる保証（以下「跡地防災保証」という）について定めている。本件要綱によれば，採石法による採取計画の認可（以下「採石認可」という）を申請する者は，跡地防災措置を，申請者自身が行わない場合に，C組合が行う旨の保証書を，認可申請書に添付しなければならないものとされる。C組合は，B県で営業している大部分の採石業者を組合員とする，法人格を有する事業協同組合であり，AもC組合の組合員である。Aは，本件要綱に従って，C組合との間で保証契約（以下「本件保証契約」という）を締結し，その旨を記載した保証書を添付して，本件申請をしていた。B県知事は，本件申請に対し，岩石採取の期間を5年として採石認可（以下「本件認可」という）をした。Aは，本件認可を受け，ただちに本件採取場での岩石採取を開始した。

　しかし，Aは，小規模な事業者の多いB県下の採石業者のなかでは突出して資本金の額や事業規模が大きく，経営状況の良好な会社であり，採取計画に定められた跡地防災措置を実現できるように資金を確保しているので，保証を受ける必要はないのではないか，また，保証を受けるとしても，他の採石業者から保証を受ければ十分であり，保証料が割高なC組合に保証料を支払い続ける必要はないのではないか，との疑問をもっていた。加えて，Aは，C組合の運営に関してC組合の役員と事あるごとに対立していた。こうしたことから，Aは，本件認可を受けるために仕方なく本件保証契約を締結したものの，当初から契約を継続する意思はなく，本件認可を受けた1か月後には，本件保証契約を解除した。

　これに対し，B県の担当職員は，Aは採石業者のなかでは大規模な事業者の部類に入るとはいえ，大企業とまではいえないから，地元の事業者団体であるC組合の保証を受けることが必要であるとして，Aに対し，C組合による保証を受けるよう指導した。しかし，Aは，そもそもC組合による保証をAに対する採石認可の要件とすることは違法であり，Aは本件申請の際にC組合による保証を受ける必要はなかったと主張している。

　B県の担当職員Dは，AがC組合から跡地防災保証を受けるように，引き続き指導していく方針であり，現時点でただちにAに対して岩石の採取をやめさせるためになんらかの処分を行う必要はないと考えている。しかし，Aが主張するように，そもそもC組合による保証をAに対する採石認可の要件とすることは違法なのか，検討しておく必要があると考えて，弁護士Eに助言を求めた。

　以下に示された【資料1　会議録】を読んだうえで，職員Dから依頼を受けた弁護士Eの立場に立って，次の設問に答えなさい。なお，採石法および採石法施行規則の抜粋を【資料2　関係法令】に，本件要綱の抜粋を【資料3　B県採石法事務取扱要綱（抜粋)】に，それぞれ掲げてあるので，適宜参照しなさい。

〔設　問〕

　Aは，採石認可申請の際にC組合による保証を受ける必要はなかったと主張している。かりにAが採石認可申請の際にC組合から保証を受けていなかった場合，B県知事がAに対し採石認可拒否処分をすることは適法か。採石法および採石法施行規則の関係する規定の趣旨および内容を検討し，本件要綱の関係する規定が法的にどのような性質および効果をもつかを明らかに

しながら答えなさい。

【資料1　会議録】

職　　員D：Aは，C組合による保証をAに対する採石認可の要件とすることは違法であると主張しています。これまでは，採石認可申請が保証書の添付なしに行われた場合も，指導すれば，採石業者はすぐにC組合から保証書をとってきましたので，Aの言うような問題は詰めて考えたことがないのです。しかし，これからAに指導を行ううえでは，Aの主張に対して答える必要がでてきそうですので，検討していただけないでしょうか。

弁護士E：Aの主張については，Aによる行政訴訟に関して検討する前提としても明らかにしておく必要がありますので，よく調べてお答えすることにいたします。まずは採石法と採石法施行規則の関係規定から調べますが，B県では要綱も定めているのですね。

職　　員D：はい。採石業は，骨材，建築・装飾用材料，工業用原料等として用いられる岩石を採取する事業ですが，岩石資源は単価が安く，また，輸送面での制約があるため，地場産業として全国各地に点在しており，小規模事業者の比率が高い点に特徴があります。ところが，跡地防災措置は多額の費用を必要とし，確実に行われないおそれがあります。そのような背景から，本件要綱は，採石認可の申請者はC組合の跡地防災保証を受けなければならないとし，保証書を採石認可申請の際の添付書類として規定しています。本件要綱のこうした規定によれば，C組合の保証を受けない者による採石認可申請を拒否できることは，当然のようにも思われるのですが。

弁護士E：ご指摘の要綱の定めは，法律に基づく政省令等により，保証を許認可の要件として規定する場合とは，法的な意味が異なります。ご指摘の本件要綱の規定が，採石法や採石法施行規則との関係でどのような法的性質をもち，どのような法的効果をもつか，私のほうで検討しましょう。

職　　員D：お願いします。

弁護士E：ところで，他の都道府県でも，本件要綱と同じように，特定の採石事業協同組合による保証を求めているのですか。

職　　員D：その点は，都道府県によってまちまちです。保証人は申請者以外の複数の採石業者でもよいとしている県もありますし，跡地防災措置のための資金計画の提出を求めるのみで，保証を求めていない県もあります。しかし，B県では，跡地防災措置が適切になされない例が多く，跡地防災措置を確実に履行させるためには，地元のC組合による保証が必要と考えています。

弁護士E：なるほど。今までのお話をふまえて，Aからの反論も想定したうえで，かりにAがC組合による保証を受けずに採石認可申請をした場合，B県知事が申請を拒否することが適法といえるかどうか，まとめておきます。

【資料2　関係法令】

○採石法（昭和25年12月20日法律第291号）（抜粋）

（目的）

第1条　この法律は，採石権の制度を創設し，岩石の採取の事業についてその事業を行なう者の登録，岩石の採取計画の認可その他の規制等を行ない，岩石の採取に伴う災害を防止し，岩石の採取の事業の健全な発達を図ることによつて公共の福祉の増進に寄与することを目的とする。

（採取計画の認可）

第33条　採石業者は，岩石の採取を行なおうとするときは，当該岩石の採取を行う場所（以下「岩石採取場」という。）ごとに採取計画を定め，当該岩石採取場の所在地を管轄する都道

府県知事（略）の認可を受けなければならない。

（採取計画に定めるべき事項）

第33条の2　前条の採取計画には，次に掲げる事項を定めなければならない。

　一　岩石採取場の区域

　二　採取をする岩石の種類及び数量並びにその採取の期間

　三　岩石の採取の方法及び岩石の採取のための設備その他の施設に関する事項

　四　岩石の採取に伴う災害の防止のための方法及び施設に関する事項

　五　前各号に掲げるもののほか，経済産業省令で定める事項

（認可の申請）

第33条の3　第33条の認可を受けようとする採石業者は，次に掲げる事項を記載した申請書を都道府県知事に提出しなければならない。

　一　氏名又は名称及び住所並びに法人にあつては，その代表者の氏名

　二　登録の年月日及び登録番号

　三　採取計画

2　前項の申請書には，岩石採取場及びその周辺の状況を示す図面その他の経済産業省令で定める書類を添附しなければならない。

（認可の基準）

第33条の4　都道府県知事は，第33条の認可の申請があつた場合において，当該申請に係る採取計画に基づいて行なう岩石の採取が他人に危害を及ぼし，公共の用に供する施設を損傷し，又は農業，林業若しくはその他の産業の利益を損じ，公共の福祉に反すると認めるときは，同条の認可をしてはならない。

（認可の条件）

第33条の7　第33条の認可（中略）には，条件を附することができる。

2　前項の条件は，認可に係る事項の確実な実施を図るため必要な最小限度のものに限り，かつ，認可を受ける者に不当な義務を課することとなるものであつてはならない。

○採石法施行規則（昭和26年1月31日通商産業省令第6号）（抜粋）

第8条の15　（略）

2　法第33条の3第2項の経済産業省令で定める書類は，次に掲げるとおりとする。

　一　岩石採取場の位置を示す縮尺五万分の一の地図

　二　岩石採取場及びその周辺の状況を示す図面

　三　掘採に係る土地の実測平面図

　四　掘採に係る土地の実測縦断面図及び実測横断面図に当該土地の計画地盤面を記載したもの

　五　（略）

　六　岩石採取場を管理する事務所の名称及び所在地，当該事務所の業務管理者の氏名並びに当該業務管理者が当該岩石採取場において認可採取計画に従つて岩石の採取及び災害の防止が行われるよう監督するための計画を記載した書面

　七　岩石採取場で岩石の採取を行うことについて申請者が権原を有すること又は権原を取得する見込みが十分であることを示す書面

　八　岩石の採取に係る行為に関し，他の行政庁の許可，認可その他の処分を受けることを必要とするときは，その処分を受けていることを示す書面又は受ける見込みに関する書面

　九　岩石採取場からの岩石の搬出の方法及び当該岩石採取場から国道又は都道府県道にいたるまでの岩石の搬出の経路を記載した書面

　十　採取跡における災害の防止のために必要な資金計画を記載した書面

　十一　その他参考となる事項を記載した図面又は書面

【資料3　B県採石法事務取扱要綱（抜粋）】

第7条　法（注：採石法）第33条の認可を受けようとする採石業者は，法第33条の2第4号により採取計画に定められた跡地防災措置（岩石採取の跡地で岩石採取に起因する災害が発生することを防止するために必要な措置をいう。以下同じ。）につき，C組合を保証人として立てなければならない。

2　前項の保証人は，その保証に係る採石業者が破産等により跡地防災措置を行わない場合に，その採石業者に代わって跡地防災措置を行うものとする。

第8条　採取計画の認可を受けようとする採石業者は，法第33条の3第1項の申請書に，法施行規則第8条の15第2項第11号の図面又は書面として，次に掲げる書類を添付しなければならない。

　一　第7条の保証人を立てていることを証する書面

## 思考過程

### ① はじめに

　弁護士と依頼者の会話が登場する問題形式は，司法試験でみられる出題形式である。このような出題形式では，問題文が長く，軽く読み流したくなるが，特に弁護士と依頼者の会話のなかには論述のヒントとなる事項が記載されていることも多いので，注意深く読みたい。

　本問の会話内容についてみると，「Aは，C組合による保証をAに対する採石認可の要件とすることは違法であると主張して」いること，「要綱の定めは，法律に基づく政省令等により，保証を許認可の要件として規定する場合とは，法的な意味が異なる」こと，「本件要綱の規定が，採石法や採石法施行規則との関係でどのような法的性質をもち，どのような法的効果をもつか」等について言及されている。そのため，本問の検討にあたっては，これらの問題点を意識する必要がある。

### ② 設問について

　まず，B県知事に，認可の許否に際して，防災措置が適切であるかを判断する一定の裁量があるかを検討することになる。

　一般的に裁量の有無は，法令の文言や行政庁が行う処分の性質から判断すると解されているから，採石法33条の4の文言，都道府県知事が行う採石認可拒否処分の法的性質等を採石法および採石法施行規則の関係規定に即して検討していくことになる。具体的には，「公共の福祉に反すると認めるとき」という抽象的な文言を用いていること，採取計画に岩石採取に伴う災害防止のための方法（採石法33条の2第4号）を定めることを要求していることから，主に防災措置が適切か否かにより，認可の許否を判断する趣旨といえること，および防災措置の適切性の判断には，岩石採取場の立地環境等を考慮した災害防止に関する専門的知見を要すること等を指摘する必要がある。

　次に，認可の許否に際して，防災措置が適切であるかを判断する一定の裁量があることを前提に，都道府県知事が本件要綱を定め，それを認可の許否に際して考慮することが裁量の範囲内にあるといえるかの検討をするべきである。

　さらに，問題文において，「本件要綱の関係する規定が法的にどのような性質および効果をもつか」問われているので，本件要綱が行政規則たる裁量基準（行政手続法上の処分基準）にあたることを認定する必要がある。そのうえで，本件要綱が法令の関係規定の趣旨に照らして裁量基準として合理的かどうか，検討することが求められている（平成27年司法試験論文試験問題出題趣旨参照）。

　本問に即して考えると，跡地防災保証の方法は都道府県ごとにさまざまで，保証が不要な県も，保証人を申請者以外の複数の採石業者としてもよいとする県もあるという事情をふまえつつ，なぜ地元の事業協同組合たるC組合に限定し，申請書にC組合を保証人とすることを証する書面を添付することを求めるB県の本件要綱が合理的かを丁寧に検討することが求められている。

　最後に，本件要綱の合理性を肯定した場合，Aの個別事情などを考慮することなく，本件要綱に従って採石拒否処分をすることが裁量権の逸脱・濫用になるかについて検討する。

　Aが小規模な事業者の多いB県下の採石業者のなかでは突出して資本金の額や事業規模が大きく，経営状況の良好な会社であったこと，採取計画に定められた跡地防災措置を実現できるように資金を確保していたこと，保証を受けるとしても，他の採石業者から保証を受ければ十分であり，保証料が割高なC組合に保証料を支払い続ける必要はないのではないか，との疑問をもっていたこと，跡地防災措置のための資金計画の提出を求めるのみで，保証を求めていない県もあること等，問題文および会議録の事情をふまえて論述することが求められている。

【関連判例】
最判平成27年3月3日民集69巻2号143頁（百選Ⅱ175事件）
静岡地判平成13年11月30日裁判所ホームページ

【参考文献】
試験対策講座4章3節。

第1　本件要綱は，採石法（以下「法」という）33条に基づく認可の
　　申請に際し，C組合による保証を求めている。そして，行政規則た
　　る本件要綱を認可要件の一部と考えられれば，B県知事は，C組合
　　の保証を欠くAに対し，本件要綱違反を理由に採石認可拒否処分を
　　なしうる。　　　　　　　　　　　　　　　　　　　　　　　　5

➡本件要綱の性質

第2　そこで，本件要綱を定め，それを認可の許否に際して考慮する
　　ことが，認可権者たるB県知事の裁量の範囲内かを検討する。

1　法33条の4は，「公共の福祉に反すると認めるとき」という抽
　　象的な文言を用いている。また，法は，岩石採取に伴う災害の防
　　止を目的とし（法1条），採取計画に岩石採取に伴う災害防止の　10
　　ための方法（法33条の2第4号）を定めることを要求しているこ
　　とから，主に防災措置が適切か否かにより，認可の許否を判断す
　　る趣旨を有する。そして，防災措置の適切性の判断には，岩石採
　　取場の立地環境等を考慮した災害防止に関する専門的知見を要す
　　る。そのため，法は，都道府県知事に認可の許否に際して防災措　15
　　置が適切であるかを判断する一定の裁量を認めているといえる。

➡裁量の有無を検討

　　また，申請書に「採取跡における災害の防止のために必要な資
　　金計画を記載した書面」を添付する必要がある（法33条の3第2
　　項，採石法施行規則8条の15第2項10号）から，法は，認可の許
　　否の判断に際し，跡地防災措置が確実に行われるか否かも考慮す　20
　　ることを要求している。そして，岩石資源は単価が安いうえ，輸
　　送面での制約があるため，採石業は小規模事業者の比率が高い一
　　方，跡地防災措置には多額の費用を要するから，採取計画に定め
　　られた跡地防災措置が実際には履行されないおそれがある。ここ
　　で，上記添付書面で十分な資力の有無を審査すれば足りるとも思　25
　　えるが，申請時の資金計画だけでは事後の変化に対応できず，跡
　　地防災措置が確実に履行されるとは言い切れないから，跡地防災
　　措置の確実な履行を確保するために，跡地防災保証が必要な場合
　　があるといえる。そして，跡地防災措置に対する保証の有無およ
　　び程度の判断には，各地域の実情に沿った政策的な判断が必要で　30
　　ある。そのため，法は，認可の許否を判断するうえで，跡地防災
　　保証を考慮して判断する裁量を都道府県知事に認めているといえ
　　る。

2　そうだとすると，都道府県知事は，跡地防災保証に関する基準
　　を裁量基準として定めることができる。そして，裁量基準は，法　35
　　規としての性格を有しない。しかし，本件要綱にかかる裁量基準
　　としての合理性があれば，本件要綱を定め，それを認可の許否に
　　際して考慮することも，B県知事の裁量の範囲内にあるといえ，
　　本件要綱も認可要件の一部と考えられる。では，本件要綱は裁量
　　基準として合理的といえるか。　　　　　　　　　　　　　　　40

➡裁量基準であることの
　指摘

➡本件要綱の合理性

　　たしかに，跡地防災保証の方法は都道府県ごとにさまざまで，
　　保証が不要な県も，保証人を申請者以外の複数の採石業者として
　　もよいとする県もあるから，本件要綱が保証を求めたうえ，保証
　　人を保証料が割高なC組合のみに限定していることは，跡地防災

保証の方法として厳格にすぎるとも思える。しかし，跡地防災措 45
置の確実な履行の確保のために保証人を要求すること自体は合理
性を有する。さらに，小規模な採石業者が多く，跡地防災措置が
適切になされない例が多かったB県では，特に跡地防災措置の確
実な履行を確保する必要性が高かったのであるから，地元の事業
協同組合たるC組合に限定し，申請書にC組合を保証人とするこ 50
とを証する書面を添付しなければならないとしていることも，合
理性を有するといえる。

　　したがって，本件要綱は，裁量基準としての合理性を有してい
るといえ，本件要綱は認可要件の一部となっているといえる。

第3　次に，B県知事がAに対し，本件要綱違反を理由として，採石 55
　　認可拒否処分を適法にできるかを検討する。

　1　この点について，裁量基準に従って行われた処分は，原則とし ➡規範定立
　　て適法である。しかし，法規命令ではない裁量基準により申請者
　　に一律に義務を課すことはできない。そこで，裁量基準を機械的
　　に適用することでかえって不合理な結果が生じる場合には，行政 60
　　庁は個別的事情を審査しなければならず，このような個別審査義
　　務に反する処分は，裁量権の逸脱・濫用として違法になる（行政
　　事件訴訟法30条参照）と考える。

　2　これを本件についてみると，Aが認可申請の際にC組合から保 ➡個別審査義務違反の検
　　証を受けていなかった場合，本件要綱7条1項に反するため，原 65 討
　　則としてB県知事は採石認可拒否処分を適法にすることができる。
　　もっとも，Aの個別的な事情にかんがみ，C組合の保証がなくと
　　も，跡地防災措置の確実な履行の確保という法の趣旨をみたす場
　　合には，C組合の保証を欠くことのみを理由に，採石認可拒否処
　　分を行うことは，かえって不合理な結末を生じさせ，裁量権の逸 70
　　脱・濫用として違法になる。

　　　Aは，B県の採石業者のなかで突出して資本金の額や事業規模
　　が大きく，経営状況の良好な会社であるうえ，採取計画に定めら
　　れた跡地防災措置を実現できるように資金を確保しているから，
　　C組合の保証を受けなくとも，跡地防災措置の確実な履行の確保 75
　　という法の趣旨をみたすとも思える。

　　　しかし，Aは採石業者のなかでは大規模であるとはいえ，大企
　　業とまではいえず，確実に跡地防災措置が履行されるほどの資力
　　があるとまでは言い切れない。そのため，跡地防災措置の確実な
　　履行を確保するためには，やはり，C組合の保証を要求する必要 80
　　があると考える。そして，C組合の保証を要求することによりA
　　が被る損害は，割高な保証料の支出のみであり，Aにとって大き
　　な不利益であるとはいえない。したがって，本件要綱を適用して
　　も不合理な結果が生じるとはいえず，B県知事のAに対する採石
　　認可拒否処分に裁量権の逸脱・濫用はない。 85

　3　よって，B県知事は，Aに対し，本件要綱違反を理由として， ➡結論
　　採石認可拒否処分を適法にすることができる。

　　　　　　　　　　　　　　　　　　　　　　　　　　　　　　以上

1　本件要綱の法的性質について

　本件要綱は法律の委任に基づいて制定されたものではないから，法的効力はない。

　もっとも，採石法（以下「法」）33条の4は同条の要件に該当する場合は認可をしてはならないと定めるのみで，要件に該当しない場合に必ずしも認可をしなくてはならないかは明文で規定していない。これは，採石業が土砂崩れ等の災害を生じさせうるものであり，その認可には地域の土地の特質についての専門技術的知識が必要であるために，そのような知識を有する知事に認可するか否かの効果裁量を与えたものといえる。

　そして，本件要綱は知事の裁量を行使するための行政規則の一つとしての審査基準（行手法2条8号ロ）となる。

2(1)ア　審査基準には法的効果はないが，審査基準は原則として公にされることから（行手法5条3項）それが合理的なものであればこれに則った運用がなされることが期待される。そしてその期待は法の保護に値することから，要綱に反する運用は却って平等原則違反として違法ともなりうる。

　　　以上より，本件要綱に合理性が認められれば，C組合からの保証を受けることを要件としても適法といえる。

　　イ　本件要綱の合理性について検討するに，要綱7条1項はC組合を保証人として立てることを定めているが，C組合に限定する必要性は疑問がある。また他県では保証人を要求する場合でも特定の者でなくてはならないというような運用はされておらず，資金計画の提出を求めるのみの場合もある。これらの点から，保証人をC組合に限定する本県要綱は，合理性を欠くようにも思える。

　　　しかし，採石法は岩石の採取に伴う災害を防止することを目的としており（法1条）B県においては跡地防災措置が適切になされない例が多いことから，特定の業者と保証契約を締結させて，その管理を容易にする必要がある。

　　　以上より，本県要綱の合理性は認められるため，これを認可の要件とすることも適法である。

(2)　これに対してAは，以下の反論をすることが考えられる。

　　審査基準は多数の申請を画一的に処理することで行政の簡易化や平等を図れるというメリットがあるが，特殊事情により審査基準を適用せず，個別に考慮する必要がある場合が存在し，その場合には審査基準の画一的適用は裁量の逸脱濫用として違法となる（行訴法30条）。本件ではAは経営状況の良好な会社であって，跡地防災措置をするための資金を確保しているため，C組合との保険契約を締結しなくても自ら適切な防災措置をすることが期待できるという特殊事情があるため，Aに対して本件要綱を適用することは違法である。

(3)　結論

　　前述のように，本件要綱は一応の合理性を有する。しかし，

5

10

15

20

25

30

35

40

←○法令の文言や採石認可の性質について検討しており，出題趣旨に合致している

←○本件要綱の法的性質について検討しており問いに答えている

←○本件要綱の合理性について，反対利益にも触れつつ検討できている

←△跡地防災保証の許容性を検討するために，採石法33条の2第4号や採石法施行規則8条の15第2項第10号を参照していない

←△あてはめがやや薄い

←○Aの事業規模や経営状況等を考慮したうえで，C組合による保証を求めることの適法性について検討できていて出題趣旨に合致している

←○記述の分量が適切である

法33条の7が認可に条件を附すときには，必要最小限度のもの45
であることを要求することにもあらわれているように，採石法
は事業者の経済的自由を十分保護する趣旨である。そうだとす
ると，本件Aのように，防災措置のための資力が十分にあり，
C組合の保証による監督が不要な場合は，個別に考慮する必要
がある。50

　したがって，Aについて個別の考慮をせず，C組合との保証
契約を認可の要件とすることは，考慮すべき事項を考慮してい
ないという裁量の逸脱濫用が認められ，違法となる（行訴法30
条）。

以上 55

　本問は，2014（平成26）年司法試験公法系第2問をアレンジした問題である。予備試験対策にも適した題材であるため登載した。以下に，法務省より公表された出題趣旨を転記する。

　設問では，「法及び法施行規則の関係規定，跡地防災保証を定める要綱，及び認可申請拒否処分の関係を的確に論じなければならない。まず，法第33条の4が採石認可に関して都道府県知事に裁量をどの範囲で認めているかについて，採石認可に係る法及び法施行規則の規定並びに採石認可の性質を踏まえて論じることが求められる。法第33条の2第4号・第33条の3第2項・法施行規則第8条の15第2項第10号は，跡地防災措置につき定めるものの，いずれも跡地防災保証については明示していないが，法第33条の4が『公共の福祉に反すると認めるとき』という抽象的な要件を規定していること，採石業及び跡地防災措置の実態に鑑みて跡地防災保証の必要性が認められ得るが，その必要性の有無や程度は地域の実情によって異なり得ることなどに着目して，跡地防災保証を考慮に入れて認可の許否を決する裁量が都道府県知事に認められないか，検討することが求められる。次に，本件要綱の法的性質及び効果について，上記の裁量を前提とした裁量基準（行政手続法上の審査基準）に当たると解することが可能であり，裁量基準としての合理性が認められれば，必要な書類の添付を求めることも適法といえないか，検討することが求められる。ただし，法規命令と異なり，裁量基準としての要綱により申請者に一律に義務を課すことはできないことを踏まえて，岩石採取に当たり跡地防災保証を求め，さらにC組合という地元の特定の事業者団体を保証人とする要綱の定めがどの程度合理性を有し，逆にどの程度例外を認める趣旨か，検討しなければならない。以上を前提として，Aの事業規模や経営状況等の事実関係に即して，C組合による跡地防災保証をAに対する採石認可の要件とすることの適法性を論じることが求められる。」

### 1　全体

　この答案は全体的にバランスよく論じられている。認可の許否を決する裁量が都道府県知事にあるか否か，本件要綱の法的性質，本件要綱が合理的か，本件要綱が合理的であるとしても裁量権の逸脱・濫用とならないかについて丁寧に検討できていて出題趣旨に合致している。

### 2　設問について

　まず，法務省が公表している採点実感では，「本件要綱の法的性格を検討することなく，それが採石法及び採石法施行規則の趣旨に合致するものであれば，国民に対する法的拘束力を有するとした答案が比較的多く見られた」と講評されているところ，この答案は本件要綱の法的性質を検討したうえで，国民に対する法的拘束力を有しない行政規則であることを端的に指摘できており，優秀である。

　次に，本問では採石法（以下「法」という）33条の4が採石認可に関して都道府県知事に裁量をどの範囲で認めているかについて，採石認可にかかる法および法施行規則の規定ならびに採石認可の性質をふまえて論じることが求められていたところ，この答案は法施行規則について指摘しておらず，この点は残念である。もっとも，裁量がどの範囲で認められるかについて法33条の4の文言や採石認可の性質を考慮して検討しており，出題趣旨に合致している。

　次に，本問では本件要綱を裁量基準と解してその合理性を認めうるか否かについての検討が求められているところ，この答案は本件要綱が裁量基準であることを端的に指摘して，その合理性について丁寧に検討しており出題趣旨に合致している。

　もっとも，この答案はAの事業規模や経営状況等，本件の具体的な事実関係に即して，C組合による保証を求めることの適法性を検討しているものの，そのあてはめがやや薄い。Aに特有の事情を具体的に検討するべきなのは資料1の会議録および，問題文の事情から明らかである。この点を除けば，基本的事項について丁寧に検討ができている優秀な答案である。

Aは，甲県乙市に本店を置く建設会社であり，乙市下水道条例（以下「本件条例」という。）及び乙市下水道排水設備指定工事店に関する規則（以下「本件規則」という。）に基づき，乙市長Bから指定工事店として指定を受けていた。Aの従業員であるCは，2010年5月に，自宅の下水道について，浄化槽を用いていたのをやめて，乙市の公共下水道に接続することにした。Cは，自力で工事を行う技術を身に付けていたため，休日である同年8月29日に，乙市に知らせることなく，自宅からの本管を付近の公共下水道に接続する工事（以下「本件工事」という。）を施工した。なお，Cは，Aにおいて専ら工事の施工に従事しており，Aの役員ではなかった。

　2011年5月になって，本件工事が施工されたことが，乙市の知るところとなり，同年6月29日，乙市の職員がAに電話して，本件工事について経緯を説明するよう求めた。同日，Aの代表者が，Cを伴って乙市役所を訪れ，本件工事はCが会社を通さずに行ったものであるなどと説明したが，同年7月1日，Bは，本件規則第11条に基づき，Aに対する指定工事店としての指定を取り消す旨の処分（以下「本件処分」という。）をした。本件処分の通知書には，その理由として，「Aが，本市市長の確認を受けずに，下水道接続工事を行ったため。」と記載されていた。なお，Aは，本件処分に先立って，上記の事情説明以外には，意見陳述や資料提出の機会を与えられなかった。

　Aは，本件処分以前には，本件条例及び本件規則に基づく処分を受けたことはなかったため，本件処分に驚き，弁護士Jに相談の上，Jに本件処分の取消訴訟の提起を依頼することにした。Aから依頼を受けたJの立場に立って，以下の設問に解答しなさい。

　なお，乙市は，1996年に乙市行政手続条例を施行しており，本件処分に関する手続について，同条例は行政手続法と同じ内容の規定を設けている。また，本件条例及び本件規則の抜粋を資料として掲げてあるので，適宜参照しなさい。

〔設　問〕

　Aが本件処分の取消訴訟において主張すべき本件処分の違法事由につき，本件条例及び本件規則の規定内容を踏まえて，具体的に説明しなさい。なお，訴訟要件については検討しなくてよい。

【資　料】
○乙市下水道条例（抜粋）
（排水設備の計画の確認）
第9条　排水設備の新設等を行おうとする者は，その計画が排水設備の設置及び構造に関する法令及びこの条例の規定に適合するものであることについて，あらかじめ市長の確認を受けなければならない。確認を受けた事項を変更しようとするときも，同様とする。
（排水設備の工事の実施）
第11条　排水設備の新設等の設計及び工事は，市長が排水設備の工事に関し技能を有する者として指定した者（以下「指定工事店」という。）でなければ行うことができない。ただし，市において工事を実施するときは，この限りでない。
2　指定工事店について必要な事項は，規則で定める。
（罰則）
第40条　市長は，次の各号の一に該当する者に対し，5万円以下の過料を科することができる。
　(1)　第9条の規定による確認を受けないで排水設備の新設等を行った者
　(2)　第11条第1項の規定に違反して排水設備の新設等の工事を実施した者
　(3)〜(8)　（略）

○乙市下水道排水設備指定工事店に関する規則（抜粋）

（趣旨）

第1条　この規則は，乙市下水道条例（以下「条例」という。）第11条第2項の規定により，乙市下水道排水設備指定工事店に関して必要な事項を定めるものとする。

（指定工事店の指定）

第3条　条例第11条に規定する排水設備工事を施工することができる者は，次の各号に掲げる要件に適合している工事業者とし，市長はこれを指定工事店として指定するものとする。

　（以下略）

2　（略）

（指定工事店の責務及び遵守事項）

第7条　指定工事店は，下水道に関する法令（条例及び規則を含む。）その他市長が定めるところに従い，誠実に排水設備工事を施工しなければならない。

2　指定工事店は，次の各号に掲げる事項を遵守しなければならない。

　(1)～(5)　（略）

　(6)　工事は，条例第9条に規定する排水設備工事の計画に係る市長の確認を受けたものでなければ着手してはならない。

　(7)～(12)　（略）

（指定の取消し又は停止）

第11条　市長は，指定工事店が条例又はこの規則の規定に違反したときは，その指定を取り消し，又は6月を超えない範囲内において指定の効力を停止することができる。

## ① はじめに

本問では，本案上の問題を検討することのみが求められている。本案上の問題では，実体違法と手続違法の双方について検討する姿勢が必須である。本問では，いずれの検討も求められており，それぞれ2つずつ計4つの違法事由が存在する。そこで，時間配分に留意しつつ，バランスよく各違法事由について言及することが肝要となる。

## ② 設問

### 1 実体違法について

本件処分は，本件規則11条に基づいてなされているところ，本件処分の適法性を考える前提として，本件規則が法規命令か行政規則かが問題となる。行政規則である場合，いわゆる行政規則の外部化の議論などを介在させないかぎり，当該規則を用いて違法主張できないためである。法規命令か行政規則かは，法規性を有するか，法による委任があるか否かによって区別される。本問では，本件条例11条2項により，指定工事店についての必要な事項の制定が規則に委任されているため，本件規則は法規命令ということになる。

これを前提とすれば，本件規則に反する場合，違法という結論を導きうる。

そして，本問ではAが市長の確認なく下水道接続工事を行ったことが理由とされている。乙市は，Aの従業員であるCが，休日である2010年8月29日に，乙市に知らせることなく実施した本件工事を「指定工事店」たるAが確認なく実施した工事だと判断し，本件規則7条2項6号違反として，本件処分を行ったと考えられる。そこで，Aとしては，従業員Cが個人的に行ったもので，「指定工事店」Aが「工事」に「着手」したわけではないとして，本件処分の要件不充足を主張することになろう。

さらに，問題文では，Aは，本件処分以前には，本件条例および本件規則に基づく処分を受けたことはなかったという事情もあげられている。そこで，かりにAが工事に着手したとして処分要件が充足されるとしても，たった1回の，しかもCという単なる従業員の行為に対して本件処分をすることは，重すぎないか，比例原則に反して違法ではないかを検討することになる。

#### (1) 処分要件不充足の主張

まず，「指定工事店」の工事着手はどのような場合に認められるのかについて，考える必要がある。指定工事店とは，「市長が排水設備の工事に関し技能を有する者として指定した者」（本件条例11条1項）であるが，指定工事店のみが排水設備工事を行うことができ，その他の者は排水設備の工事ができない。このことは，罰則によっても担保されている（本件条例40条2号）。そして，下水道設備の工事には，市長の確認を要する（本件規則7条2項6号）。

工事に市長の確認を要する趣旨は，指定工事店が工事をする際に，下水道設備の機能水準，安全性を確保できる工事計画かどうかを事前に確認し，衛生的で安定した下水道設備を供給することにあると考えられる。そうすると，指定工事店の指揮命令のもと従業員が排水設備の工事を行う場合または当該従業員が指定工事店と同一視できるときにはじめて，当該指定工事店が市長の確認を受ける必要があることになろう。そこで，従業員の行為が指定工事店の指揮命令下または業務上の行為である場合，当該従業員が法人と同一視できるとき，指定工事店が確認なく工事したといえるなどと考えられる。この問題は，一義的な答えがあるものではなく，各自が説得的に一定の基準を導き出すことができれば十分であろう。

以上のような各自の解釈を前提として，あてはめを行うことになる。Cはもっぱら工事の施工に従事しており，Aの役員ではないこと，本件工事は，休日に，Cの自宅を対象として，会社をとおさないで行われたことなどを拾いあげたい。

#### (2) 比例原則違反

まず，裁量の有無を確認したい。裁量の有無は，条文の文言，行政庁の判断の性質等に着目して決せられるところ，本件規定11条では，指定の「取り消し，又は6月を超えない範囲内において指定の効力」を停止することが「できる」と定められていること，さらに，処分の判断においては排

水設備に関する専門技術的判断を要するものと考えられることから，効果裁量が認められているといえよう。したがって，裁量権の逸脱・濫用が認められれば，違法（行政事件訴訟法30条参照）である。比例原則は裁量統制の有効な一手段であり，比例原則に反し裁量権の逸脱・濫用があると主張できよう。

あてはめでは，違反は軽微であるのに，処分が過度に重いという指摘をしたい。Aは本件処分以前には，本件条例および本件規則に基づく処分を受けたことはなかったこと，Cという単なる従業員の行為にすぎないことからすれば違反の違法性は軽微である。他方，指定の取消しはもっとも重い制裁措置である。ほかに過料（本件条例40条2号）や指定の効力停止（本件規則11条）といったより軽い措置があり，本件の違反に対してはそれらの措置で足りたのに，過度に重い指定取消しを実施している。したがって，比例原則違反があり，裁量権の逸脱・濫用が認められよう。

## 2 手続違法について

本件処分は，本件条例に基づく処分であり，行政手続法ではなく，行政手続条例が適用される（行政手続法3条3項）。そして，本件処分は，Aが下水道工事を行いうる権利を制限するものであるから，不利益処分（乙市行政手続条例2条4号）にあたる。そこで，不利益処分に関する手続的規律が妥当する。

本問では，本件処分の通知書に「Aが，本市市長の確認を受けずに，下水道接続工事を行ったため」としかなく，Aは，本件処分に先立って，2011年6月29日に乙市役所でAの代表者がCとともに事情説明を行っただけで，意見陳述や資料提出の機会を与えられなかったという事情がある。これらから，理由提示が不十分ではないか，聴聞手続を欠き違法ではないか，という手続違法の検討をすることになる。そして，手続違法が取消事由となるかについても忘れずに検討したい。

### (1) 聴聞手続

本件処分は，指定工事店の指定という排水工事をなしうる利益を与える「許認可」を「取り消す不利益処分」（13条1項1号イ）であるから聴聞手続が必要である。そして，聴聞手続では，意見陳述および証拠書類の提出の機会を与えることになる（20条2項）ところ，本問では，そのような機会が与えられていない。したがって，聴聞手続を欠く違法がある。

### (2) 理由提示

不利益処分は理由提示を要する（14条）。理由提示については，趣旨に言及して判断基準を立て，あてはめを行うことになる。理由提示の趣旨は，①行政庁の恣意抑制，②処分の名宛人の不服申立ての便宜を図ることであるから，同趣旨をみたす具体的な記載が必要になる。そこで，いかなる事実関係に基づきいかなる法規を適用して当該処分がなされたかが，処分の相手方において当該記載自体から了知できるか否かにより判断される，などの判断基準を立てることになる。

本問の記載からは，どのような事実関係に対して適用されたかがまったくわからず，さらに，適用条文の記載がないことから，理由提示の程度として不十分であり，違法となる。

### (3) 手続違法が取消事由となるか

手続違法は，適正な手続を取り直して同様の処分がなされる可能性があることなどから，取消事由とならないのではないかが問題となりうる。そこで，自己の考えを示したうえで，取消事由にあたることを指摘したい。たとえば，行政手続条例の目的（行政手続法1条参照）から，適正な手続によって処分を受ける権利を保障していると解されることから，条例に定められる重要な手続違反は，特段の事情がある場合を除き取消事由となるといった基準が考えられる。そして，本問のような行政手続条例に規定される手続違反は，重要であり，本問で特段の事情はないから，取消事由となろう。

## 【関連判例】

最判昭和50年5月29日民集29巻5号662頁（判例シリーズ40事件・群馬中央バス事件）

## 【参考文献】

試験対策講座4章3節③【2】(2)，5章2節③【3】・【4】。判例シリーズ40事件。

答案構成用紙

第1　実体違法について
1　Aとしては，Cによって市長の確認なく行われた本件工事は，「指定工事店」Aの工事ではないため，本件規則7条2項6号違反がなく，本件規則11条の要件を充足せず，本件処分は違法であると主張する。　　　　　　　　　　　　　　　　　　　　　5

(1)　本件規則は，本件条例11条2項による委任を受けていることから，法規たる性質を有するところ，本件規則11条は，「指定工事店が条例又はこの規則の規定に違反したとき」は指定を取り消すことができると定め，本件規則7条2項で「指定工事店」の遵守事項として，工事には，「条例第9条に規定する」　10「市長の確認」が必要とされている（本件規則7条2項6号）。

　　　そこで，本件工事が確認なく行われた指定工事店Aの工事であるとして，本件規則11条の要件をみたしているかが問題となる。

(2)　指定工事店とは，「市長が……指定した者」（本件条例11条1　15項）であり，指定工事店のみが排水設備の工事をなしうる。これは，排水設備の機能水準，安全性を確保する趣旨だと考えられる。そうすると，指定工事店と別個の法人格を有する個人の行為は，「指定工事店」の行為とはいえないと思われる。ただし，指定工事店が法人の場合，当然に従業員を使用して工事を　20行うから，法人と一体性がある。そこで，指定工事店の代表権を有する者の行為または指揮命令下における従業員の行為にかぎり，指定工事店の行為であると考える。

(3)　これを本問について検討する。
　　　Cはもっぱら工事の施工に従事しており，Aの役員ではない。　25さらに，本件工事は，休日に，Cの自宅を対象として行われ，会社をとおさないで行われた。これらの事情からすれば，CはAの業務とはまったく関係なく，自己の行為として本件工事の施工を行ったものと考えられる。したがって，本件工事は指定工事店Aの指揮命令下におけるCの行為とはいえないから，「指　30定工事店」の工事とはいえない。

(4)　よって，要件をみたさず，本件処分は違法である。

2　かりに上記主張が認められないとしても，裁量権の逸脱・濫用があり違法（行政事件訴訟法30条参照）であると主張する。

(1)　規則11条は，「取り消し」「又は」「効力を停止」という2つ　35の手段を規定して「できる」との文言を用いている。そして，当該処分をなすには排水設備に関する専門技術的判断が必要だと考えられる。したがって，効果裁量が認められる。

(2)　そこで，行政庁の判断の結果および過程が，重要な事実の基礎を欠くかまたは社会通念上著しく妥当性を欠く判断といえる　40とき，裁量権の逸脱・濫用があり違法と考える。

(3)　これを本問について検討する。
　　　CはAの役員ではなく，Aは今まで条例・規則に違反した事実がないことから，今回のCによる違反行為を理由にAに対し

右欄注記:
➡規則の性質
➡問題提起
➡規範定立
➡あてはめ
➡規範定立
➡あてはめ

て制裁を加える必要性は小さい。　　　　　　　　　　　　45

　　そうすると，効力停止という手段が存在すること，効力停止
にも期間の幅があることからすれば，少なくとも効力停止にと
どめるべきであり，もっとも重い取消しを行うことは，著しく
重い処分を下したものとして，比例原則に反するといえる。

　　したがって，社会通念上著しく妥当性を欠き，比例原則に反　50
して裁量権の逸脱・濫用があり，違法である。

第２　手続違法について

　１　手続違法の存否

　　　本件処分は条例に基づくから，行政手続条例が適用される（行　⇒問題の所在
　　政手続法３条３項）。本件処分は，不利益処分（乙市行政手続条　55
　　例２条４号。以下「行手条例」という）である。

　　(1)　聴聞手続の欠如

　　　ア　本件処分は，指定工事店の指定という「許認可」を取り消す
　　　　不利益処分であり，聴聞を要する（行手条例13条１項１号イ）。

　　　イ　本問では，本件処分に先立ち，Aに意見陳述や資料提供の　60　⇒あてはめ
　　　　機会を与えておらず，６月29日，Aの代表者とCが乙市役所
　　　　で説明を行ったにすぎないから，聴聞手続がとられていない。
　　　　したがって，行手条例13条１項１号イに反し，違法である。

　　(2)　理由提示（行手条例14条１項）違反

　　　ア　理由提示が求められる趣旨は，行政庁の恣意抑制，国民の　65　⇒規範定立
　　　　不服申立ての便宜にあるから，十分な理由提示か否かは，い
　　　　かなる事実，法規により当該処分がされたかを，処分の相手
　　　　方において当該記載自体から了知できるか否かによって判断
　　　　すべきである。

　　　イ　これを本問についてみると，理由としては，「Aが，本市　70　⇒あてはめ
　　　　市長の確認を受けずに，下水道接続工事を行ったため」との
　　　　記載のみがされていた。だれが，いつ，どこで，どのように
　　　　下水道接続工事を行ったか，いっさい記載されておらず，い
　　　　かなる事実に対してどの法規が適用されたのか，いっさい了
　　　　知することができない。　　　　　　　　　　　　　　　　75

　　　ウ　よって，理由提示として不十分であり，違法である。

　２　取消事由となるか　　　　　　　　　　　　　　　　　　　　⇒問題提起

　　(1)　手続的瑕疵の場合，手続をやり直して再度同じ手続がされう
　　　るため，取消事由にならないのではないかが問題となるが，適　⇒規範定立
　　　正手続の保障，意思決定の正当性確保の観点からすれば，重大　80
　　　な手続上の瑕疵の場合，取消事由になると解する。

　　　　そして，あえて明文で規定された手続は，重大な手続であり，
　　　国民に手続的保障を受ける権利を付与した趣旨と考えられるた
　　　め，そのような手続違反は，重大な手続違反として取消事由に
　　　なると解する。　　　　　　　　　　　　　　　　　　　　　85

　　(2)　本問の瑕疵は，いずれも，行手条例上の手続違反なので，重　⇒あてはめ
　　　大な手続的瑕疵として取消事由になる。

第３　よって，Aは計４点の違法を主張すべきである。　　　以上　⇒問いに答える

1 　本件では，①手続上の違法と②実体法上の違法があるため，以下
　分けて検討する。

2 　①手続上の違法

⑴　本件では指定工事店としての指定を取消す処分がされているが，
　法令に基づく処分でないから行政手続法は適用されない（行政手
　続法3条3項）。しかし，乙市には行政手続法と同内容の乙市行
　政手続条例（以下「行手条例」という）があるため，行政手続法
　の条文番号を参考にする。

　　そして，本件処分は規則11条に基づいて特定の者を名宛人とし
　て権利を制限する処分であるから「不利益処分」（行手条例2条
　4号）にあたる。そして，権利をはく奪する不利益処分をするに
　は聴聞が必要になる（13条1項1号ロ）にもかかわらず，口頭で
　説明する機会を与えられるのみで，意見陳述や資料提出の機会と
　いった聴聞手続に従った処分がなされていない。

　　この点で，行手条例13条1項1号ロに反する手続上の違法があ
　る。

⑵　また，不利益処分をする際に理由付記が必要（14条）であるが，
　本件では，事実が提示されるのみであるところ，これが理由付記
　の程度として足りるか。

　　同条の趣旨は，行政庁の恣意を抑制し，被処分者に争訟の便宜
　を与えることにあるから，この趣旨を実質化する程度の記載が必
　要である。そうだとすれば，いかなる事実に基づきいかなる法規
　が適用されたかが被処分者において処分の理由それ自体から明ら
　かでなければならないと考える。

　　本件では，条文自体が複雑という事情がないため，事実と法規
　の適用関係まで要しないものの，取消処分という権利をはく奪す
　る重大な処分であるから，少なくとも適用法規は示されなければ
　ならない。しかし，事実の記載のみがされ，いかなる法規が適用
　されたかが明らかにされていない。

　　したがって，理由付記の程度として足らず，行手条例14条に反
　する手続上の違法がある。

⑶　そして，上記のような手続上の違法は，たしかにこれを取消し
　ても，再度同じ処分をすることが可能であるから，これを取消事
　由にはできないとも思える。

　　しかし，聴聞や理由付記は，行手条例でわざわざ規定された手
　続であり，適正手続保障（憲法31条）の下，これに則り処分がな
　される権利が国民に認められているといえる。そうだとすれば，
　これに則らずに処分がなされた場合には，この権利が侵害された
　ものとして，取消事由となると考える。

　　したがって，違法事由として，上記手続上の違法を主張すべき
　である。

3 　②実体法上の違法

⑴　まず，工事を行った者は，CでありAでないと主張することが
　できる。

| 行番号 | 注釈 |
| --- | --- |
| 5 | ⇐○手続上の違法と実体法上の違法を分けて検討している |
| | ⇐○行政手続法の適用がないことを指摘している |
| | ⇐○端的に問題点を指摘できている |
| 10 | ⇐×正しくは，「許認可等を取り消す不利益処分」（13条1項1号イ）である |
| 15 | ⇐×「ロ」ではなく「イ」に反する |
| 20 | ⇐○趣旨から検討できている |
| 25 | ⇐○規範に対応している |
| 30 | |
| | ⇐○自分なりの説得的な論証を展開できている |
| 35 | |
| 40 | |
| | ⇐△本件規則の性質について検討していない |

本件条例9条の文言が抽象的でないのは，政策的技術的判断を 45
要せず，要件該当性については裁量の余地がないからである。
　　そして，たしかにAの従業員であるCが本件工事を行っている
ものの，Cが会社を通さずに自宅の下水道について工事したもの
であり，Aは，「新設等を行おうとする者」にあたらない。
　　にもかかわらず，Aが条例に違反したとして，規則11条を適用 50
したことに違法があると主張できる。
(2)　仮に要件に該当するとしても，指定を取り消す処分をしたこと
は違法であると主張することができる。
　　まず，規則11条が，取消処分か効力停止処分かという選択的な
規定であるのは，違反の程度に応じた専門技術的な判断を要する 55
ことから，裁量を与えたものと考えられる。したがって，裁量の
逸脱濫用があれば違法になる（行政事件訴訟法30条）。
　　本件では，Cが会社を通さずに工事を行っており，A自身の違
法の程度が大きい訳ではない。にもかかわらず最も重い取消処分
をすることは重要な事実に対する評価が著しく不合理であり，判 60
断内容が社会通念上著しく不合理であるといえ，裁量の逸脱濫用
が認められる。
　　したがって，違法事由が認められるから，これを主張すること
ができる。
　　　　　　　　　　　　　　　　　　　　　　　　　　　以上 65

［欄外注記］
⇦○裁量逸脱・濫用に飛びつかず要件該当性について検討している
⇦△CがAの役員ではないことや，工事が休日に行われたことの指摘があればよりよかった

⇦○裁量の有無を判断する際，法令の文言や行政庁が行う判断の性質を検討できている

⇦△あてはめがやや薄い

　本問は，行政処分の違法事由についての基本的な知識，理解及びそれを事案に即して運用する基本的な能力を試すことを目的にして，排水設備工事に係る指定工事店としての指定を取り消す旨の処分を受けた建設会社Aが当該処分の取消訴訟を提起した場合に主張すべき違法事由について問うものである。処分の根拠となった条例及び規則の仕組みを正確に把握した上で，処分要件規定や比例原則に照らした実体的な違法事由及び聴聞や理由提示の手続に係る違法事由について検討し，事案に即して当該処分の違法性に関する受験者の見解を述べることが求められる。

## 優秀答案における採点実感 ▌▌▌

### ① 全体

　まず形式面では手続上の違法と実体法上の違法で分けて検討するなど，とても読みやすい答案となっていて好印象である。次に内容面では，行政手続法の基本的事項に対する理解を丁寧に説明することができている。

　もっとも，実体法上の違法事由についての検討がやや薄い。この点を除けば非常に優秀な答案であるといえるだろう。

### ② 手続上の違法

　行政法において理由提示の程度は重要な論点であり，多くの受験生が論証を正確におさえている。そのため，条文からその論点を導き出す過程やあてはめで差がつくと思われる。この答案では，いずれの点でも丁寧に検討しており好印象である。また，手続違反が処分の違法事由となるかについて，反対利益について配慮しながら自分なりに論理を展開できていて評価できる。

　知っている論点が出題されても，すぐに論点に飛びつくのではなく，条文を指摘したうえで，なぜ本問でその論点が問題となるのかの検討を忘れないように心掛けてほしい。

### ③ 実体法上の違法

　この答案では，裁量権の逸脱・濫用に飛びつかず，まず処分要件規定該当性について検討できていて，出題趣旨に合致している。次に，この答案は本件規則の性質について検討していないが，多くの受験生も検討していなかったため相対的にみて致命傷にはならなかったと思われる。

　もっとも，CがAの役員ではないという事情や工事が休日に行われたという事情について触れることなく処分要件規定該当性や裁量権逸脱の検討をしており，残念である。

　問題文の事実が，答案上のどの部分で使えるかを意識しながら，問題文を読んでほしい。

A市では，A市開発事業の手続及び基準に関する条例（以下「条例」という。）が定められている。条例においては，都市計画法（以下「法」という。）第29条第1項に基づく開発許可が必要な開発事業を行おうとする事業者は，開発許可の申請に先立って市長と事前協議をしなければならず，また，開発事業の内容等について，周辺住民に対して説明会を開催するなどの措置を講じることとされている。なお，A市長は，地方自治法上の中核市の長として，法第29条の開発許可に関し都道府県知事と同じ権限を有している。また，これらの条例の規定は，法の委任に基づくものではないが，その内容に違法なところはない。

　Bは，A市において，平成15年から産業廃棄物処理施設（以下「第1処分場」という。）を営んでいる。平成25年になって，Bは，第1処分場の隣接地に新たな産業廃棄物処理施設（以下「第2処分場」という。）を設置することを計画した。第2処分場を設置するための土地の区画形質の変更（土地の区画変更，切土・盛土など）は，条例第2条第1項第1号の開発事業に該当するため，Bは，A市長に対し，条例第4条に基づく事前協議を申し入れた。この第2処分場の設置に対しては，生活環境の悪化を危惧する周辺住民が強い反対運動を行っていたことから，A市長は，Bに対し，条例に定められた説明会を開催した上で，周辺住民の同意を得るように指導した。Bはこれに従って，周辺住民に対し，説明会の開催を提案したが，周辺住民は説明会をボイコットし，同意も一切しなかった。

　Bは，第2処分場の設置に係る開発事業は，法の規定に照らして適法であり，たとえ周辺住民の同意がなくても，A市長が開発許可を拒否することはできないと考え，A市長に対し，事前協議を開始するよう改めて申し入れた。そこで，A市長は，条例による手続を進め，Bに対して開発許可を与えることにした。その一方で，A市は，周辺住民の強力な反対を考慮し，Bとの間で開発協定を締結し，その協定においては，「Bが行う廃棄物処理事業に係る開発事業については，今回の開発区域内の土地及び規模に限るものとし，今後一切の例外は認めない。」という条項（以下「本件条項」という。）が定められた。Bは，本件条項を含む開発協定の締結には当初難色を示したが，周辺住民との関係を改善することも必要であると考え，協定の締結に同意した。なお，この開発協定は，法や条例に根拠を有するものではなく，また，法第33条第1項及び条例の定める基準には，本件条項に関係するものは存在しない。

　令和2年になり，第2処分場がその容量の限界に達したため，Bは更に新たな産業廃棄物処理施設（以下「第3処分場」という。）を設置することを計画した。第3処分場を設置するための土地の区画形質の変更も条例第2条第1項第1号の開発事業に該当するため，Bは，同年6月，A市長に対し，条例第4条に基づく事前協議を申し入れた。A市長は，同年7月，Bに対し，「本件条項により，第3処分場の設置に係る開発事業についての協議を受けることはできない。」という内容の通知（以下「本件通知」という。）をした。

　Bは，本件条項の法的拘束力に疑問を抱いており，また，本件条項を前提としたA市長の対応に不満であることから，本件通知の取消訴訟を提起することを考えている。

　以上を前提として，以下の設問に答えなさい。

　なお，法及び条例の抜粋を【資料】として掲げるので，適宜参照しなさい。


〔設問1〕

　本件条項に法的拘束力は認められるか。本件条項の性質を示した上で，法の定める開発許可制度との関係を踏まえて，検討しなさい。なお，第2処分場の設置に当たってなされたA市長の指導は適法であることを前提にすること。


〔設問2〕

　本件通知は，取消訴訟の対象となる処分に当たるか。Bの立場に立って，想定されるA市の

反論を踏まえて，検討しなさい。

【資料】

○　都市計画法（昭和43年法律第100号）（抜粋）

（定義）
第４条　１～11　（略）
12　この法律において「開発行為」とは，主として建築物の建築又は特定工作物の建設の用に供する目的で行なう土地の区画形質の変更をいう。
13～16　（略）
（開発行為の許可）
第29条　都市計画区域又は準都市計画区域内において開発行為をしようとする者は，あらかじめ，国土交通省令で定めるところにより，都道府県知事（中略）の許可を受けなければならない。（以下略）
２・３　（略）
（開発許可の基準）
第33条　都道府県知事は，開発許可の申請があつた場合において，当該申請に係る開発行為が，次に掲げる基準（中略）に適合しており，かつ，その申請の手続がこの法律又はこの法律に基づく命令の規定に違反していないと認めるときは，開発許可をしなければならない。（以下略）
２～８　（略）

○A市開発事業の手続及び基準に関する条例（抜粋）

（目的）
第１条　この条例は，開発事業の計画に係る事前協議等の手続及び都市計画法（昭和43年法律第100号。以下「法」という。）の規定に基づく開発許可の基準その他開発事業に関し必要な事項を定めることにより，良好な都市環境の保全及び形成を図り，もって秩序ある調和のとれたまちづくりに寄与することを目的とする。
（定義）
第２条　この条例において，次の各号に掲げる用語の意義は，それぞれ当該各号に定めるところによる。
　一　開発事業　法第29条第１項（中略）の規定による開発行為の許可（中略）を要する開発行為をいう。
　二　開発事業区域　開発事業を行おうとする土地の区域をいう。
　三　事業者　開発事業を行おうとする者をいう。
２　前項に規定するもののほか，この条例において使用する用語は，法（中略）において使用する用語の例による。
（事前協議）
第４条　事業者は，開発事業を行おうとするときは，あらかじめ，規則で定めるところにより，開発事業の計画について市長と協議しなければならない。
（事前周知）
第８条　事業者は，規則で定めるところにより，開発事業（中略）の計画の内容，工事の概要，環境への配慮等について，当該開発事業を行う地域の周辺住民等に対しあらかじめ説明会を開催するなど当該開発事業に関する周知について必要な措置を講じ，その結果を市長に報告

しなければならない。

（指導及び勧告）

第10条　市長は，次の各号のいずれかに該当する者に対し，必要な措置を講じるよう指導し，又は勧告することができる。

　一　第4条（中略）の規定による協議をせず，又は虚偽の内容で協議を行った者

　二～五　（略）

（命令）

第11条　市長は，前条の勧告を受けた者が正当な理由なくこれに従わないときは，開発事業に係る工事の中止を命じ，又は相当な期限を定めて違反を是正するために必要な措置を講じるよう命じることができる。

## 1 はじめに

本問は，設問1においていわゆる公害防止協定における本件条項の法的性質と法的拘束力の有無についての検討，設問2において本件条項に基づく開発協議を拒否する本件通知の処分性についての検討を求めるものである。

設問2の処分性については，過去の予備試験で何度も問われた分野であるため，対応できたと思われる。

しかし，設問1の行政契約は，予備試験および司法試験を通して，はじめて問われた分野である。頻出の論点ではないため，対応に苦慮した再現答案が目立った。どの分野がでても対応できるように，網羅的に学習を進めるべきである。

## 2 設問1について

設問1は，本件条項の法的性質と法的拘束力の有無について検討させるものである。上記のように，マイナーな分野であるため，設問1はなんとか食らいついて守る答案を書き，設問2で勝負する方針でも，十分合格点が付いたと思われる。

### 1 法的性質

まず，本件条項を盛り込んだ開発協定が，いわゆる公害防止協定にあたることを明示し，これが行政契約としての法的性質を有することを書くべきである。この点は明らかであるため，簡潔に書けばよいだろう。

### 2 法的拘束力の有無

厚く書くべきなのは，本件条項の法的拘束力の有無についてである。

(1) 公害防止協定の法的性質については，法的拘束力のない紳士協定とみる説と，法的拘束力のある契約とみる説が対立していた。

前者は，「規制行政の契約への逃避」によって法律による行政の原理が崩壊することを根拠としていた。しかし，現在の多数説は，事業者が自己の計算に基づいて経済的自由を放棄することに任意に合意したのであれば，行政主体と事業者とが対等の立場に立って締結した契約として，法的拘束力を認めるべきとして，後者の立場に立っている（中原178頁）。判例（最判平成21年7月10日）は，契約説に立ったものと考えられる。

(2) しかし，どのような契約も，無制限に効力が認められるとはいえない。事業者よりも優越的地位にある行政主体により，事業者の権利が侵害されるおそれがあることは否定できないからである。

そこで，本件条項の効果が認められるためには，①協定によって義務の内容が具体的に特定されていること，②任意の合意により締結されていること，③当該義務について定める法令の趣旨や比例原則，平等原則等の一般原則に反しないことが必要であると解するべきである（中原178頁）。

このような規範を立てられればよいが，無制限に効力を認めるべきでない論拠を自分なりに表現し，現場思考で規範を定立できれば十分である。

(3) あてはめでは，本件条項の文言，開発協定締結の経緯，および法や条例の趣旨目的に注意すべきである。特に，開発行為は本来私人が自由に行える行為である点（憲法22条1項参照）には注意してもらいたい。

## 3 設問2について

まず，処分性の定義につき，簡潔に書くべきである。

### 1 Bの主張について

本件通知により，Bが，A市長との間で事前協議を経ることができず，その結果，開発行為に係る開発許可を得られない地位に立たされることになる。また，本件通知は開発許可の要件でないため，開発不許可処分の取消訴訟では，本件通知の違法性を争うことができない。

さらに，仮に許可を得られたとしても，条例10条1号の勧告を受け，ひいては，条例11条に基づく中止命令を受けうる地位に立たされる。そして，Bがそのような地位に立たされたまま開発工事

に着手することとなると，中止命令により工事への出費が水泡に帰すという経済的なリスクが伴うため，本件通知の段階で抗告訴訟による権利救済の必要性が認められる。そのため，本件通知に法効果性が認められると主張すべきである。

## 2 A市の主張をふまえた対立点について

まず，事前協議は，開発許可の要件でないため（法33条1項，条例4条），本件通知により，Bが，開発許可を得られなくなる地位に立たされるわけではない。そのため，本件通知は，事実上の効果を有するにすぎず，Bの権利義務を形成するものではない。さらに，条例11条は，「できる」と規定しているから，事前協議を経ていない場合に工事の中止が命令されるとはかぎらないし，中止命令がなされた場合でも，中止命令を争えば足り，本件通知の段階で争う必要性はない。そのため，本件通知に法効果性は認められない，とA市は反論するべきである。

本件通知は，法規に基づかない事実行為にすぎないため，A市の反論はかなりの説得力をもつといえ，これに再反論するのは若干難しい。そこで，中止命令が発せられるリスクを抱えたまま工事を開始せざるをえず，工事が終了段階に近づくほど，中止命令が発せられた場合におけるBの被る経済的不利益は増大すると主張し，実効的権利救済の必要性を全面に押し出して，本件通知に法効果性が認められる，とするほかないと思われる。

予備試験および司法試験の過去問には，一見して議論において不利な立場から再反論を書かせるものもある。厳しいと思いつつも，こちらの主張を押し通せるような論拠をなんとかひねりだせれば，他の受験生とおおいに差をつけることができる。食らいついてほしいところである。

## 【関連判例】

最判平成21年7月10日判時2058号53頁（判例シリーズ31事件）

最判昭和54年12月25日民集33巻7号753頁（判例シリーズ47事件・税関検閲事件）

最判平成16年4月26日民集58巻4号989頁

## 【参考文献】

試験対策講座4章4節③【2】(3)，6章2節③【1】。判例シリーズ31事件，47事件。

中原茂樹『基本行政法』178頁。

## 答案例

第1　設問1について
　1　本件条項は，行政主体たるA市が，Bとの間で締結した開発協
　　定の条項のうちのひとつであり，Bに対して，廃棄物処理事業に
　　かかる開発事業を今後いっさいしてはならない旨の不作為義務を
　　課している。この開発協定は，生活環境の悪化防止を目的として，　5
　　A市が，Bと対等の立場に立って締結した契約であり，公害防止
　　協定にあたる。そして，本件条項は，開発協定の条項として組み
　　込まれているのだから，本件条項も公害防止協定に類する規制的　　　　➡結論
　　な契約としての法的性質を有する。
　2　では，Bの廃棄物処理事業にかかる開発事業を行う自由を制限　10　➡問題提起
　　する本件条項に，法的拘束力は認められるか。
　⑴　この点について，一般に，協定による制約は，経済活動を無
　　　制限に行わないことという程度にとどまるし，周辺住民の生
　　　命・健康を守るという協定の目的も重要である。また，当事者
　　　は事業に関してみずからの判断で意思決定しているのであって，　15
　　　当事者の意思の合致を重視しても問題ない。そこで，公害防止
　　　協定には法的拘束力が認められると解する。もっとも，その効　　　　➡規範定立
　　　力には限界があり，①協定によって義務の内容が具体的に特定
　　　されていること，②任意の合意により締結されていること，③
　　　当該義務について定める法令の趣旨や比例原則，平等原則等の　20
　　　一般原則に反しないことが必要であると解する。
　⑵　まず，本件条項により定められた義務の内容は，Bが廃棄物　　　　➡あてはめ
　　　処理事業にかかる開発事業を，今後いっさいしてはならないと
　　　いうものであり，具体的に特定されている（①充足）。次に，
　　　Bは，開発協定の締結には当初難色を示したが，周辺住民との　25
　　　関係を改善することも必要であるとの考えにいたり，協定の締
　　　結に同意している。そして，この過程に強制の要素はなかった
　　　のであり，本件条項は任意の合意により締結されたといえる
　　　（②充足）。また，Bが負う義務は，上述のとおりであるところ，
　　　それは，良好な都市環境の保全および形成を図るという条例の　30
　　　趣旨に反しない。そして，法も条例と同様の趣旨であると考え
　　　られるところ，上記義務は，法の趣旨にも反しない。もっとも，
　　　開発行為は本来私人が自由に行うことができる行為である（憲
　　　法22条1項参照）のだから，不許可処分をすることについては，
　　　消極的であるべきである。それにもかかわらず，本件条項は，　35
　　　「今後一切」Bに廃棄物処理事業にかかる開発事業を認めない
　　　点で，あまりにも過度な不作為義務を課すものであり，比例原
　　　則に反する。また，開発行為が基準に適合していれば，A市長
　　　は開発許可をしなければならない（法33条1項）ところ，本件　40
　　　条項は，Bに対してのみ，開発許可の不許可事由を創設するも
　　　のであり，平等原則に反する（③不充足）。
　⑶　したがって，本件条項に法的拘束力は認められない。　　　　　　　➡結論
第2　設問2について
　1　そもそも，「処分」とは，公権力の主体たる国または公共団体　　　➡定義

が行う行為のうち，その行為によって，直接国民の権利義務を形 45
成しまたはその範囲を確定することが法律上認められているもの
をいう。具体的には，①公権力性および②直接具体的法効果性に
より判断する。

➡あてはめ

2　まず，本件通知は，A市長が，その優越的地位に基づき，一方
的になした行為であるから，①公権力性が認められる。 50

　　次に，本件通知により，Bは，A市長との間で事前協議を経る
ことができず，その結果，開発行為にかかる開発許可を得られな
い地位に立たされることになるし，開発不許可処分の取消訴訟で
は，本件通知の違法性を争うことができないから，本件通知に法
効果性が認められる。また，かりに許可を得られたとしても，条 55
例10条1号の勧告を受け，ひいては，条例11条に基づく中止命令
を受けうる地位に立たされる。そして，Bがそのような地位に立
たされたまま開発工事に着手することとなると，中止命令により
工事への出費が水泡に帰すという経済的なリスクが伴うため，本
件通知の段階で抗告訴訟による権利救済の必要性が認められる。 60
そのため，本件通知に②直接具体的法効果性が認められると主張
する。

➡A市の反論

　　これに対し，A市から以下のような反論が想定される。まず，
A市長との間で事前協議を経ることは，開発行為にかかる開発許
可の要件とされておらず（法33条1項，条例4条），本件通知に 65
より，Bは，開発行為にかかる開発許可を得られなくなるわけで
はない。そのため，本件通知は，事実上の効果を有するにすぎず，
Bの権利義務を形成するものではない。また，条例11条は，「で
きる」と規定しているから，事前協議を経ていない場合に工事の
中止が命令されるとはかぎらないし，工事の中止が命令された場 70
合でも，その段階で争えば足り，本件通知の段階で争う必要性は
ない。そのため，本件通知には，B主張の②直接具体的法効果性
は認められない。

　　もっとも，条例10条1号および11条の規定から，本件通知によ
り，Bがこの先工事の中止命令を受ける可能性が残る。そうだと 75
すれば，Bは，中止命令が発せられるリスクを抱えたまま工事を
開始せざるをえないし，工事が終了段階に近づくほど，中止命令
が発せられた場合におけるBの被る経済的不利益は増大する。そ
のため，本件通知の段階で抗告訴訟による権利救済の必要性があ
り，Bに対する本件通知には，②直接具体的法効果性が認められ 80
る。

➡結論

3　したがって，本件通知は，取消訴訟の対象となる「処分」にあ
たる。

以上

第1　設問1について
　1　A市とBは開発協定を締結し，その中に本件条項が含まれている。かかる開発協定は条例に根拠を有するものではなく，また，法第33条1項及び条例の定める基準には本件条項に関係するものは存在しないし，Bも同意して締結されているものである。　　　5

　　したがって開発協定は公法上の契約であると解し，本件条項は公法上の契約の一部としての性質を有する。Bは契約に任意で同意をしている以上法的拘束力が認められるのが原則である。

　2　もっとも相手に過度の負担を課し公序良俗に反する場合には無効であり法的拘束力は認められない（民法90条）。本件条項には　　10公序良俗に反するような特段の事情は存在するか。

　⑴　この点について，条例1条に照らし，A市長の責務として「良好な都市環境の保全及び形成を図り，もって秩序ある調和のとれたまちづくり」を実現することがある。かかる責務は公益としての性質を有し，市長は多種多様な事情を考慮して政策　　15的・専門的な判断をすることが求められる。

　　また，開発許可は本来市民が有さない権利を与えるものであり特許行為の一部といえる。

　　したがって，A市長が本件条項をBに提示するに当たりA市長には広範な裁量が認められる。　　　　　　　　　　　　　　20

　⑵　もっとも本件条項はBが行う廃棄物処理事業を今回のものに限定し，今後一切事業を認めないものであるから，公序良俗に反する特段の事情が認められるものとも思える。

　　しかし，本件条項が組み込まれた背景として生活環境の悪化を危惧する周辺住民の強い反対運動があった。条例8条は周辺　　25住民への事前通知を義務付けもって一定程度周辺住民の利益に配慮しているところ，A市長としてはかかる反対運動を軽視することはできない。

　　したがって，本件条項はやむを得ないものと評価できる。

　⑶　以上より，本件条項の設定に対してA市及びA市長に広範な　　30裁量が認められるし，内容もやむを得ないものであるから公序良俗に反する特段の事情は認められず，法的拘束力を有する。

第2　設問2について
　1　本件通知は「処分」（行政事件訴訟法3条2項）に当たるか。その意義が問題となる。　　　　　　　　　　　　　　　　　　35

　⑴　この点について，「処分」とは公権力の主体たる国又は公共団体の行う行為のうち，その行為によって，直接国民の権利義務を形成し又はその範囲を確定することが法律上認められているものをいう。

　　そこで「処分」に当たるかは①公権力性②法効果性から判断　　40する。

　⑵　これを本件通知についてみるに，本件通知はA市長が法律で認められた優越的地位に基づき一方的になされているから，公権力性を有する。（①充足）

右側注釈：
⇐○原則を示せている

⇐○例外を示せている

⇐×開発許可はむしろ許可といえる

⇐×開発許可と本件条項の設定を混同してしまっているようにみえる

⇐○問題の事実をしっかり拾えている

⇐○結論OK

⇐○定義が正確

そしてBの立場としては，本件通知は法効果性を有すると主　45
張したい。一方でA市としては，本件通知は事実行為であるし，
条例10条や11条が定める勧告や中止命令の時点で争っても実効
的な権利救済としては十分であると反論することが考えられる。

　　この点について，本件通知により10条の定める勧告や11条の
定める中止命令がなされるおそれがある。もっとも10条は行政　50
指導も定めており，勧告や中止命令がなされる高度の蓋然性は
認められないとも思える。

　　しかし，本件においては法的拘束力を有する本件条項に違反
して本件通知がなされており行政指導ではなく勧告が出される
高度の蓋然性が認められる。同様に勧告に従わなかった場合中　55
止命令が発される可能性が高い。

　　このように勧告，中止命令がそれぞれ高度の蓋然性をもって
連続するといえるので本件通知は法効果性を有する。(②充足)

　　また勧告や中止命令の時点で争う場合は，既にBが第三処分
場の建設をはじめているのでこの時点で争っても実効的な権利　60
救済を図ることはできない。したがって，本件通知がなされた
時点で紛争の成熟性が認められる。

2　以上より本件通知は「処分」に当たる。

　　　　　　　　　　　　　　　　　　　　　　　　　　　　以上

⬅○反論OK

⬅△高度の蓋然性がある
　とまでは言い切れない

⬅○実効的な権利救済の
　観点を示せている

⬅○結論OK

　本問は，都市計画法上の開発許可の事前手続を定めた条例（以下「条例」という。）の運用に際して，市と事業者の間で，事業者の開発制限に関する条項（以下「本件条項」という。）を含む開発協定が締結され，さらに，本件条項を前提にして，条例に基づく事前協議を受けることができないという市長の通知（以下「本件通知」という。）が発せられたという事実を基にして，行政契約の実体法的な制約，及び取消訴訟の訴訟要件に関する基本的な知識・理解を試す趣旨の問題である。

　設問1は，本件条項の法的拘束力を問うものである。本件条項は，公害防止協定に類する規制的な契約であることから，最高裁判所平成21年7月10日第二小法廷判決（裁判集民事231号273頁）などを踏まえて，その法的拘束力の有無について検討することが求められる。その際，本件の事例に即して，とりわけ開発許可制度の趣旨を踏まえて論ずる必要がある。

　設問2は，本件通知の処分性の有無を問うものであり，処分性に関する最高裁判例を基に検討することが求められる。その際，本件通知の法的根拠の有無，本件通知が条例上の措置や開発許可との関係でいかなる意義を有するか，開発不許可処分の取消訴訟において本件通知の違法性を争うことができるか，などについて，都市計画法や条例の規定を基に論ずることが求められる。

## 優秀答案における採点実感 ▐▐▐

### ① 全体

　定義や趣旨を簡潔に書いており，また，規範を現場で自分なりに考えて書けている。答案の分量は若干少ないものの，書くべきことをコンパクトにまとめられており，必要十分な答案であるといえる。

### ② 設問1について

　本件条項の法的性質を端的に書けており，法的拘束力についても原則・例外の順序で検討できている。

　しかし，A市長が本件条項をBに提示するにあたりA市長に広範な裁量があると指摘した点は誤りである。開発行為は，憲法22条1項により本来私人が自由に行うことができる行為であるといえるため，開発許可は国民が本来有しない権利を設定する特許ではなく，むしろ許可にあたるといえる。さらに，法33条1項の文言から，都道府県知事は，原則として開発許可をしなければならないといえるため，開発許可につきA市長に効果裁量はない（狭い）といえる。そのうえで，本問で問題となっているのは本件条項の法的拘束力であるところ，本件条項の設定は開発許可とは別個独立の行為であるということには注意しなければならない。開発許可とは異なり，本件条項はA市とBの合意によるものであり処分にあたらないため，裁量の有無を議論すること自体が不適切なのである。答案は，開発許可と本件条項の提示という2つの行為を混同してしまっているようにもみえる。

　それでも，公序良俗に反する特段の事情の有無について，問題の事実を拾ってしっかり評価してあてはめている点は，高く評価できるし，開発許可の性質に着目した点も評価できる。

### ③ 設問2について

　法効果性の有無につき，実効的な権利救済の観点から，対立点を設定できている点は評価できる。Bの再反論についても，勧告や中止命令との連続性を検討できており，説得力のある答案であるといえる。

　屋外広告物法は，都道府県が条例により「屋外広告物」（常時又は一定の期間継続して屋外で公衆に表示されるものであって，看板，立看板，はり紙及びはり札並びに広告塔，広告板，建物その他の工作物等に掲出され，又は表示されたもの並びにこれらに類するもの）を規制することを認めており，これを受けて，A県は，屋外広告物（以下「広告物」という。）を規制するため，A県屋外広告物条例（以下「条例」という。）を制定している。条例は，一定の地域，区域又は場所について，広告物又は広告物を掲出する物件（以下「広告物等」という。）の表示又は設置が禁止されている禁止地域等としているが，それ以外の条例第6条第1項各号所定の地域，区域又は場所（以下「許可地域等」という。）についても，広告物等の表示又は設置には，同項により，知事の許可を要するものとしている。そして，同項及び第9条の委任を受けて定められたA県屋外広告物条例施行規則（以下「規則」という。）第10条第1項及び別表第4は，各広告物等に共通する許可基準を定め，規則第10条第2項及び別表第5二は，建築物等から独立した広告物等の許可基準を定めている。

　広告事業者であるBは，A県内の土地を賃借し，依頼主の広告を表示するため，建築物等から独立した広告物等である広告用電光掲示板（大型ディスプレイを使い，店舗や商品のコマーシャル映像を放映するもの。以下「本件広告物」という。）の設置を計画した。そして，当該土地が都市計画区域内であり，条例第6条第1項第1号所定の許可地域等に含まれているため，Bは，A県知事に対し，同項による許可の申請（以下「本件申請」という。）をした。

　本件広告物の設置が申請された地点（以下「本件申請地点」という。）の付近には鉄道の線路があり，その一部区間の線路と本件申請地点との距離は100メートル未満である。もっとも，当該区間の線路は地下にあるため，設置予定の本件広告物を電車内から見通すことはできない。また，本件申請地点は商業地域ではなく，本件広告物は「自己の事務所等に自己の名称等を表示する広告物等」には該当しない。これらのことから，A県の担当課は，本件申請について，規則別表第5二（ハ）の基準（以下「基準1」という。）に適合しない旨の判断をした。他方，規則別表第4及び第5のその他の基準については適合するとの判断がされたことから，担当課は，Bに対し，本件広告物の設置場所の変更を指導したものの，Bは，これに納得せず，設置場所の変更には応じていない。

　一方，本件申請がされたことは，本件申請地点の隣地に居住するCの知るところとなった。そして，Cは，本件広告物について，派手な色彩や動きの速い動画が表示されることにより，落ちついた住宅地である周辺の景観を害し，また，明るすぎる映像が深夜まで表示されることにより，本件広告物に面した寝室を用いるCの安眠を害するおそれがあり，規則別表第4二の基準（以下「基準2」という。）に適合しないとして，これを許可しないよう，A県の担当課に強く申し入れている。

　以上を前提として，以下の設問に答えなさい。

　なお，条例及び規則の抜粋を【資料】として掲げるので，適宜参照しなさい。

〔設問1〕

　A県知事が本件申請に対して許可処分（以下「本件許可処分」という。）をした場合，Cは，これが基準2に適合しないとして，本件許可処分の取消訴訟（以下「本件取消訴訟1」という。）の提起を予定している。Cは，本件取消訴訟1における自己の原告適格について，どのような主張をすべきか。想定されるA県の反論を踏まえながら，検討しなさい。

〔設問2〕

　A県知事が本件広告物の基準1への違反を理由として本件申請に対して不許可処分（以下「本件不許可処分」という。）をした場合，Bは，本件不許可処分の取消訴訟（以下「本件取

消訴訟2」という。）の提起を予定している。Bは，本件取消訴訟2において，本件不許可処分の違法事由として，基準1が条例に反して無効である旨を主張したい。この点につき，Bがすべき主張を検討しなさい。

【資料】

○　A県屋外広告物条例（抜粋）

（目的）
第1条　この条例は，屋外広告物法に基づき，屋外広告物（以下「広告物」という。）及び屋外広告業について必要な規制を行い，もって良好な景観を形成し，及び風致を維持し，並びに公衆に対する危害を防止することを目的とする。
（広告物の在り方）
第2条　広告物又は広告物を掲出する物件（以下「広告物等」という。）は，良好な景観の形成を阻害し，及び風致を害し，並びに公衆に対し危害を及ぼすおそれのないものでなければならない。
（許可地域等）
第6条　次の各号に掲げる地域，区域又は場所（禁止地域等を除く。以下「許可地域等」という。）において，広告物等を表示し，又は設置しようとする者は，規則で定めるところにより，知事の許可を受けなければならない。
　一　都市計画区域
　二　道路及び鉄道等に接続し，かつ，当該道路及び鉄道等から展望できる地域のうち，知事が交通の安全を妨げるおそれがあり，又は自然の景観を害するおそれがあると認めて指定する区域（第1号の区域を除く。）
　三，四　略
　五　前各号に掲げるもののほか，知事が良好な景観を形成し，若しくは風致を維持し，又は公衆に対する危害を防止するため必要と認めて指定する地域又は場所
2　略
（許可の基準）
第9条　第6条第1項の規定による許可の基準は，規則で定める。

○　A県屋外広告物条例施行規則（抜粋）

（趣旨）
第1条　この規則は，A県屋外広告物条例（以下「条例」という。）に基づき，条例の施行に関し必要な事項を定めるものとする。
（許可の基準）
第10条　条例第6条第1項の規定による許可の基準のうち，各広告物等に共通する基準は，別表第4のとおりとする。
2　前項に規定するもののほか，条例第6条第1項の規定による許可の基準は別表第5のとおりとする。

別表第4（第10条第1項関係）
一　地色に黒色又は原色（赤，青及び黄の色をいう。）を使用したことにより，良好な景観の形成を阻害し，若しくは風致を害し，又は交通の安全を妨げるものでないこと。
二　蛍光塗料，発光塗料又は反射の著しい材料等を使用したこと等により，良好な景観の形成

を阻害し，若しくは風致を害し，又は交通の安全を妨げるものでないこと。

別表第5（第10条第2項関係）
一　略
二　建築物等から独立した広告物等
（イ）　一表示面積は，30平方メートル以下であること。
（ロ）　上端の高さは，15メートル以下であること。
（ハ）　自己の事務所等に自己の名称等を表示する広告物等以外の広告物等について，鉄道等までの距離は，100メートル（商業地域にあっては，20メートル）以上であること。
三〜九　略

## ① はじめに

本問は，設問1でCの原告適格について，設問2で委任命令の限界について，問うものである。注意してほしいのは，各設問の問われ方である。

設問1は，Cの主張を，想定されるA県の反論をふまえながら検討することを求めている一方，設問2は，Bがすべき本件不許可処分の違法事由のみを検討することを求めている。さらに，問題文で，Cの原告適格につき2つの利益を検討するように，誘導されている。以上から，本問は，設問1に時間と紙幅を割くべきである。

合格答案を書くためには，設問が何を求めているかを適切に把握し，設問ごとに対応する時間と紙幅を割けるような能力を，日々の学習で養わなければならない。

## ② 設問1

設問1では，原告適格が問われているため，判例（最大判平成17年12月7日）の判示に従い，「法律上の利益を有する者」の定義を簡潔に書くべきである。

### 1 Cの主張について

まず，上記のように，問題文の事実からCの原告適格を基礎づける利益として，広告物により景観を害されない利益（以下「利益①」という）および広告物により安眠を害されない利益（以下「利益②」という）の2つを主張する必要があることに気づかなければならない。これらについて，条例およびその委任を受けた規則のそれぞれの規定をあげて，具体的利益として保護されると主張する必要がある。

### 2 A県の主張をふまえた対立点について

(1) A県は，利益①について，これはいわゆる景観利益として一般的公益に吸収解消されるものであるため，個別的利益として保護されないと主張すべきである。これに加えて，条例に周辺住民の手続参加規定がない点もあげると，より説得力のある反論となるだろう。

景観利益について，判例（最判平成18年3月30日）は，法律上保護に値すると判示している。条例6条1項や9条の委任を受けた規則10条1項および別表第4から，利益①が具体的利益として保護されることは肯定できよう。しかし，景観利益は，利益として抽象的なものであるため，一般的公益に吸収解消されるものであるといえる。また，条例および規則には，利害関係人への説明会の開催を義務づける規定のような手続規定がないため，なおさらそのように考えられる。そのため，原告適格があると主張するCとしては，行政事件訴訟法9条2項に従って，損害の態様および程度について書き，個別的利益として保護されると再反論すべきである。そのように展開しなければ，Cとしては苦しい再反論になるだろう。

(2) A県の側からは，利益②について，条例の委任を受けた規則別表第4は「交通の安全」と規定しているから，条例は利益②を具体的利益として保護していないとの反論が考えられる。しかし，条例自体は「公衆に対する危害」について何ら限定してないため，条例は利益②を除外する趣旨ではないと再反論できるだろう。

そのうえ，広告物等の光により近隣住民の安眠は継続的に害されその健康に著しい被害が生じる可能性があること，また，睡眠が人の健康維持において重要な役割を担うことをあげて，利益②が個別的利益として保護されると再反論すべきである。

## ③ 設問2

まず，基準1が委任命令にあたることに気づかなければならない。「基準1が条例に反して無効である旨主張したい」との設問の誘導からも，委任命令の限界について問われていることを見抜けるだろう。しかし，基準1を行政規則だと早合点して，行政規則の外部化の論点を展開している再現答案が目立った。安易に自分が知っている論点にとびつかずに，しっかり問題を読むことを心掛けてもらいたい。

条例1条や6条1項2号から，委任法規たる9条1項の趣旨が，鉄道から見とおせることで交通の安全，景観を害するおそれがある広告物等を規制することであると簡潔に書くべきである。そし

て，「当該区間の路線は地下にあるため，設置予定の本件広告物を電車内から見通すことはできない」との事情をヒントに，基準１が条例の委任の趣旨を逸脱し委任の範囲を超えていることを書くべきである。

**【関連判例】**
最判平成４年９月22日民集46巻６号571頁（判例シリーズ61事件・もんじゅ訴訟）
最大判平成17年12月７日民集59巻10号2645頁（判例シリーズ64事件・小田急高架訴訟大法廷判決）
最判平成18年３月30日民集60巻３号948頁（民法百選Ⅱ89事件）
最判平成３年７月９日民集45巻６号1049頁（判例シリーズ11事件・監獄法事件）
最判平成25年１月11日民集67巻１号１頁（百選Ⅰ50事件）

**【参考文献】**
試験対策講座６章２節③【２】，４章１節③【３】(2)。判例シリーズ11事件，61事件，64事件。

## 答案例

第1　設問1について

　　Cは，以下の理由から，自身が「法律上の利益を有する者」（行政事件訴訟法9条1項。以下「行訴法」という）にあたり，原告適格が認められると主張すべきである。 ➡問題提起

1　Cは処分の名宛人でないため，行訴法9条2項に従って「法律上の利益を有する者」にあたるか否かを検討すべきところ，「法律上の利益を有する者」とは，当該処分により自己の権利もしくは法律上保護された利益を侵害され，または必然的に侵害されるおそれのある者をいい，当該処分を定めた行政法規が，不特定多数者の具体的利益をもっぱら一般的公益の中に吸収解消させるにとどめず，それが帰属する個々人の個別的利益としてもこれを保護する趣旨を含むと解される場合には，このような利益は法律上保護された利益にあたると解する。 ➡規範定立

2　そして，Cは，広告物により景観を害されない利益（以下「利益①」という）および広告物により安眠を害されない利益（以下「利益②」という）を主張すべきである。

3　利益①について

⑴　まず，本件許可処分の根拠法規たる条例（以下「条例」という）6条1項は，6条1項2号および5号で景観に配慮する観点から許可地域等を定めている。また，条例6条1項を含む条例全体の解釈の指針を定める条例1条も「良好な景観を形成」することを目的としている。そして，条例9条の委任を受け，許可基準につき定めた規則10条1項，別表第4も，「良好な景観の形成」を阻害するものでないことを定めている。そのため，条例6条1項は利益①を具体的利益として保護している。 ➡あてはめ

⑵　他方，A県からは，景観利益は通常公益的性質を有するうえ，条例に周辺住民の手続参加規定もないから，条例6条1項は利益①を個別的利益として保護していないとの反論が考えられる。しかし，広告物が，派手な色彩，動きの速い動画等，視覚的刺激の強い内容である場合，近隣住民は，当該広告物が視界に入ることで周辺の良好な景観を大きく害される。そして，広告物の近くに住む者ほど日常的に景観を害され，通行人との関係で景観が害される場合と比較しても，その被害は著しい。そこで，条例6条1項は，前述の内容の広告物の近くに住んでおり，継続的に著しい被害を受ける者の利益①を個別的利益として保護する趣旨を含む。

⑶　本件広告物には，大型液晶で映像を放映するため，派手な色彩，動きの速い動画が使用され，本件申請地点の隣地に住むCは，それにより景観利益が継続的に著しく害される。そのため，Cの利益①は個別的利益として保護される。 ➡あてはめ

⑷　したがって，利益①との関係では，Cは「法律上の利益を有する者」にあたり，原告適格が認められる。 ➡結論

4　利益②について

⑴　条例1条は「公衆に対する危害」の防止を条例全体の目的と

し，「広告物の在り方」を定める２条も公衆に対する危害のお 45
それのないものとしているところ，安眠を害されない利益の侵
害も，「公衆に対する危害」に含まれる。そのため，根拠法規
たる条例６条１項は，利益②を具体的利益として保護している
との主張が考えられる。一方で，A県からは，条例の委任を受 ➡A県の反論
けた規則別表第４は「交通の安全」と規定しているから，条例 50
は利益②を保護していないとの反論が考えられる。しかし，条
例自体は「公衆に対する危害」について何ら限定してないから，
条例の委任を受けた規則別表第４はあくまで「公衆に対する危
害」の一類型を定めたものであり，条例は安眠を害されない利
益を除外する趣旨ではないと解するべきである。そのため，利 55 ➡結論
益②は具体的利益として保護される。

(2)　次に，派手な色彩や動きの速い動画を内容とする広告物等が
設置されると，その光により近隣住民の安眠は継続的に害され，
周辺住民の健康に著しい被害が生じうる。また，睡眠が人の健
康維持において重要な役割を担うことからすれば，安眠を害さ 60
れない利益は重要な利益といえる。そこで，条例６条１項は広
告物等により継続的に著しい健康被害を受ける者の利益②を個
別的利益として保護する趣旨を含む。

(3)　Cは本件広告物の隣地に居住し，本件広告物に面した寝室を ➡あてはめ
用いているため，視覚的刺激の強い映像が深夜まで表示される 65
ことによって，安眠利益が継続的に著しく害される。そのため，
Cの利益②は個別的利益として保護される。

(4)　したがって，利益②との関係でも，Cは「法律上の利益を有 ➡結論
する者」にあたり，原告適格が認められる。

第２　設問２について 70
条例９条の委任を受けて基準１を定めた規則別表第５は，以下の
理由から委任の趣旨を逸脱し，委任の範囲を超えたものであり，条
例に反し違法だから，無効である旨，Bは主張すべきである。 ➡問題提起

1　条例の委任を受けて審査基準を定めた規則は委任命令であり， ➡規範定立
条例の委任の趣旨に反してはならないから，その委任の趣旨を逸 75
脱し，委任の範囲を超えた規則は違法で無効である。

2　目的規定たる１条では「良好な景観を形成」，「公衆に対する危
害を防止」と規定し，更に条例６条１項２号は，許可地域等につ
き，「鉄道等から展望できる地域のうち」，交通の安全および自然
の景観を害するおそれのある地域を定めている。 80
　そうすると，広告物等設置許可の基準を規則に委任した条例９
条１項は，鉄道から見通せることで交通の安全，景観を害するお
それがある広告物等を規制する趣旨であると解される。そして，
基準１は，もっぱら鉄道等からの距離のみを考慮しており，鉄道 ➡あてはめ
から広告物が見とおせず，鉄道に関する交通の安全，景観を害す 85
るおそれがない場合についても規制対象とされている点で条例の
委任の趣旨を逸脱し委任の範囲を超えている。

3　よって，基準１は条例に反し違法，無効である。　　　以上 ➡結論

第1　設問1について
1　Cに原告適格が認められるには，Cが「法律上の利益を有する者」（行政事件訴訟法（以下，「行訴法」）9条1項）に当たる必要があるところ，当たるか検討する。
　⑴　まず，A県からCは本件許可処分の名宛人ではないため「法律上の利益を有する者」に当たらず，原告適格が認められないとの反論が考えられる。　5

　　△この反論が認められないのは明らかなので，不要

　　　かかる反論についてCに原告適格が認められるかは，行訴法9条2項に従って判断する。
　　　この点について，「法律上の利益を有する者」とは，当該処分により自己の権利若しくは法律上保護された利益が侵害され又は必然的に侵害されるおそれのある者をいい，当該処分を定めた行政法規が不特定多数者の具体的利益を専ら一般的公益の中に吸収解消させるにとどめず，それが帰属する個々人の個別的利益としてもこれを保護すべき趣旨を含むと解される場合には，かかる利益も法律上保護された利益に当たり，これが侵害され又は必然的に侵害されおそれのある者も「法律上の利益を有する者」に当たると解する。　10〜15

　　○定義が正確

　　　したがって，処分の名宛人でないからといって直ちに原告適格が認められないわけではないためかかる反論は認められない。　20
　⑵　以下，本件について検討する。
　　ア　まず，Cは①派手な色彩や動きの速い動画を伴った広告によって，住宅地である周辺の景観を害されない利益及び，②明るすぎる映像が深夜まで表示されることによって安眠を害されない利益を有する。　25

　　○問題となる2つの利益を指摘できている

　　イ　次に，根拠法規は条例6条1項であるところ，上記Cの利益は根拠法規によって保護されるものではないとのA県の反論が考えられる。

　　○反論OK

　　　　かかる反論について検討するに，条例6条1項2号には「自然の景観を害するおそれがあると認めて指定する区域」，条例6条1項5号には「知事が良好な景観を形成し，……公衆に対する危害を防止するため必要と認めて指定する地域又は場所」には許可が必要であると規定されており，景観利益及び，公衆の安全に対して配慮している。また，法の目的を規定し全体の方向性を示した条例1条には「良好な景観を形成し，……公衆に対する危害を防止することを目的とする」と規定されており，景観利益及び，公衆の安全に対して配慮している。さらに，法から委任を受け一体となった基準2には許可基準として，「蛍光塗料，発行塗料又は反射の著しい材料等を使用したこと等により，良好な景観の形成を阻害」しない旨規定されている。そうだとすれば，根拠法規は蛍光塗料，発行塗料又は反射の著しい材料等を使用した広告物により，景観利益及び公衆の利益を害されない利益をも保護する趣旨であると解することができる。　30〜40

　　○基準2も根拠法令となることを指摘できている

　　○しっかり法の解釈ができている

ウ　そして，広告物等に近ければ近いほど，上記利益の侵害の　45
　　程度は重大となっていくし，広告物等の性質上毎日継続的に
　　侵害されるといえる。
　　　そこで，本件許可処分により，直接著しい損害を被る者が
　　「法律上の利益を有する者」に当たり原告適格が認められる
　　と解する。　50
エ　Cについて検討する。
　(ｱ)　①の利益について，Cは周辺の景観の害されるにすぎず，
　　　直接著しい損害を受けるとはいえないとの反論が考えられ
　　　る。かかる反論について検討するに，Cは本件申請地点の
　　　隣地に居住しており，受ける損害の程度は非常に大きいと　55
　　　いえる。また，落ち着いた住宅地と真逆の本件広告物が設
　　　置されることにより，今までと全く異なった景観となるた
　　　めやはり損害の程度は非常に大きいといえる。そうだとす
　　　れば，Cは本件許可処分により直接著しい損害を被る者に
　　　当たるといえる。　60
　(ｲ)　②の利益について，Cの安眠を害されない利益は，公衆
　　　の利益として保護される。そして，Cは本件広告物に面し
　　　た寝室を用いており，本件広告物等が深夜まで表示される
　　　ことにより，直接非常に大きい損害を被るといえる。そう
　　　だとすれば，Cは本件許可処分により直接著しい損害を被　65
　　　る者に当たるといえる。
2　よって，Cは「法律上の利益を有する者」に当たり，原告適格
　が認められる。
第2　設問2について
1　Bは基準1は条例の解釈を誤ったものであり，違法なものであ　70
　ると主張することが考えられる。
　(1)　基準1は条例から委任を受けたものであるところ，条例の趣
　　旨目的に反する場合には，条例の解釈を誤ったものとして，違
　　法，無効となると解する。
　　ア　鉄道等までの距離を100メートル以上としている点について　75
　　　(ｱ)　条例の趣旨目的は，交通の安全を図りつつ，可及的に営
　　　　利的表現の自由を保障したものであるところ，100メート
　　　　ルという距離は過大であり，営利的表現に対する必要以上の
　　　　規制であるといえるから，条文の趣旨目的に反するといえる。
　　　(ｲ)　また，本件申請地点の付近の鉄道は地下鉄であり，設置　80
　　　　予定の本件広告物を電車内から見通すことができず，交通
　　　　の安全を害するおそれがないにもかかわらず，地下鉄とそ
　　　　の他の鉄道を区別していない点で条例の趣旨目的に反する
　　　　といえる。
　　イ　さらに，商業地域とその他の地域を区別していることも同　85
　　　様に条例の趣旨目的に反するといえる。
　(2)　よって，基準1は条例の解釈を誤ったものであるといえる。
2　以上より，基準1は違法，無効である。　　　　　　　　以上

⇦○近接性と反復継続的
な侵害を指摘できてい
る

⇦○切りだしOK

⇦△「全く異なった景
観」では，どうして損
害の程度が大きくなる
かがわからない

⇦○結論OK

⇦×条例の委任の範囲を
逸脱する，と書くべき
であった

⇦○条例の趣旨を指摘で
きている
⇦△なぜ過大な規制なの
かわからない

⇦○問題の事実をちゃん
と拾えている

⇦○結論OK

設問1においては，A県屋外広告物条例（以下「条例」という。）に基づく広告物設置等の許可処分（以下「本件許可処分」という。）について，それにより景観や生活・健康が害されることを主張する隣地居住者の原告適格を，当該原告の立場から検討することが求められる。

まず，行政事件訴訟法第9条第1項所定の「法律上の利益を有する者」に関する最高裁判例で示されてきた判断基準について，第三者の原告適格の判断に即して，正しく説明されなければならない。

その上で，原告が主張する景観と生活・健康（安眠）に関する利益について，それぞれ，本件許可処分の根拠法規である条例やA県屋外広告物条例施行規則（以下「規則」という。）によって保護されているものであることが，許可の要件や目的などに即して，具体的に説明されなければならない。

さらに，これらの利益について，それらが一般的な公益に解消しきれない個別的利益といえることが，その利益の内容や範囲等の具体的な検討を通じて，説明されなければならない。

設問2においては，許可地域等において広告物等と鉄道等との距離を要件とする規則所定の許可基準について，条例がこれを委任した趣旨に適合し委任の範囲内にあるかを，その無効を主張する原告の立場から検討することが求められる。

まず，この規則が定める許可基準が条例の委任に基づいて定められた委任命令であり，条例の委任の趣旨に反すれば無効となることが明確にされなければならない。

つぎに，条例の委任の趣旨，言い換えれば条例が許可制度を設けた趣旨について，目的規定，許可地域等の定め方など，条例の規定に照らして，具体的に検討されなければならない。

最後に，こうした目的に照らして，鉄道から広告物等が見通せるか否かを問題にすることなく，それとの距離を要件とする許可基準の定め方につき，これが条例の委任の趣旨と矛盾することから，これを定める規則が無効であるとの結論が導かれるべきこととなる。

## 優秀答案における採点実感

### 1 全体

定義や規範を正確に書けており，かつ多くの条文を拾って解釈を展開できている点が好印象である。さらに，分量も書けており，文句なしの優秀答案である。

### 2 設問1について

問題となる2つの利益を指摘できており，できるだけ条文を拾って各々につき詳細に検討できている。行政事件訴訟法9条2項の考慮要素にも触れられており，原告適格のあてはめがしっかりできている。

### 3 設問2について

問題の所在は理解していたと思われるが，委任の範囲を逸脱しているか否かという問題提起をしてほしかった。また，問題の事実を拾ってはいるが，少し評価が雑なところがあったのが残念である。

Aは，甲県乙町において，建築基準法に基づく建築確認を受けて，客室数20室の旅館（以下「本件施設」という。）を新築しようとしていたところ，乙町の担当者から，本件施設は乙町モーテル類似旅館規制条例（以下「本件条例」という。）にいうモーテル類似旅館に当たるので，本件条例第3条による乙町長の同意を得る必要があると指摘された。Aは，2011年1月19日，モーテル類似旅館の新築に対する同意を求める申請書を乙町長に提出したが，乙町長は，同年2月18日，本件施設の敷地の場所が児童生徒の通学路の付近にあることを理由にして，本件条例第5条に基づき，本件施設の新築に同意しないとの決定（以下「本件不同意決定」という。）をし，本件不同意決定は，同日，Aに通知された。

　Aは，本件施設の敷地の場所は，通学路として利用されている道路から約80メートル離れているので，児童生徒の通学路の付近にあるとはいえず，本件不同意決定は違法であると考えており，乙町役場を数回にわたって訪れ，本件施設の新築について同意がなされるべきであると主張したが，乙町長は見解を改めず，本件不同意決定を維持している。

　Aは，既に建築確認を受けているものの，乙町長の同意を得ないまま工事を開始した場合には，本件条例に基づいて不利益な措置を受けるのではないかという不安を有している。そこで，Aは，本件施設の新築に対する乙町長の同意を得るための訴訟の提起について，弁護士であるCに相談することにした。同年7月上旬に，当該訴訟の提起の可能性についてAから相談を受けたCの立場で，以下の設問に解答しなさい。

　なお，本件条例の抜粋は資料として掲げてあるので，適宜参照しなさい。

〔設問1〕

　本件不同意決定は，抗告訴訟の対象たる処分（以下「処分」という。）に当たるか。Aが乙町長の同意を得ないで工事を開始した場合に本件条例に基づいて受けるおそれがある措置及びその法的性格を踏まえて，解答しなさい。

〔設問2〕

　本件不同意決定が処分に当たるという立場を採った場合，Aは，乙町長の同意を得るために，誰を被告としてどのような訴訟を提起すべきか。本件不同意決定が違法であることを前提にして，提起すべき訴訟とその訴訟要件について，事案に即して説明しなさい。なお，仮の救済については検討しなくてよい。

【資　料】乙町モーテル類似旅館規制条例（平成18年乙町条例第20号）（抜粋）
（目的）
第1条　この条例は，町の善良な風俗が損なわれないようにモーテル類似旅館の新築又は改築（以下「新築等」という。）を規制することにより，清純な生活環境を維持することを目的とする。
（定義）
第2条　この条例において「モーテル類似旅館」とは，旅館業法（昭和23年法律第138号）第2条に規定するホテル営業又は旅館営業の用に供することを目的とする施設であって，その施設の一部又は全部が車庫，駐車場又は当該施設の敷地から，屋内の帳場又はこれに類する施設を通ることなく直接客室へ通ずることができると認められる構造を有するものをいう。
（同意）
第3条　モーテル類似旅館を経営する目的をもって，モーテル類似旅館の新築等（改築によりモーテル類似旅館に該当することとなる場合を含む。以下同じ。）をしようとする者（以下「建築主」という。）は，あらかじめ町長に申請書を提出し，同意を得なければならない。

（諮問）

第4条　町長は，前条の規定により建築主から同意を求められたときは，乙町モーテル類似旅館建築審査会に諮問し，同意するか否かを決定するものとする。

（規制）

第5条　町長は，第3条の申請書に係る施設の設置場所が，次の各号のいずれかに該当する場合には同意しないものとする。

　(1)　集落内又は集落の付近

　(2)　児童生徒の通学路の付近

　(3)　公園及び児童福祉施設の付近

　(4)　官公署，教育文化施設，病院又は診療所の付近

　(5)　その他モーテル類似旅館の設置により，町長がその地域の清純な生活環境が害されると認める場所

（通知）

第6条　町長は，第4条の規定により，同意するか否かを決定したときは，その旨を建築主に通知するものとする。

（命令等）

第7条　町長は，次の各号のいずれかに該当する者に対し，モーテル類似旅館の新築等について中止の勧告又は命令をすることができる。

　(1)　第3条の同意を得ないでモーテル類似旅館の新築等をし，又は新築等をしようとする建築主

　(2)　虚偽の同意申請によりモーテル類似旅館の新築等をし，又は新築等をしようとする建築主

（公表）

第8条　町長は，前条に規定する命令に従わない建築主については，規則で定めるところにより，その旨を公表するものとする。ただし，所在の判明しない者は，この限りでない。

2　町長は，前項に規定する公表を行うときは，あらかじめ公表される建築主に対し，弁明の機会を与えなければならない。

（注）本件条例においては，資料として掲げた条文のほかに，罰則等の制裁の定めはない。

## 1 はじめに

本問では，設問1では処分性が，設問2では訴訟選択が問われていることが明白である。各設問で一定の要求がされており，当該要求に適切に答えつつ，結論を導く必要がある。

## 2 設問1について

### 1 処分性の意義

判例（最判昭和39年10月29日）は，「処分」（行政事件訴訟法3条2項）を，「公権力の主体たる国または公共団体が行う行為のうち，その行為によつて，直接国民の権利義務を形成しまたはその範囲を確定することが法律上認められているもの」と定義する。答案では，まずこの定義を正確に指摘する必要がある。

### 2 本件不同意決定の処分性

(1) 処分性の検討においては，上記定義のうち，どの部分が問題になっているのか，問題の所在を明示するとわかりやすい答案となろう。

　まず，本件不同意決定は，行政庁たる町長が条例という法令に基づき，一方的に判断をだすものであるから，公権力性は問題なく認められる。答案上では簡単に公権力性を認めれば足りるだろう。次に，本件不同意決定は，Aという特定個人に対してなされる行為であるが，具体的にどのような法効果が生じるのかが明らかではない。そこで，直接具体的法効果性の有無が問題となる。

(2) 本設問では，これをふまえて検討することが求められている。この指示は，条例のしくみを解釈したうえで本件不同意決定に具体的法効果性があるのかを検討することを求めるものである。

　そこで，本件条例の構造について着目する。本件不同意決定は本件条例3条に基づくものであるが，同意なく工事を開始した場合，工事の中止勧告または中止命令がされる可能性がある（7条）。この中止勧告または中止命令に従わない場合，その旨が公表される（8条）。本件条例に基づいて受けるおそれがある措置としては，①工事中止勧告，②工事中止命令，③公表の3つが考えられる。これらの法的性格を分析する必要がある。

　まず，①工事中止勧告は，行政指導（行政手続法2条6号）にあたる。任意の工事中止を求める行為にすぎないためである。次に，②工事中止命令は，処分にあたる。工事中止という不作為義務を課す典型的な行政行為であり，処分にあたることに争いはないだろう。

　そして，③公表については，考え方が分かれると思われる。公表は，一定の情報を提供する事実行為にすぎないため，法効果性がなく，処分にあたらないと考えるのが通常であろう。しかし，制裁的側面を有する公表においては，公表により社会的信頼が失われるうえ，経済的損失も伴いうることからすれば，一定の法効果が生じると考えることができる。さらに，本設問の公表には，弁明の機会が付与されるところ（本件条例8条2項），同手続は，不利益処分を対象とする手続である（行政手続法13条1項2号）。これらをふまえると，処分にあたると考える余地もあろう。

　とはいえ，権力的継続的事実行為は処分に含まれると説明されるところ（土田73頁），公表は権力的事実行為ではあるものの，継続的に行われる行為ではない。したがって，処分性肯定は困難だと思われる。そうだとしても，本件条例8条2項の存在から，処分に近い性質を有することをふまえて論述できると，条文解釈の姿勢が示せるように思われる。

(3) 以上の検討から，①工事中止勧告という行政指導，②工事中止命令という処分，③公表という事実行為ないし処分が後続する。この条文構造をふまえて，直接具体的法的効果を検討する。

　ここで，このような段階的行為の処分性の検討においては，最大判平成20年9月10日が参考となろう。同判決は，土地区画整理事業計画について，「換地処分を受けるべき地位に立たされる」ことを指摘したうえ，「その意味で，その法的地位に直接的な影響が生ずる」として，直接具体的法効果性を肯定した。このように，一定の処分を受けるべき地位に立たされることが，直接具体的法効果性の基礎となることを参考にすれば，本設問でも処分を受けるべき地位に立たされるかが問題となる。

まず，工事中止勧告は処分ではないため，問題とならない。次に，処分である工事中止命令を受けるべき地位に立たされるか否かが問題となる。そこで，より詳しく工事中止命令の根拠条文たる本件条例7条をみると，「できる」という文言を用いており，中止勧告と中止命令が並列的に規定され選択的であることから，効果裁量が認められている。そうすると，工事中止命令が確実になされるとはいえず，工事中止命令を受けるべき地位に立たされないといえよう。

そして，公表については，本件条例8条1項は，「公表するものとする」と規定しており，中止命令後の公表が当然に予定されているため，公表を受けるべき地位に立たされるとも思われる。しかし，あくまで勧告ないし命令に違反した段階ではじめて公表される可能性が生じる。そうすると，不同意決定の段階ですでに公表されるべき地位に立たされているとはいえないだろう。

以上のような検討からすれば，工事中止命令または公表を受けるべき地位に立たされているということはできず，直接具体的法効果性は否定されよう。

(4) さらに，近時の最高裁は，実効的権利救済の観点についても言及しているので，これについても言及すべきものと思われる。本設問では，工事ができない，あるいは公表による信用を喪失するというAが被る不利益は，工事中止命令がなされてはじめて生じるものである。したがって，工事中止命令の取消訴訟で争えば，実効的権利救済を図ることができ，Aの実効的権利救済にかんがみても，処分性否定の結論が妥当性を欠くことはないといえる。

(5) 以上をふまえ，答案例では，直接具体的法効果性の検討のなかで措置の性格と実効的権利救済をあわせて検討し，処分性肯定の見解をふまえつつ，処分性否定の結論を導くかたちで記載した。

③ 設問2について

1 訴訟類型

Aとしては，まず，本件不同意決定の取消訴訟を提起することが考えられる。しかし，取消判決の拘束力は違法事由にしか及ばず（行政事件訴訟法33条1項），同訴訟では乙町長の同意を得るというAの目的が達成できない。そこで，義務付け訴訟（行政事件訴訟法3条6項）を提起すべきである。同意は，申請書の提出に対して行われる（本件条例3条）から，法令に基づき，一定の利益を付与する行為を求め，これに応答する義務がある（本件条例6条）から，申請（行政手続法2条3号）制度が存在するとして，申請型義務付け訴訟（行政事件訴訟法3条6項2号）を提起する。

2 被告

義務付け訴訟では，被告適格について，取消訴訟の規定が準用される（行政事件訴訟法38条1項・11条）。そして，本設問の行政庁たる乙町長は，公共団体たる乙町に所属するため，被告は，乙町となる（38条1項・11条1項1号）。

3 訴訟要件

訴訟要件については，いずれもあてはめは困難ではないため，条文を指摘しつつあてはめたい。

(1) まず，取消訴訟については，本件不同意決定の処分性，原告適格，訴えの利益，出訴期間という各訴訟要件が認められることを簡単に確認したい。

(2) 次に，義務付け訴訟については，以下の3つの訴訟要件をあてはめる必要がある。すなわち，本件不同意決定という処分が取り消されるべきか，無効，不存在であること（行政事件訴訟法37条の3第1項2号），「法令に基づく申請……をした者」（行政事件訴訟法37条の3第2項）に原告適格が認められること，併合提起要件（行政事件訴訟法37条の3第3項）があることが訴訟要件となるため，これらへのあてはめを行うことになる。

【関連判例】

最判昭和39年10月29日民集18巻8号1809頁（判例シリーズ44事件・東京都ごみ焼却場事件）

最大判平成20年9月10日民集62巻8号2029頁（判例シリーズ53事件）

【参考文献】

試験対策講座6章2節③【1】，⑧【2】。判例シリーズ44事件，53事件。

土田伸也『基礎演習行政法〔第2版〕』73頁。

答案構成用紙

第1　設問1について

1　そもそも,「処分」(行政事件訴訟法3条2項)とは,公権力の主体たる国または公共団体が行う行為のうち,その行為によって,直接国民の権利義務を形成しまたはその範囲を確定することが法律上認められているものをいう。具体的には,①公権力性,②直接具体的法効果性により判断する。

⇨定義
⇨最判昭和39年10月29日
　(判例シリーズ44事件)
⇨考慮要素

2　これを本件不同意決定についてみる。

(1)　①公権力性について

本件不同意決定は,本件条例5条に基づき乙町長が一方的に行うものであり,①公権力性が認められる。

⇨公権力性

(2)　②直接具体的法効果性について

ア　まず,不同意決定がなされたとしても,建築確認を受けた者は建物を新築することが可能であり,建物の新築を不可能にするという法的効果を有するとはいえない。

⇨直接具体的法効果性の
　検討

イ　次に,建築主が乙町長の同意を得ずに工事を開始した場合には,中止勧告を受ける可能性があるが(本件条例7条1号),中止勧告は法的効果を有しない行政指導であるため,中止勧告を受ける可能性を根拠として,本件不同意決定の処分性を肯定することもできない。

ウ　また,乙町長の同意を得ずに工事をした場合,中止命令を受ける可能性もあり(本件条例7条1号),これは新築の継続を不可能にするという法的効果を有する行政処分である。さらに,これに従わなかった場合,その旨を公表されるおそれがある(本件条例8条1項)。そして,本件条例には罰則等の定めはなく,公表が中止命令の実効性担保の手段となっていること(本件条例8条2項,行政手続法13条1項2号参照),および本件条例8条1項が「公表できる」ではなく「公表するものとする」と規定しているから,中止命令の後に公表することを本件条例は当然に予定しているといえる。さらに,事実行為である公表がなされると,接客業たる旅館経営にとって重要な社会的信用が失墜し,これを事後的に回復することは困難となる。そうだとすれば,実効的権利救済の観点から,不同意決定に処分性を認めるに足りる法的効果があるとも思える。

⇨実効的権利救済の観点

しかし,本件条例は中止命令について,公表の場合とは異なり,「命令をすることができる」(本件条例7条柱書)と規定しており,このような文言から,本件条例は,中止命令をだすか否かについて乙町長に裁量を与えているといえる。そのため,不同意決定後に中止命令をだすことを当然に本件条例が予定しているとはいえず,建築主は,不同意決定がなされたことをもって当然に中止命令および公表を受ける法的地位に立たされるとはいえない。加えて,公表による不利益は,乙町長が中止命令をだした段階で中止命令の取消訴訟によって争うことで避けることができ,実効的な権利救済として十

分である。                                                                                    45

　　エ　したがって，②直接具体的法効果性があるとはいえない。

　3　よって，本件不同意決定は「処分」にあたらない。　　　　　　　　　　　➡結論

第2　設問2について

　1　まず，Aは本件不同意決定の取消訴訟（行政事件訴訟法3条2　　　　　　➡提起すべき訴訟
　　項）を提起することが考えられるが，取消判決の拘束力は違法事　　50
　　由にしか及ばず（行政事件訴訟法33条1項），乙町長が本件施設
　　の新築に同意するとはかぎらないため，Aが同意を得るためには，
　　本件施設の新築に同意すべきことを義務付ける必要がある。

　　　そこで，Aは，乙町長の同意を得るべく，乙町を被告とし（行
　　政事件訴訟法38条1項・11条1項1号），本件不同意決定の取消　　55
　　訴訟とともに，乙町長が本件施設の新築につき同意決定をすべき
　　旨を命じることを求める申請型義務付け訴訟（行政事件訴訟法3
　　条6項2号）を併合して提起することが考えられる。

　2　では，これらの訴えは訴訟要件をみたすか。

　　(1)　取消訴訟について　　　　　　　　　　　　　　　　　　　　　　　　60　➡訴訟要件の検討

　　　ア　まず，問題文にあるように，本件不同意決定は「処分」に
　　　　あたる。

　　　イ　次に，Aは本件不同意決定の直接の相手方だから，本件処
　　　　分の「取消しを求めるにつき法律上の利益を有する」（行政
　　　　事件訴訟法9条1項）といえ，原告適格を有する。また，A　　65
　　　　は本件不同意決定を取り消すことで本件施設の建築を進めて
　　　　も乙町長から中止勧告または中止命令（本件条例7条1号），
　　　　あるいは公表（本件条例8条1項）を受けることがなくなる
　　　　のだから，自己の法的利益を回復することができ，訴えの利
　　　　益も認められる。　　　　　　　　　　　　　　　　　　　　　　　　70

　　　ウ　さらに，2011年7月上旬時点では，Aが「処分……があつ
　　　　たことを知つた日」である同年2月18日から「6箇月」以内
　　　　で，出訴期間（行政事件訴訟法14条1項本文）もみたす。

　　　エ　したがって，取消訴訟は訴訟要件をみたす。

　　(2)　申請型義務付け訴訟について　　　　　　　　　　　　　　　　　　　75

　　　ア　まず，本件不同意決定は違法であるから，「法令に基づく
　　　　申請……を……棄却する旨の処分……がされた場合において，
　　　　当該処分……が取り消されるべきもの」（行政事件訴訟法37
　　　　条の3第1項2号）であるといえる。

　　　イ　次に，Aは本件条例3条に基づいて本件施設の新築の同意　　80
　　　　を求めているから，「法令に基づく申請……をした者」（行政
　　　　事件訴訟法37条の3第2項）にあたる。

　　　ウ　また，Aは本件不同意決定という「処分……に係る取消訴
　　　　訟」（行政事件訴訟法37条の3第3項2号）を適法に提起で
　　　　き，これを「義務付けの訴えに併合して提起」している。　　　85

　　　エ　したがって，申請型義務付け訴訟も訴訟要件をみたす。

　3　よって，Aは上記訴訟を提起すべきである。　　　　　　　　　　　　　　➡結論

　　　　　　　　　　　　　　　　　　　　　　　　　　　　　　　　　以上

第1　設問1
　　本件不同意決定は，抗告訴訟の対象たる「処分」に当たるか。
　1　「処分」とは，公権力の主体たる国又は公共団体の行う行為の
　　うち，それにより直接国民の権利義務を形成し，又はその範囲を
　　確定することが法律上認められているものをいうと解する（判例
　　に同旨）。　　　　　　　　　　　　　　　　　　　　　　　　　5

○定義が正確

　2(1)　これを本件についてみると，まず，乙町モーテル類似旅館規
　　　制条例（以下「条例」という。）3条は，モーテル類似旅館の
　　　新築等について，町長の同意を要求しており，右の同意がなけ
　　　れば新築等をすることができない。　　　　　　　　　　　　10
　(2)　そして，仮に同意を得ないで新築した場合には，新築等の中
　　　止の勧告又は命令が出されることもある（条例7条1号）。こ
　　　こでいう勧告はあくまで行政指導（行政手続法（以下，「行手
　　　法」という。）2条6号）であり，何らの法的効果を有しない
　　　が，命令は公権力性を有し直接国民の権利義務に変動を及ぼす　15
　　　行政処分（行手法2条2号）であり，国民に対し中止義務を課
　　　し履行されない場合には行政執行の対象となる。

○勧告，中止命令の法
的性質について条文か
ら検討している
×中止命令は不作為義
務を課すものであり行
政代執行の対象となら
ない

　(3)　また，上述の命令に従わない者については，その旨を公表す
　　　ることとなり（条例8条1項），これは事実行為にすぎないが，
　　　弁明の機会が与えられている（同条2項）ことから，行政手続　20
　　　法上の不利益処分（行手法2条4号）に準ずるものということ
　　　ができる。

○公表の法的性質につ
いて条文から検討して
いる

　(4)　以上の条例の仕組み解釈によれば，上述の同意には，それが
　　　なければ新築等をすることができないのみならず，不同意の場
　　　合にはその後，行政処分や代執行，公表等が行われることとな　25
　　　るから，同意そのものには一定の法効果があったと認められる。

△実効的権利救済の観
点からの検討がやや薄
い

　　　　よって，本件不同意決定は，公権力の主体たる公共団体が行
　　　う行為のうち，それにより直接国民の権利義務を形成し，又は，
　　　その範囲を確定することが法律上認められているものに当たる。

○規範に対応している

　3　以上より，本件不同意決定は「処分」に当たる。　　　　　　　30
第2　設問2
　1　提起すべき訴訟
　(1)　まず，Aは本件不同意決定の取消訴訟（行訴法3条2項）を
　　　甲県乙町を被告（行訴法11条1項1号）として提起すると考え
　　　られる。　　　　　　　　　　　　　　　　　　　　　　　　35

○訴訟類型，訴訟要件
について検討できてい
て出題趣旨に合致して
いる

　　　　もっとも，取消訴訟のみでは，行政庁は同一理由，同一手続
　　　で同一処分をしてはならない（行訴法33条1項）にすぎず，別
　　　の理由，別の手続で同一の処分をすることは可能であり，紛争
　　　解決の実効性が図れない。

○義務付け訴訟を併合
提起すべき理由が指摘
できている

　(2)　そこで，Aは，同意決定の義務付け訴訟（行訴法37条の3）　40
　　　を甲県乙町を被告（行訴法38条1項，11条1項1号）として提
　　　起すると考えられる。

○義務付け訴訟の被告
適格につき38条を指摘
している

　2　訴訟要件
　(1)　取消訴訟について

ア　まず，本件不同意決定には処分性があり，Aは不同意決定　45
　　　の名宛人であるから原告適格（行訴法9条1項）も認められ
　　　る。
　　　　また，本件不同意決定は2011年2月18日になされており，
　　　現在同年7月上旬であり，5か月程度しか経過していないか
　　　ら，出訴期間の要件（行訴法14条1項）もみたす。　　　　50
　　　　さらに，Aは不同意決定を受けたまま新築等ができない状
　　　態であるから，訴えの利益もある。
　イ　したがって，訴訟要件をみたす。
⑵　義務付け訴訟について
　ア　まず，Aは条例3条に基づき申請を行ったところ，不同意　55
　　　決定を受けたため，「法令に基づく申請……を……棄却する
　　　旨の処分」がなされたといえる（行訴法37条の3第1項2号）。
　　　　また，本件不同意決定が違法であることから，「処分……
　　　が取り消されるべき」といえる（同条項号）。
　イ　次に，Aは「申請……をした者」に当たる（同条2項）。　　60
　ウ　さらに，Aは上述の取消訴訟を提起しているから，併合要
　　　件をみたす（同条3項2号）。
　エ　したがって，訴訟要件をみたす。
　　　　　　　　　　　　　　　　　　　　　　　　　　　以上

⬅○各訴訟要件を端的に
　指摘できていて好印象

⬅△問題文の事実を条文
　にあてはめていない

　行政訴訟の基本的な知識，理解及びそれを事案に即して運用する基本的な能力を試すことを目的として，旅館の建設につき条例に基づく町長の不同意決定を受けた者が，訴訟を提起して争おうとする場合の行政事件訴訟法上の問題について問うものである。不同意決定の処分性を条例の仕組みに基づいて検討した上で，処分性が認められる場合に選択すべき訴訟類型及び処分性以外の訴訟要件について，事案に即して説明することが求められる。

## 優秀答案における採点実感 ▌▌▌

### ① 全体

　全体としてバランスよく論じられている答案である。設問1，設問2いずれにおいても過不足なく必要なことが論じられており，メリハリがついた答案である。条文や問題文の事実から離れることなく，問題文に即した丁寧な検討ができている点は，特に評価できる。

### ② 設問1について

　この答案は，条例の規定に基づいて行われるおそれのある措置，およびその法的性格について丁寧に条文に即しながら検討しており，好印象である。当たり前なことのように思えるが，このような問いに丁寧に答えるという姿勢は是非とも参考にしてほしい。特に，司法試験の行政法においては誘導にのることが試験の中心となってくるため，予備試験段階から問いに答えることを意識してほしい。

　次に，不作為義務が代執行の対象とならないという基本的知識に対する理解を欠いているが，中止命令の法的性質を丁寧に検討する姿勢が評価されたと思われる。

　最後に，この答案では処分性を肯定する方向にはたらく事実しか引用していないが，処分性を肯定する場合においても，処分性を否定する方向にはたらく事実についていちおうの配慮をしたほうが高得点につながるであろう。

### ③ 設問2について

　訴訟類型および訴訟要件について分けて検討しており，形式面において非常に読みやすい答案となっている。訴訟類型について，なぜ義務付け訴訟を併合提起する必要があるのかを，行政事件訴訟法の条文を参考にしながら，丁寧に説明することができている点で，評価されたものと考えられる。

　また，義務付け訴訟の被告適格について行政事件訴訟法38条1項を指摘するなど，条文に対する正確な理解を表現することができている。

　訴訟要件についての出題がされた場合，この答案のように条文を正確に引用し，事実をあてはめるという姿勢を崩さないで問題文を検討してほしい。

XはY県において浄水器の販売業を営む株式会社であるところ，Y県に対して「Xが消費者に対して浄水器の購入の勧誘を執拗に繰り返している。」との苦情が多数寄せられた。Y県による実態調査の結果，Xの従業員の一部が，購入を断っている消費者に対して，(ア)「水道水に含まれる化学物質は健康に有害ですよ。」，(イ)「今月のノルマが達成できないと会社を首になるんです。人助けだと思って買ってください。」と繰り返し述べて浄水器の購入を勧誘していたことが判明した。

　そこでY県の知事（以下「知事」という。）は，Xに対してY県消費生活条例（以下「条例」という。）第48条に基づき勧告を行うこととし，条例第49条に基づきXに意見陳述の機会を与えた。Xは，この意見陳述において，①Xの従業員がした勧誘は不適正なものではなかったこと，②仮にそれが不適正なものに当たるとしても，そのような勧誘をしたのは従業員の一部にすぎないこと，③今後は適正な勧誘をするよう従業員に対する指導教育をしたことの3点を主張した。

　しかし知事は，Xのこれらの主張を受け入れず，Xに対し，条例第25条第4号に違反して不適正な取引行為を行ったことを理由として，条例第48条に基づく勧告（以下「本件勧告」という。）をした。本件勧告の内容は，「Xは浄水器の販売に際し，条例第25条第4号の定める不適正な取引行為をしないこと」であった。

　本件勧告は対外的に周知されることはなかったものの，Xに対して多額の融資をしていた金融機関Aは，Xの勧誘についてY県に多数の苦情が寄せられていることを知り，Xに対し，Xが法令違反を理由に何らかの行政上の措置を受けて信用を失墜すれば，融資を停止せざるを得ない旨を通告した。

　Xは，融資が停止されると経営に深刻な影響が及ぶことになるため，Y県に対し，本件勧告の取消しを求めて取消訴訟を提起したが，さらに，条例第50条に基づく公表（以下「本件公表」という。）がされることも予想されたことから，本件公表の差止めを求めて差止訴訟を提起した。

　以上を前提として，以下の設問に答えなさい。

　なお，条例の抜粋を【資料】として掲げるので，適宜参照しなさい。

〔設問1〕

　Xは，本件勧告及び本件公表が抗告訴訟の対象となる「行政庁の処分その他公権力の行使に当たる行為」に当たることについて，どのような主張をすべきか。本件勧告及び本件公表のそれぞれについて，想定されるY県の反論を踏まえて検討しなさい。

〔設問2〕

　Xは，本件勧告の取消訴訟において，本件勧告が違法であることについてどのような主張をすべきか。想定されるY県の反論を踏まえて検討しなさい（本件勧告の取消訴訟が適法に係属していること，また，条例が適法なものであることを前提とすること）。

【資料】

○　Y県消費生活条例

（不適正な取引行為の禁止）
第25条　事業者は，事業者が消費者との間で行う取引（中略）に関して，次のいずれかに該当する不適正な取引行為をしてはならない。

一～三　（略）

　四　消費者を威迫して困惑させる方法で，消費者に迷惑を覚えさせるような方法で，又は消
　　　費者を心理的に不安な状態若しくは正常な判断ができない状態に陥らせる方法で，契約の
　　　締結を勧誘し，又は契約を締結させること。

　五～九　（略）

（指導及び勧告）

第48条　知事は，事業者が第25条の規定に違反した場合において，消費者の利益が害されるお
　それがあると認めるときは，当該事業者に対し，当該違反の是正をするよう指導し，又は勧
　告することができる。

（意見陳述の機会の付与）

第49条　知事は，前条の規定による勧告をしようとするときは，当該勧告に係る事業者に対し，
　当該事案について意見を述べ，証拠を提示する機会を与えなければならない。

（公表）

第50条　知事は，事業者が第48条の規定による勧告に従わないときは，その旨を公表するもの
　とする。

　㊟　Y県消費生活条例においては，資料として掲げた条文のほかに，事業者が第48条の規定
　　による勧告に従わなかった場合や第50条の規定による公表がされた後も不適正な取引行為
　　を継続した場合に，当該事業者に罰則等の制裁を科する規定は存在しない。

## 思考過程

### 1 はじめに

本問は，設問1で本件勧告および本件公表の処分性について，設問2で本件勧告の本案主張について，問うものである。気をつけるべき点は，「想定されるY県の反論を踏まえて」，「Xは」どのような主張をすべきかを解答することである。このような出題形式は2016（平成28）年予備試験から踏襲されているが，まずXの主張を簡潔に書き，これに対するY県の反論を書き，これをふまえてXの再反論を厚く論じなければならない。つまり，Xの立場から，Xの主張が認められるという方向で論述しなければならない。しかし，再現答案のなかには，裁判所の立場から論述を展開し，最終的にXの主張は認められないと結論づけているものが散見された。問題に対応するという姿勢が肝要である。

### 2 設問1について

まず，処分の定義を簡潔に書くべきである。次に，処分性は，大きく分けて①公権力性と②直接具体的法効果性の要素からなるが，①公権力性が認められるのは明らかであるため，これは簡潔に書き，②直接具体的法効果性について対立軸を設定すべきである。

**1 Xの主張について**

(1) 本件公表については，これによりXに対する金融機関の融資停止のおそれがあるという事情があるため，信用毀損等の不利益を生じさせるという法的効果を有することを書くべきである。

(2) 本件勧告については，これに従わなければ条例50条によりその旨の公表がなされるおそれがあるため，公表を受けうる地位に立たされるという法的効果を有すると書くべきである。

**2 Y県の主張をふまえた対立点について**

これに対して，Y県は，本件公表および本件勧告は，ともに事実行為にすぎず，法的効果を有しないと反論する，と書くべきである。

(1) 公表には，情報を提供する事実行為にすぎないものと，行政指導に従わせることを目的とする制裁的なものがあるとされる（櫻井・橋本『行政法』176頁）。Xとしては，本件公表が後者であるため，事実上の効果にとどまらず法的効果を有すると再反論すべきである。

　しかし，伝統的な考え方では，損害を与えることを目的としているわけではないから，結果的に損害が生じたとしても，それは法的ではなく事実上の効果にすぎないとされている（中原47頁）。そこで，Xとしては，実効的な権利救済の必要性があると書いて自説を補強すれば，Y県の反論をふまえたうえで説得力のある再反論を展開することができる。

(2) 勧告は行政指導であり，行政指導は法的効果のない事実行為であるため，勧告に処分性が認められないのが原則である。しかし，判例（最判平成17年7月15日）は，医療法に基づく中止勧告につき，処分性を認めた。当該判例の論理を援用して，Xの再反論を組み立てるのがよいだろう。しかし，判例の射程の観点から，ただちに上記判例の論理を援用できるかは疑問である。そこで，条例49条により，勧告の際に，不利益処分を課す場合の聴聞手続と類似した意見陳述の機会という手続保障が付与されていること，および実効的な権利救済のために勧告の時点で争わせる必要があることを書き，自説を補強すれば説得力のある答案になる。

### 3 設問2について

まず，勧告の前提となる条例25条4号の文言から要件裁量が問題となること，および条例48条に基づきY県が指導をなすこともできたことから効果裁量も問題となること，に気づくべきである。この2点を対立軸にして，論述を展開すべきである。

**1 Xの主張について**

(1) 要件裁量については，要件該当性の判断が不合理であること，および考慮不尽があることを書くべきである。

(2) 効果裁量については，勧誘をしたのは従業員の一部であり，しかも，問題発覚後に指導教育をしたのであるから，指導ではなく本件勧告をなすことは，比例原則に反すると書くべきである。

## 2 Y県の主張をふまえた対立点について

これに対し，Y県は，勧誘が執拗かつ悪質であるため要件該当性の判断は合理的であること，勧誘が執拗かつ悪質の実態を重視すべきで従業員に指導教育を行ったことを重視すべきでないこと，およびその執拗さや悪質さから本件勧告は妥当で比例原則に反しないことを，反論として主張すべきである。

⑴ 要件該当性の判断の合理性については，Xに有利になるように事実を評価して，裁量権の逸脱・濫用になると書くべきである。考慮不尽の有無については，条例48条の趣旨を解釈して，どのような事情を重視すべきかを書くべきである。

⑵ 効果裁量については，本件勧告をなすことが比例原則に違反すると結論づけるため，Xの悪質性は低く，本件勧告をなす必要がなかったことを書くべきである。

## 【関連判例】

最判昭和39年10月29日民集18巻8号1809頁（判例シリーズ44事件・東京都ごみ焼却場事件）

最判平成17年7月15日民集59巻6号1661頁（判例シリーズ48事件）

最判平成18年2月7日民集60巻2号401頁（判例シリーズ24事件）

東京高判昭和48年7月13日判時710号23頁（判例シリーズ26事件・日光太郎杉事件）

## 【参考文献】

試験対策講座6章2節③【1】，4章3節③【2】・【3】。判例シリーズ24事件，26事件，44事件，48事件。

櫻井敬子＝橋本博之『行政法』176頁，中原茂樹『基本行政法』47頁。

設問1は，Y県消費生活条例（以下「条例」という）に基づく勧告と公表のそれぞれについて，その処分性（行政事件訴訟法第3条第2項にいう「行政庁の処分その他公権力の行使に当たる行為」への該当性）の有無の検討を求めるものである。

まず，最高裁判所昭和39年10月29日判決（民集18巻8号1809頁。大田区ゴミ焼却場事件）などで示された処分性の一般論を正しく説明し，処分性の有無を判定する際の考慮要素を挙げることが求められる。また，最高裁判所平成20年9月10日判決（民集62巻8号2029頁。土地区画整理事業計画事件）などの近時の判例では，実効的な権利救済を図るという観点を考慮する場合もあるが，このような実効的な権利救済について指摘することは加点事由となる。

その上で，勧告の処分性については，「公表を受け得る地位に立たされる」という法効果が認められるか否か，条例第49条に基づく手続保障の存在が処分性を基礎付けるか否か，勧告段階での実効的な救済の必要が認められるか否か，の3点について当事者の主張を展開することが求められる。

同様に，公表の処分性についても，公表のもたらす信用毀損等が法的な効果に当たるか否か，公表に制裁的機能が認められるか否か，公表に対する差止訴訟を認めることが実効的な権利救済の観点から必要か否か，の3点について当事者の主張を展開することが求められる。

設問2は，勧告に処分性が認められることを前提にした上で，勧告の違法性について検討を求めるものである。

まず，条例の文言の抽象性，侵害される権利利益の性質・重大性，専門的判断の必要性の3つを踏まえて，行政庁の裁量権が認められるか否かについて，当事者の主張を展開することが求められる。

次に，Xがした勧誘行為が条例第25条に掲げる「不適正な取引行為」の類型に当てはまるか否かの検討が必要となる。具体的には，同条第4号にいう「威迫して困惑させること」，「迷惑を覚えさせること」，「心理的に不安な状態若しくは正常な判断ができない状態にすること」の3つの要件の該当性を検討することが求められる。

また，条例第48条にいう「消費者の利益が害されるおそれ」の要件については，将来において違反行為が繰り返される可能性を踏まえて，その有無を検討することが求められる。

3つ目として，仮に要件該当性が認められるとしても，その効果として，勧告を行うことが比例原則に反するか否か，あるいは裁量権の逸脱・濫用に当たるか否かの検討が求められる。具体的には，前者については，比例原則に関する一般論を展開した上で，Xの違反行為の態様やその後の対応，Xが受ける不利益の程度を考慮に入れて当事者の主張を展開することが求められる。また，後者については，裁量権の逸脱・濫用に関する一般論を展開した上で，Xの違反行為の態様やその後の対応，Xが受ける不利益の程度を考慮に入れて当事者の主張を展開することが求められる。

第1　設問1について

1　Xは，本件勧告および本件公表が「処分」（行政事件訴訟法3条2項。以下「行訴法」という）にあたると主張する。

　　そもそも，「処分」とは，公権力の主体たる国または公共団体が行う行為のうち，その行為によって，直接国民の権利義務を形成しまたはその範囲を確定することが法律上認められているものをいう。具体的には，①公権力性および②直接具体的法効果性の点から判断する。 5

　⑴　まず，Xは，本件勧告および本件公表は，それぞれ条例48条，50条に基づき，公権力の主体たる知事が一方的に行うものであり，①が認められると主張する。 10

　⑵　次に，Xは，本件公表の②につき，行政上の措置を受けたことが対外的に明らかになり，信用毀損等の不利益を生じさせるという法的効果を有すると主張する。これに対し，Y県は，本件公表は情報を提供する事実行為にすぎず，法的効果を有しないと反論する。 15

　　　この点について，「勧告に従わないとき」に「公表する」と規定する条例50条は，本件勧告に従わせることを目的とし，条例には公表後に制裁を科す規定が存しないから，公表に制裁的機能が認められる。さらに，信用の回復困難性から，差止めによって実効的な権利救済を図る必要がある。したがって，Xは，本件公表に②が認められると主張する。 20

　⑶　そして，Xは，本件勧告の②につき，公表を受けうる地位に立たせるという法的効果を有すると主張する。これに対し，Y県は，本件勧告は事実行為たる行政指導にすぎず，法的効果を有しないと反論する。 25

　　　この点について，条例50条は，「勧告に従わない」場合に「公表する」と規定しているため，勧告不服従の場合には，相当程度の確実さをもって公表がなされ，信用毀損等により経営が困難になるという深刻な不利益が生じる。そして，勧告の際に，不利益処分を課す場合の聴聞手続と類似した意見陳述の機会という手続保障を付与している（条例49条）ことから，条例は，勧告が不利益処分と同等の法的効果を有することを想定している。また，信用の回復困難性から，実効的な権利救済のために勧告時点で争わせる必要がある。したがって，Xは，本件勧告に②が認められると主張する。 30 35

2　よって，Xは，上述の観点から，本件勧告および本件公表は「処分」にあたると主張すべきである。

第2　設問2について

1　要件裁量の逸脱・濫用（行訴法30条）があるとの主張 40

　⑴　勧告の前提となる条例25条4号の「威迫して困惑させる」（ⓐ），「迷惑を覚えさせる」（ⓑ），「心理的に不安な状態若しくは正常な判断ができない状態」（ⓒ），条例48条の「消費者の利益が害されるおそれがある」（ⓓ）とのいずれの文言も抽象

右欄注記：
→定義
⇒最判昭和39年10月29日（判例シリーズ44事件）
→公権力性
→本件公表の検討
→Y県の反論
→Xの再反論
→本件勧告の検討
→Y県の反論
→Xの再反論
→結論

的であり，各文言該当性につき消費者保護の観点から専門的判 45
断を要するため，上述のような不利益に照らしても，知事に要
件裁量が認められる。そして，行政庁の判断の結果および過程 ➡規範定立
について，重要な事実の基礎を欠くかまたは社会観念上著しく
妥当性を欠く場合に裁量権の逸脱・濫用が認められ，違法とな
ると解する。 50

(2) まず，Xは，勧誘は不適正でないのに，ⓐからⓒまでに該当 ➡Xの主張
するとの判断は明らかに合理性を欠くと主張する。これに対し， ➡Y県の反論
Y県は，勧誘が執拗かつ悪質であるため，ⓐからⓒまでに該当
するとの判断には合理性があると反論する。

この点について，Xの従業員らは脅迫的な文言を用いていな 55 ➡Xの再反論
いからⓐに該当せず，同人らは，一般に行われているセールス
の程度を大きく逸脱した勧誘をしたわけでもないからⓑにも該
当せず，また，同人らは，浄水器なしでは健康被害が生じるか
のように述べているが，浄水器の性能自体は偽ってないからⓒ
にも該当しない。したがって，Y県の判断は明らかに合理性を 60
欠き，社会観念上著しく妥当性を欠き違法であるとXは主張す
べきである。

(3) 次に，Xは，従業員に指導教育を行ったという主張を重視せ ➡Xの主張
ずⓓに該当すると知事が判断したことは考慮不尽であると主張
する。これに対し，Y県は，執拗な勧誘の実態を重視すべきで 65 ➡Y県の反論
上記主張は重視すべきでないと反論する。

この点について，条例48条の趣旨は，不適正な勧誘を防止し ➡Xの再反論
て消費者の利益を保護することにあるため，知事は事業者が違
反行為を繰り返すか否かを重視すべきである。そうだとすれば，
知事は，Xが指導教育を行い，違反行為の再発のおそれが少な 70
くなった点を重視すべきであり，これを重視しなかったことは
考慮不尽であり，本件勧告は社会観念上著しく妥当性を欠き違
法であるとXは主張すべきである。

2 効果裁量の逸脱・濫用があるとの主張
条例48条の「できる」との文言および上述のような判断の専門 75 ➡Xの主張
性から，勧告についての効果裁量は認められるところ，Xは，勧
誘をしたのは従業員の一部で，問題発覚後に指導教育をしたから，
本件勧告は不当に重く，比例原則に反すると主張する。これに対 ➡Y県の反論
し，Y県は，勧誘は執拗かつ悪質なため，本件勧告は妥当で比例
原則に反しないと反論する。 80

この点について，本件勧誘は会社ぐるみで行われていたわけで ➡Xの再反論
はなく，問題発覚後，Xは，従業員を指導教育し，改善のための
具体的措置をなす真摯な対応をしているため，Xの悪質性は低い。
そうだとすれば，指導という選択肢もあるのに，より不利益の大
きい本件勧告を選択することは，Xの背信性の程度に比して重き 85
に失し，比例原則に反する。よって，本件勧告は，社会観念上著
しく妥当を欠き違法であるとXは主張すべきである。

以上

第1 設問1について

1 Xは本件勧告が抗告訴訟の対象となる「行政庁の処分その他公権力の行使に当たる行為」（行政事件訴訟法（以下法名省略。）3条2項。以下「処分」という。）に当たることについて以下の主張をすべきである。 5

(1) 「処分」とは，公権力の主体たる国又は公共団体の行為のうち，その行為によって直接国民の権利義務を形成し，又は，その範囲を確定することが法律上認められているものを意味する。そして，「処分」に当たるか否かは①公権力性及び②法的効果性の有無によって判断する。 10

⮜ ○定義が正確で，考慮要素もあげられている

(2) これを本件についてみると，Y県は本件勧告自体の法的効果が弱く，本件勧告の後になされ得る本件公表も法的効果が弱く，本件勧告がなされた後に事業者に罰則等の制裁を課す規定も存在しないことから，本件勧告は法的効果性に欠け「処分」に当たらないと反論することが考えられる。 15

⮜ △法的効果の強弱ではなく，事実行為であることを指摘すべきだった

確かに，本件勧告自体は「Xは浄水器の販売に関し，条例25条4号の定める不適正な取引行為をしないこと」を内容とするものであるが，強制力がないから，法的効果が強いとはいえない。もっとも，本件勧告がなされた後には条例50条によって相当程度の確実さをもって本件公表がなされる。そして，本件公表がなされると本件勧告が対外的に周知されXは多数の融資を受けていた金融機関Aから融資を停止されることとなるからXの経営に重大な支障が生じる。そのため，本件公表の法的効果は強い。さらに，かかる支障は本件公表がなされた時点で生じるものであるから本件勧告がなされた時点でこれを争い本件公表がなされないようにする必要がある。そのため，本件勧告がなされた時点で紛争の成熟性も認められる。 20・25

⮜ △ここでも事実行為にすぎないと指摘してほしかった

⮜ ○判例を意識して書けている

⮜ ○紛争の成熟性について指摘できている

したがって，本件勧告は法的効果性を有する（②充足）。
また，本件勧告は知事によって一方的になされるものであるから公権力性も有する（①充足）。 30

(3) よって，本件勧告は「処分」に当たる。

2 次に，Xは本件公表が「処分」に当たることについて以下の主張をすべきである。

(1) Y県は本件公表自体の法的効果性が弱く，本件公表がなされた後に事業者に罰則等の制裁を課す規定も存在しないことから，本件公表は法的効果性に欠け「処分」に当たらないと反論することが考えられる。 35

⮜ △ここも事実行為と書いてほしかった

もっとも，前述のとおり，本件公表の法的効果は強く，本件公表がなされた時点で紛争の成熟性が認められる。したがって，本件公表は法的効果性を有する（②充足）。 40

また，本件公表は知事によって一方的になされるものであるから公権力性も有する（①充足）。

(2) よって，本件公表も「処分」に当たる。

第2 設問2について

1 Xは本件勧告の取消訴訟において以下のように本件勧告をする 45
に当たって知事に裁量権の逸脱・濫用があるから本件勧告は違法
である（30条）と主張すべきである。
⑴ まず，本件勧告をするに当たって知事に裁量権が認められる
かについて検討する。
この点について，本件勧告の根拠法規である条例48条は「消 50
費者の利益が害されるおそれがあると認めるとき」という抽象
的な文言を用いている。そして，本件勧告をするか否かについ
ては事業者の取引行為の不適正さの程度や指導及び勧告の必要
性等の種々の事情を考慮した専門技術的判断が必要となる。し
たがって，知事に要件裁量が認められる。 55
また，同条は「指導」と「勧告」という複数の手段を規定し，
「できる」としており，前述のとおり本件勧告をするか否かに
ついては専門技術的判断が必要となるから，知事に効果裁量も
認められる。
⑵ では，知事に裁量権の逸脱・濫用が認められるか。 60
ア この点について，裁量権の逸脱・濫用は行政庁の判断の過
程又は結果が重大な事実の基礎を欠くか，社会観念上著しく
妥当性を欠く場合に認められる。
イ これを本件についてみると，Y県は，Xは「消費者を心理
的に不安な状態若しくは正常な判断ができない状態に陥らせ 65
る方法」(ア)及び「消費者に迷惑を覚えさせるような方法」(イ)
で契約の締結を勧誘している（条例25条４号）から，本件勧
告をするに当たって知事に裁量権の逸脱・濫用は認められな
いと反論することが考えられる。
もっとも，(ア)は消費者への情報提供であり，(イ)は消費者に 70
親近感を与えるためのいわゆる営業トークであるから，Xの
従業員がした勧誘は不適正なものではない。仮にそれが不適
正なものに当たるもしても，そのような勧誘をしたのは従業
員の一部にすぎず，今後は適正な勧誘をするよう従業員に対
する指導教育をしたから，本件勧告をする必要性に乏しい。 75
他方，本件勧告がなされた場合には前述のとおりXの経営
に重大な支障が生じる危険性が高い。
したがって，本件勧告は比例原則に違反し，社会観念上著
しく妥当性を欠く。
ウ よって，本件勧告をするに当たって知事に裁量権の逸脱・ 80
濫用がある。
2 以上より，Xは本件勧告の取消訴訟において以上のような主張
をするべきである。
以上

⬅○端的に要件裁量が認められることを指摘できている

⬅○効果裁量も問題となることも指摘できている

⬅○規範が正確

⬅○事実を丁寧に拾えている

⬅△要件裁量と効果裁量についての記述が整理されていない印象を与える

⬅○設問にしっかり答えられている

## 優秀答案における採点実感

### ① 全体

全体的に，定義や規範を正確に書いており，好印象である。また，Y県の反論をしっかり明示できており，読みやすい答案になっている。さらに，問題の事実を丁寧に評価できており，法的三段論法も徹底できている。そのうえ，論述の量もほぼ4頁に渡っており，A評価のなかでも上位の答案であると思える。

### ② 設問1について

処分性の定義を簡潔に書けており，直接具体的法効果性の有無につきXとY県の対立点を明示できている。紛争の成熟性を指摘できており，また，実効的な権利救済の観点を示せている点も，出題趣旨に沿っており好印象である。

残念なのは，勧告や公表が事実行為にすぎず，法的効果ではなく事実上の効果をXに与えるにすぎないのではないかということを，明示できていない点である。この対比に気づけていたと推察できるが，法的効果の強弱と書いており，的確に表現できなかったものと思われる。非常にもったいない。また，Y県の反論の前にXの主張を明示できていない点も残念である。

### ③ 設問2について

要件裁量・効果裁量ともに問題となる点に気づけている。事実を評価し，条文も文言にあてはめるという姿勢が見てとれる。しかし，あてはめの部分で，要件裁量と効果裁量をナンバリングで分けて書けていないことはもったいない。

# 第28問　平成28年予備試験論文問題

　株式会社X（代表取締役はA）は，Y県で飲食店Bを経営しているところ，平成28年3月1日，B店において，Xの従業員Cが未成年者（20歳未満の者）であるDら4名（以下「Dら」という。）にビールやワイン等の酒類を提供するという事件が起きた。

　Y県公安委員会は，Xに対し，風俗営業等の規制及び業務の適正化等に関する法律（以下「法」という。【資料1】参照。）第34条第2項に基づく営業停止処分をするに当たり，法第41条及び行政手続法所定の聴聞手続を実施した。聴聞手続においては，以下のとおりの事実が明らかになった。

① 　未成年者の飲酒に起因する事故等が社会的な問題となり，飲食店業界においても，未成年者の飲酒防止のために積極的な取組が行われているところ，B店では，未成年者に酒類を提供しないよう，客に自動車運転免許証等を提示させて厳格に年齢確認を実施していた。

② 　事件当日には，未成年者であるDらとその友人の成年者であるEら4名（以下「Eら」という。）が一緒に来店したために，Cは，Dらが未成年者であることを確認した上で，DらのグループとEらのグループを分けて，それぞれ別のテーブルに案内した。

③ 　Cは，Dらのテーブルには酒類を運ばないようにしたが，二つのテーブルが隣接していた上に，Cの監視が行き届かなかったこともあって，DらはEらから酒類を回してもらい，飲酒に及んだ。

④ 　その後，B店では，このような酒類の回し飲みを防ぐために，未成年者と成年者とでフロアを分けるといった対策を実施した。

　聴聞手続に出頭したAも，これらの事実について，特に争うところはないと陳述した。その後，聴聞手続の結果を受けて，Y県公安委員会は，法第34条第2項に基づき，Xに対し，B店に係る飲食店営業の全部を3か月間停止することを命じる行政処分（以下「本件処分」という。）をした。

　その際，本件処分に係る処分決定通知書には，「根拠法令等」として「法第32条第3項，第22条第6号違反により，法第34条第2項を適用」，「処分の内容」として「平成28年5月1日から同年7月31日までの間（3か月間），B店に係る飲食店営業の全部の停止を命ずる。」，「処分の理由」として，「Xは，平成28年3月1日，B店において，同店従業員Cをして，Dらに対し，同人らが未成年者であることを知りながら，酒類であるビール及びワイン等を提供したものである。」と記されてあった。

　Y県公安委員会は，「風俗営業等の規制及び業務の適正化等に関する法律に基づく営業停止命令等の基準」（以下「本件基準」という。【資料2】参照）を定めて公表しているところ，本件基準によれば，未成年者に対する酒類提供禁止違反（法第32条第3項，第22条第6号）の量定は「Bランク」であり，「40日以上6月以下の営業停止命令。基準期間は，3月。」と定められていた（本件基準1，別表［飲食店営業］〈法（中略）の規定に違反する行為〉(10)）。

　Aは，処分決定通知書を本件基準と照らし合わせてみても，どうしてこのように重い処分になるのか分からないとして，本件処分に強い不満を覚えるとともに，仮に，B店で再び未成年者に酒類が提供されて再度の営業停止処分を受ける事態になった場合には，本件基準2の定める加重規定である「最近3年間に営業停止命令を受けた者に対し営業停止命令を行う場合の量定は，（中略）当該営業停止命令の処分事由について1に定める量定の長期及び短期にそれぞれ最近3年間に営業停止命令を受けた回数の2倍の数を乗じた期間を長期及び短期とする。」が適用され，Xの経営に深刻な影響が及ぶおそれがあるかもしれないことを危惧した。

　そこで，Xは，直ちに，Y県を被告として本件処分の取消訴訟を提起するとともに，執行停止の申立てをしたが，裁判所は「重大な損害を避けるため緊急の必要がある」とは認められな

いとして，この申立てを却下した。

Xの立場に立って，以下の設問に答えなさい。

なお，法の抜粋を【資料1】，本件基準の抜粋を【資料2】として掲げるので，適宜参照しなさい。

〔設問1〕

本件処分の取消訴訟の係属中に営業停止期間が満了した後には，いかなる訴訟要件が問題となり得るか。また，当該訴訟要件が満たされるためにXはどのような主張をすべきか，想定されるY県の反論を踏まえつつ検討しなさい。

〔設問2〕

本件処分の取消訴訟につき，本案の違法事由としてXはどのような主張をすべきか，手続上の違法性と実体上の違法性に分けて，想定されるY県の反論を踏まえつつ検討しなさい。なお，本件処分について行政手続法が適用されること，問題文中の①から④までの各事実については当事者間に争いがないことをそれぞれ前提にすること。

【資料1】
○風俗営業等の規制及び業務の適正化等に関する法律（昭和23年法律第122号）（抜粋）
（禁止行為）
第22条　風俗営業を営む者は，次に掲げる行為をしてはならない。
　一～五　（略）
　六　営業所で二十歳未満の者に酒類又はたばこを提供すること。
（深夜における飲食店営業の規制等）
第32条
1・2　（略）
3　第22条（第3号を除く。）の規定は，飲食店営業を営む者について準用する。（以下略）
（指示等）
第34条
1　（略）
2　公安委員会は，飲食店営業者〔(注)「飲食店営業者」とは，「飲食店営業を営む者」をいう。〕若しくはその代理人等が当該営業に関し法令（中略）の規定に違反した場合において，（中略）少年の健全な育成に障害を及ぼすおそれがあると認めるとき（中略）は，当該飲食店営業者に対し，当該施設を用いて営む飲食店営業について，6月を超えない範囲内で期間を定めて営業の全部又は一部の停止を命ずることができる。
（聴聞の特例）
第41条　公安委員会は，（中略）第34条第2項，（中略）の規定により営業の停止を（中略）命じようとするときは，行政手続法（平成5年法律第88号）第13条第1項の規定による意見陳述のための手続の区分にかかわらず，聴聞を行わなければならない。
2～4　（略）

【資料2】
○風俗営業等の規制及び業務の適正化等に関する法律に基づく営業停止命令等の基準（抜粋）
〔飲食店営業〕
（量定）
1　営業停止命令の量定の区分は，次のとおりとし，各処分事由に係る量定は，別表に定めるところによるものとする。

Ａランク　　６月の営業停止命令。

　　Ｂランク　　40日以上６月以下の営業停止命令。基準期間は３月。

　　Ｃランク～Ｈ３ランク　（略）

（常習違反加重）

２　最近３年間に営業停止命令を受けた者に対し営業停止命令を行う場合の量定は，その処分事由に係る量定がＡランクに相当するときを除き，当該営業停止命令の処分事由について１に定める量定の長期及び短期にそれぞれ最近３年間に営業停止命令を受けた回数の２倍の数を乗じた期間を長期及び短期とする。ただし，その長期は，法定の期間を超えることができない。

（営業停止命令に係る期間の決定）

３　営業停止命令により営業の停止を命ずる期間は，次のとおりとする。

　⑴　原則として，量定がＡランクに相当するもの以外のものについて営業停止命令を行う場合は，１に定める基準期間（２に規定する場合は当該処分事由について定められた基準期間の２倍の期間を基準期間とする。）によることとする。

　⑵　量定がＡランクに相当するもの以外のものについて営業停止命令を行う場合において次に掲げるような処分を加重し，又は軽減すべき事由があるときは，⑴にかかわらず，情状により，１に定める量定の範囲内において加重し，又は軽減するものとする。

　　ア　処分を加重すべき事由とは，例えば，次のようなものである。

　　　㋐　最近３年間に同一の処分事由により行政処分に処せられたこと。

　　　㋑　指示処分の期間中にその処分事由に係る法令違反行為と同種の法令違反行為を行ったこと。

　　　㋒　処分事由に係る行為の態様が著しく悪質であること。

　　　㋓　従業者の大多数が法令違反行為に加担していること。

　　　㋔　悔悛の情が見られないこと。

　　　㋕　付近の住民からの苦情が多数あること。

　　　㋖　結果が重大であり，社会的反響が著しく大きいこと。

　　　㋗　16歳未満の者の福祉を害する法令違反行為であること。

　　イ　処分を軽減すべき事由とは，例えば，次のようなものである。

　　　㋐　他人に強いられて法令違反行為を行ったこと。

　　　㋑　営業者（法人にあっては役員）の関与がほとんどなく，かつ，処分事由に係る法令違反行為を防止できなかったことについて過失がないと認められること。

　　　㋒　最近３年間に処分事由に係る法令違反行為を行ったことがなく，悔悛の情が著しいこと。

　　　㋓　具体的な営業の改善措置を自主的に行っていること。

　⑶　量定がＡランクに相当するもの以外のものについて，処分を軽減すべき事由が複数あり，営業停止処分を行うことが著しく不合理であると認められるときは，⑴⑵にかかわらず，営業停止処分を行わないこととする。

別表（抜粋）

［飲食店営業］

〈法若しくは法に基づく命令又は法に基づく条例の規定に違反する行為〉

⑽　未成年者に対する酒類・たばこ提供禁止違反（第32条第３項，第22条第６号）の量定　Ｂランク

### ① はじめに

　本問では，訴訟要件と本案上の主張が問われている。いずれの設問でも，本件基準という行政規則をどのように取り扱うかが問題とされており，近時の重要判例の理解が問われている。原則論を外さず，事案に即した検討をしたい。以下でみるように，本件基準が行政規則にすぎないことの理解が前提とされる設問であり，行政規則の取扱いについて正確に理解する必要がある。

### ② 設問1について

　本設問では，本件処分による営業停止期間の満了後に問題となる訴訟要件が問われている。訴えの利益が問題になることは，基本的な学習ができていれば容易に判断できるだろう。

　訴えの利益は，本案判決をなすべき現実の必要性があるか否かを検討する訴訟要件である。取消訴訟は，処分の効力によって権利利益が制約されている原告の救済を目的とする訴訟であるから，権利利益の制約がない場合，訴えの利益が否定される。そこで，一定期間が満了し処分の本来的効果が消失した場合，原則として訴えの利益が否定される。ただし，「回復すべき法律上の利益」（行政事件訴訟法9条1項括弧書）がある場合，訴えの利益をなお肯定できる。したがって，本設問では，本件処分の本来的効果が消失したのか，「回復すべき法律上の利益」が認められるかが問題となる。

　本設問では，営業停止命令という本件処分の本来的効果は，一定期間営業を停止させることであり，営業停止という効果以外に，法律上不利益が生じるという規定はない。問題文にあるように，本件基準2で処分後3年間は処分の効果が加重されることになっているところに特殊性がある。本件基準2は，法の委任を受けた規定ではなく，法規性を有しない行政規則（裁量基準）であるところ，「法律上」の不利益を生じるのかが問題となる。この特殊性から，Y県としては，本件基準2による不利益は，法律上の不利益ではなく，訴えの利益がないと反論するであろう。

　このY県の反論に対応するように，Xの主張を構成する必要がある。行政規則上の不利益取扱いが訴えの利益を基礎づけるかについて，最判平成27年3月3日は，「処分基準において，先行の処分を受けたことを理由として後行の処分に係る量定を加重する旨の不利益な取扱いの定めがある場合に，当該行政庁が後行の処分につき当該処分基準の定めと異なる取扱いをするならば，裁量権の行使における公正かつ平等な取扱いの要請や基準の内容に係る相手方の信頼の保護等の観点から，当該処分基準の定めと異なる取扱いをすることを相当と認めるべき特段の事情がない限り，そのような取扱いは裁量権の範囲の逸脱又はその濫用に当たることとなる」とし，「処分基準において，先行の処分を受けたことを理由として後行の処分に係る量定を加重する旨の不利益な取扱いの定めがある場合には，上記先行の処分に当たる処分を受けた者は，将来において上記後行の処分に当たる処分の対象となり得るときは，上記先行の処分に当たる処分の効果が期間の経過によりなくなった後においても，当該処分基準の定めにより上記の不利益な取扱いを受けるべき期間内はなお当該処分の取消しによって回復すべき法律上の利益を有するものと解するのが相当」と判断する。

　そこで，Xは同判決をもとに主張を展開することができる。すなわち，裁量基準が存在する場合，平等原則，信頼保護の観点から，特段の事情がないかぎり処分基準と異なる取扱いをすることは裁量権の逸脱・濫用をもたらすことを指摘したうえ，同基準に従えば，処分が加重されるという不利益を受けることになるため，回復すべき法律上の利益が認められると主張することになろう。

　判例を知らない場合にも，行政裁量の場面で裁量基準が存在する場合に，平等原則，信頼保護の観点から違法を導く手法を応用し，訴えの利益を基礎づけうるという思考にたどり着けるとよい。類似の論点をもとに，これを応用させて何とか現場で対応したい。

### ③ 設問2について

#### 1 手続法上の違法性について

　本件処分は，一定期間営業の自由を制約する「不利益処分」（行政手続法2条4号）である。聴聞手続（風営法41条）が実施されており，意見聴取手続に瑕疵はない。問題文上に処分決定通知書の内容が記載されており，Aが処分決定通知書と処分基準を照らし合わせてみても，重い処分となる理由がわからないと述べていることから，理由提示（行政手続法14条1項本文）について検討するこ

とになる。理由提示が求められる趣旨は，①行政庁の恣意抑制，②処分の名宛人の不服申立ての便宜を図ることの２点にあるところ，理由提示の程度としては，同趣旨を全うする具体的記載である必要がある。

　ここで，Y県としては，いかなる事実関係に基づきいかなる法規を適用して当該処分がなされたか否かを，処分の相手方において当該記載自体から了知できれば足り，本問では根拠法令，事実関係が具体的に記載されているから，行政手続法14条１項本文に反しないと反論することになろう。

　これに対して，Aの不満に照らせば，Xは，処分基準の適用関係まで示す必要があると主張することになろう。この点について，最判平成23年６月７日は，「どの程度の理由を提示すべきかは，上記のような同項本文の趣旨に照らし，当該処分の根拠法令の規定内容，当該処分に係る処分基準の存否及び内容並びに公表の有無，当該処分の性質及び内容，当該処分の原因となる事実関係の内容等を総合考慮してこれを決定すべき」であると判断している。これを基に，処分基準が存在する場合，処分基準の適用関係まで示す必要があると指摘して，本問の理由の記載では，具体的な営業停止期間についての処分基準の適用関係がいっさい明らかでなく，行政手続法14条１項本文に反し違法であると主張することになろう。

　そして，当該手続違法が処分の違法をもたらすのかについても言及すべきである。重大な違法は取消事由になる，などといった自説を提示し，取消事由となることを指摘したい。

## 2　実体法上の違法性について

　Aの不満は，本件基準に照らして，本件処分が重すぎるという点にある。そして，本件処分の根拠たる法34条２項をみると，裁量が認められると考えられることから，裁量権の逸脱・濫用があり違法であるという主張を構成することになろう。答案では，まず，法34条２項に効果裁量があるという指摘を，理由をつけて行うことを忘れてはならない。

　ここで，本件基準は行政規則であるから，裁量権逸脱・濫用の主張における行政規則の取扱いを意識して答案を作成する必要がある。処分基準は，行政規則であり法規性がないため，これと異なる取扱いをしても，当然には裁量権の逸脱・濫用とはいえない。しかし，前掲平成27年判決が指摘するように，平等原則，信頼保護の観点から，異なる取扱いを相当とする特段の事情がないかぎり，処分基準と異なる取扱いをすることは，裁量権の逸脱・濫用となる（いわゆる行政規則の外部化の議論）。この議論は，処分基準が合理的であることを前提としている。法の趣旨に適合しない不合理な裁量基準に基づく処分は，法の趣旨に反し裁量権の逸脱・濫用があるとされるためである。

　したがって，処分基準のような行政規則がある場合，①基準自体の合理性，②基準と異なる取扱いの有無，③異なる取扱いを相当とする特段の事情の３点を検討する必要があるといえよう。

　本設問において，Y県としては，本件基準は法規性を有しない処分基準であり，これと反する取扱いをしても裁量権の逸脱・濫用にならない，との反論が想定される。そこで，Xとしては，上記処分基準の取扱いに関する議論により，裁量権の逸脱・濫用を主張する。まず，基準の合理性は，法の趣旨に適合するため，合理的である。次に，どの事実が本件基準３のどの事由にあたるか，丁寧に事実を拾いつつ言及し，基準どおりの取扱いがなされていないことを指摘してほしい。そして，特段の事情が存在しないことに言及すれば，裁量権の逸脱・濫用を結論づけられよう。

　以上の思考過程を身につけ，答案上に表せると，他の受験生と差をつけられると思われる。上記平成27年判決を知らない場合には，考慮不尽等により著しく不合理な判断は裁量権の逸脱・濫用になるという一般的な判断過程統制を示し，本問における具体的事情から考慮不尽があると論じることができれば十分であると思われる。

## 【関連判例】

最判平成27年３月３日民集69巻２号143頁（百選Ⅱ175事件）
最判平成23年６月７日民集65巻４号2081頁（百選Ⅰ120事件）

## 【参考文献】

試験対策講座６章２節③【３】，４章３節，５章２節③【３】。

第1　設問1について
　1　営業停止処分の営業停止期間が経過し，同処分の本来的効果が　　　━▶問題提起
　　消失した本問では，「回復すべき法律上の利益」（行政事件訴訟法
　　9条1項括弧書）がなく，訴えの利益を欠くのではないか。
　2　訴えの利益とは，訴えを提起すべき必要性のことをいう。その　　5　━▶規範定立
　　必要性の有無は，処分が判決時において判決によって除去される
　　べき法的効果を有しているか否か，処分を取り消すことで回復さ
　　れうる権利利益が存在するか否かという観点から判断される。
　3　Xとしては営業停止処分に伴う後続する3年以内の処分で加重　　10　━▶Xの主張
　　処分を受けるという不利益を受けるから，訴えの利益があると主
　　張すると考えられる。これに対して，Y県は，このような不利益　　　　　━▶Y県の反論
　　は，本件基準2という，行政規則たる裁量基準に基づいて課され
　　るにすぎないので，「法律上」の回復すべき利益は存在しないと
　　反論すると考えられる。
　4　これをふまえ，Xとしては，以下の主張をすべきである。　　　　15　━▶Xの再反論
　　(1)　処分基準において，不利益な取扱いの定めがある場合，裁量　　　　━▶規範定立
　　　権の行使における公正かつ平等な取扱いの要請や，基準の内容　　　⇨最判平成27年3月3日
　　　にかかる相手方の信頼保護等の観点から，当該処分基準の定め　　　　（百選Ⅱ175事件）
　　　と異なる取扱いをすることは，これを相当と認めるべき特段の
　　　事情がないかぎり，許されない。　　　　　　　　　　　　　　　20
　　(2)　そして，上記のとおり，行政庁は，処分基準にき束される以　　　　━▶あてはめ
　　　上，Xは，営業停止後3年間は，加重処分を受けるおそれが確
　　　実性をもって存在する。そうだとすれば，処分からいまだ3年
　　　間は経過していないから，回復すべき法律上の利益がある。
　　(3)　Xは，以上のように訴えの利益があると主張すべきである。　　25　━▶結論
第2　設問2について
　1　手続上の違法性について
　　(1)　本件処分は，Xの営業を制限する点で不利益処分にあたるた　　　　━▶Xの主張
　　　め（行政手続法2条4号），処分にあたっては，理由の提示が
　　　必要である（行政手続法14条1項本文）。　　　　　　　　　　30
　　　　Xとしては，本件処分にかかる処分決定通知書記載の理由が
　　　行政手続法14条1項本文に反することを主張する。
　　(2)　Y県としては，法規，事実関係が具体的に記載されているた　　　　━▶Y県の反論
　　　め，理由提示の程度として十分だと反論すると考えられる。
　　(3)　そこで，Xとしては具体的に以下の主張をすべきである。　　35　━▶Xの再反論
　　　ア　行政手続法14条1項本文の趣旨は，①行政庁の恣意的判断
　　　　の抑制，②不服申立ての便宜にあるから，その理由について
　　　　は，同趣旨を全うする具体的記載である必要がある。具体的　　　　━▶規範定立
　　　　には，当該処分の根拠法令の規定内容，当該処分にかかる処　　　⇨最判平成23年6月7日
　　　　分基準の存否および内容ならびに公表の有無，当該処分の性　　　　（百選Ⅰ120事件）
　　　　質および内容，当該処分の原因となる事実関係の内容等を総　　40
　　　　合考慮してこれを決定すべきである。
　　　イ　本問では，本件基準が設定・公表されているところ，処分　　　　━▶あてはめ
　　　　理由には，適用条文と，日付，場所，CをしてDらが未成年

者であることを知りながら酒類を提供した事実関係の記載し 45
かない。本件処分が大きな不利益を伴うこともふまえれば，
本件基準3の各事由に，どのように事実が該当し，またはし
なかったのか記載しなければ上記趣旨を全うできないところ，
本件基準3の適用関係についての記載がまったくない。

ウ　よって，行政手続法14条1項本文に反し違法である。 50 ➡結論

(4)　そして，手続上の違法が取消事由となるかが問題となるが， ➡問題提起
適正手続の保障，意思決定の正当性確保の観点から，重大な手 ➡規範定立
続的瑕疵は，取消事由となると解する。理由提示は，行政手続 ➡あてはめ
法であえて手続保障を受ける権利を付与した重大な手続といえ
るため，その違反は重大な瑕疵として，取消事由となる。 55

2　実体上の違法性について

(1)　「6月を超えない範囲内で」「営業の……停止を命ずることが ➡裁量の認定
できる」（法34条2項）との文言や，多様な利益に配慮した政
策的判断を要することから，効果裁量がある。そこで，裁量権
の逸脱・濫用があれば違法となる（行政事件訴訟法30条）。 60

(2)　Y県は，本件基準は，処分基準にすぎず，これに反する取扱 ➡Y県の反論
いも裁量権の逸脱・濫用とならないと反論すると考えられる。

(3)　そこで，Xとしては，以下の主張を行うべきである。

ア　合理的な処分基準が存在する場合，平等原則，信頼保護の ➡規範定立
原則の観点から，基準と異なる取扱いをすることが相当な特 65
段の事情がある場合を除き，異なる取扱いは，社会通念上著
しく妥当性を欠き，裁量権の逸脱・濫用になると解する。

イ　本問では，まず，本件基準3が加重，軽減事由を規定する ➡あてはめ
ところ，少年の健全な育成という目的達成の観点から，違法 ➡処分基準の合理性
行為の態様に応じて量定を決することは合理的である。 70

次に，本問における適用関係を検討すると，①B店では， ➡特段の事情
未成年者に酒類を提供しないよう，厳格に年齢確認を実施し，
②事件当日，未成年者であるDらと成人のEらのグループを
分けて，別のテーブルに案内し，③Cは，Dらのテーブルに
酒類を運ばないようにしたが，監視を行き届けられず，飲酒 75
を防止できなかった。そのため，Dらの飲酒にB店の関与が
ほぼなく，過失なくDらへの酒の提供は防止できなかった
（本件基準3(2)イ(イ)）といえる。さらに，④その後，B店で
は，酒類の回し飲みの防止対策を実施しており，具体的な営
業の改善措置を自主的に行っている（本件基準3(2)イ(エ)）。 80

以上からすれば，B店には，加重事由はなく，軽減事由が
2つ認められる。したがって，本件基準3(3)により，営業停
止処分を行わないか，少なくとも，3か月よりも短い期間に
すべきであったといえる。

ウ　よって，特段の事情なく，処分基準と異なる取扱いをして 85 ➡結論
いる点で，裁量権の逸脱・濫用が認められるため，違法であ
ると主張する。

以上

〔設問1〕

第一　本件において問題となる訴訟要件は，狭義の訴えの利益である。　　　　　　⬅○問題の所在OK

　1　狭義の訴えの利益とは，当該処分を取り消すことの必要性をい　　　　　　　⬅○自分なりに定義を示
　　う。　　　　　　　　　　　　　　　　　　　　　　　　　　　　　　　　　　　すことができている

　　　かかる訴えの利益は，期間の経過により処分の効果が消滅すれ　　　5
　　ば，原則として失われる。もっとも，期間の経過後のなお「回　　　　　　　　⬅○条文の摘示OK
　　復」すべき「利益」（行政事件訴訟法9条1項かっこ書）が認め
　　られるといえれば，なお訴えの利益が認められる。

　2　そこで，本件取消訴訟において狭義の訴えの利益が認められる
　　かを検討する。　　　　　　　　　　　　　　　　　　　　　　　10

　⑴　この点，Y側は，本件処分の取消訴訟係属中に，営業停止期　　　　　　　　⬅○Y側の反論を示すこ
　　間が満了したことから，既に処分の効果が消滅し，訴えの利益　　　　　　　　　とができている
　　が失われると反論すると想定される。

　⑵　そこで，Xは，「回復すべき法律上の利益」の存在を理由に，
　　訴えの利益が残存すると主張することになる。　　　　　　　　　15

　　　本件基準2は，常習違反加重を規定しており，「最近3年間　　　　　　　　⬅△処分基準との関係を
　　に営業停止命令を受けた」ことが加重要件とされている。そう　　　　　　　　　考慮できていない
　　だとすれば，本件処分の営業停止期間が満了した後においても，
　　この規定を理由に，以後の処分が加重されるという不利益を受
　　けることになる。そうだとすれば，Xは，本件処分を取り消し　　　20
　　て，常習違反加重の適用を排除するという「回復すべき法律上
　　の利益」を有する。

第二　したがって，Xは常習違反加重の適用を排除するという「回復
　　すべき法律上の利益」を主張して，訴えの利益が失われないと主張
　　することになる。　　　　　　　　　　　　　　　　　　　　　　25

〔設問2〕

第一　手続違法

　　　本件処分の処分決定通知書の記載は，理由提示（行政手続法14条　　　　　⬅○問題の所在OK
　　1項）が十分でない違法がある。

　1　理由提示の趣旨は，行政庁の恣意的判断を抑制するとともに，　　　30　　⬅○趣旨OK
　　被処分者の不服申立の便宜をはかる点にある。そこで，かかる趣　　　　　　⬅○規範を正確に示すこ
　　旨を達すべく，いかなる事実関係についていかなる法規が適用さ　　　　　　　とができている
　　れたのかを，被処分者が記載自体から了知し得る程度の理由提示
　　が必要となる。そして，処分基準が公表された場合には（行政手　　　　　　⬅△Y県の反論について
　　続法12条1項），かかる2つの趣旨を全うするには，法規の適用　　　35　　　一言述べるべき
　　関係のみならず，処分基準の適用関係についても提示する必要が
　　ある。そこで，処分基準が公表された場合には，いかなる事実関　　　　　　⬅○処分基準との関係を
　　係について，いかなる法規・処分基準が適用されたのかまで示す　　　　　　　考慮できている
　　必要がある。

　2　本件処分の処分決定通知書についてみると，「根拠法令等」に　　　40
　　は，「法32条第3項，第22条第6号」との記載があるが，本件基
　　準についての記載がない。そうだとすれば，「処分の理由」たる
　　事実関係について，本件基準の適用関係の提示がないから，理由
　　提示として不十分である。

3　以上より，理由提示の手続違法がある。　　　　　　　　　45

第二　実体違法

　　本件処分は，処分基準の適用を誤った違法がある。

　1　この点，Y県は，法34条2項に「できる」との文言があること
　　や，専門的判断の必要性を根拠に，営業停止処分についてはY県
　　に許可裁量が認められると反論すると想定される。そして，本件　50
　　処分は，3ヶ月の営業停止命令であり，基準期間にあたるから本
　　件基準3⑴に従っており，裁量権の逸脱・濫用はないと反論する
　　と想定される。

　2　しかし，本件処分3⑵イの検討をしていないから，裁量権の逸
　　脱・濫用がある（行政事件訴訟法30条）。　　　　　　　　　55

　⑴　たしかに，Cの監視が不十分であったとはいえる。しかし，
　　それはDらが隣接した机に座っていたからである。それに，事
　　例中記載の①，②の措置をとっていることにかんがみれば，X
　　には過失がなかったといえる(イ)。

　⑵　また，Xは最近3年間に法令違反行為を行っていない(ウ)。　60

　⑶　その上，Xは，未成年者と成年者とでフロアを分けるという
　　④の措置をとっている(エ)。

　⑷　これらの事情があるにもかかわらず，これを考慮せずになさ
　　れた本件処分は，考慮すべき事項を考慮していない考慮不尽が
　　あり，裁量権の逸脱・濫用がある。　　　　　　　　　　　65

　3　以上より，本件処分は裁量権の逸脱・濫用にあたり，違法であ
　　る。

　　　　　　　　　　　　　　　　　　　　　　　　　　　以上

⬅×処分基準の合理性について検討ができていない

⬅○Yの反論を示すことができている

⬅△あてはめが薄い

⬅△あてはめにもう少し分量を割いてほしい

　本問は，公安委員会が，未成年者に酒類を提供した飲食店に対して行った風俗営業等の規制及び業務の適正化等に関する法律（以下「風営法」という。）に基づく営業停止処分に関する法的争点について検討させるものである。

　設問1は，営業停止期間の経過により狭義の訴えの利益（行政事件訴訟法第9条第1項括弧書き）が消滅するか否かを問うものである。狭義の訴えの利益に関する一般論を展開した上で，過去の一定期間内に処分を受けたことを理由として処分を加重する旨の加重規定が法令ではなく，処分基準に定められている場合において，処分の直接的効果が営業停止期間の経過によりなくなった後においても，なお当該処分の取消しによって回復すべき法律上の利益を有するものといえるかを検討することが求められている。

　この論点に関する近時の重要判例として最高裁判所平成27年3月3日第三小法廷判決・民集69巻2号143頁がある。同判決は，本問と同様に，処分の加重規定が処分基準に定められている事案であり，行政手続法第12条第1項により定められ公にされている処分基準に一種の拘束力を認めて，処分の直接的効果が期間の経過によりなくなった後においても，なお一定の期間，狭義の訴えの利益が存続することを明らかにしたものである。同判決の正しい理解を前提として，処分基準の内容及び性質を踏まえた検討を加えていることは加点事由となる。

　設問2は，営業停止処分の適性性について問うものであるが，手続的瑕疵と実体的瑕疵の二つに分けて検討することが求められている。

　手続的瑕疵については，不利益処分の理由提示に関する重要判例である最高裁判所平成23年6月7日第三小法廷判決・民集65巻4号2081頁を踏まえて，行政手続法第14条第1項本文に基づき要求される理由提示の程度に関する一般論を展開した上で，営業停止処分につき処分基準の適用関係が示されていない本件の事情の下，理由提示の瑕疵が認められるか否かや，理由提示の瑕疵を肯定する場合にはこれが処分の取消事由となるかを検討することが求められている。上記平成23年判決の事例との相違について検討を加えていることは加点事由となる。

　また，実体的瑕疵については，公安委員会がした営業停止処分が処分基準に即しているか否かを検討した上で，処分基準からの逸脱が裁量の逸脱・濫用を導くか否かについて検討することが求められている。

　処分基準は行政規則にすぎないとはいえ，合理的な理由なく処分基準から逸脱することは，信義則や平等原則の観点から処分の違法をもたらすとも考えられる。このような観点から，Xに有利となる事情とXに不利となる事情をそれぞれ踏まえた上で，処分基準に即して裁量権の逸脱・濫用の有無を検討することが求められている。

## 優秀答案における採点実感 |||

### 1　全体

　全体としてコンパクトで読みやすい答案である。判例の規範や考え方を正確に表現できていない部分もあるが，自分なりに趣旨から考えて説明できている点が評価できる。この答案のように，未知の問題でも趣旨から考えることで高評価を獲得できるということを学んでほしい。

### 2　設問1について

　訴えの利益が問題となることを端的に指摘できていて，Xの主張においてもなぜ訴えの利益が認められるのかを説得的に論じることができている。もっとも，判例（最判平成27年3月3日〔百選Ⅱ175事件〕）をふまえたうえでY県の反論を検討したほうが評価としてよかったと思われる。

### 3　設問2について

　理由提示の程度の問題を趣旨から検討している点が評価されたと思われる。判例（最判平成23年6月7日〔百選Ⅰ120事件〕）が示した規範についてまで言及すれば，なお高評価を得られると考えられる。

# 第29問　平成25年予備試験論文問題

　A市は，景観法（以下「法」という。）に基づく事務を処理する地方公共団体（景観行政団体）であり，市の全域について景観計画（以下「本件計画」という。）を定めている。本件計画には，A市の臨海部の建築物に係る形態意匠の制限として，「水域に面した外壁の幅は，原則として50メートル以内とし，外壁による圧迫感の軽減を図る。」と定められている。事業者Bは，A市の臨海部に，水域に面した外壁の幅が70メートルのマンション（以下「本件マンション」という。）を建築する計画を立て，2013年7月10日に，A市長に対し法第16条第1項による届出を行った。本件マンションの建築は，法第17条第1項にいう特定届出対象行為にも該当する。しかし，本件マンションの建築予定地の隣に建っているマンションに居住するCは，本件マンションの建築は本件計画に違反し良好な景観を破壊するものと考えた。Cは，本件マンションの建築を本件計画に適合させるためには，水域に面した外壁の幅が50メートル以内になるように本件マンションの設計を変更させることが不可欠であると考え，法及び行政事件訴訟法による法的手段を採ることができないか，弁護士Dに相談した。Cから同月14日の時点で相談を受けたDの立場に立って，以下の設問に解答しなさい。

　なお，法の抜粋を資料として掲げるので，適宜参照しなさい。

〔設問1〕

　Cが，本件計画に適合するように本件マンションの設計を変更させるという目的を実現するには，法及び行政事件訴訟法によりどのような法的手段を採ることが必要か。法的手段を具体的に示すとともに，当該法的手段を採ることが必要な理由を，これらの法律の定めを踏まえて説明しなさい。

〔設問2〕

　〔設問1〕の法的手段について，法及び行政事件訴訟法を適用する上で問題となる論点のうち，訴訟要件の論点に絞って検討しなさい。

【資　料】景観法（平成16年法律第110号）（抜粋）

（目的）

第1条　この法律は，我が国の都市，農山漁村等における良好な景観の形成を促進するため，景観計画の策定その他の施策を総合的に講ずることにより，美しく風格のある国土の形成，潤いのある豊かな生活環境の創造及び個性的で活力ある地域社会の実現を図り，もって国民生活の向上並びに国民経済及び地域社会の健全な発展に寄与することを目的とする。

（基本理念）

第2条　良好な景観は，美しく風格のある国土の形成と潤いのある豊かな生活環境の創造に不可欠なものであることにかんがみ，国民共通の資産として，現在及び将来の国民がその恵沢を享受できるよう，その整備及び保全が図られなければならない。

2～5　（略）

（住民の責務）

第6条　住民は，基本理念にのっとり，良好な景観の形成に関する理解を深め，良好な景観の形成に積極的な役割を果たすよう努めるとともに，国又は地方公共団体が実施する良好な景観の形成に関する施策に協力しなければならない。

（景観計画）

第8条　景観行政団体は，都市，農山漁村その他市街地又は集落を形成している地域及びこれと一体となって景観を形成している地域における次の各号のいずれかに該当する土地（中略）の区域について，良好な景観の形成に関する計画（以下「景観計画」という。）を定め

ることができる。
　一～五　（略）
2～11　（略）
（届出及び勧告等）
第16条　景観計画区域内において，次に掲げる行為をしようとする者は，あらかじめ，（中略）行為の種類，場所，設計又は施行方法，着手予定日その他国土交通省令で定める事項を景観行政団体の長に届け出なければならない。
　一　建築物の新築（以下略）
　二～四　（略）
2～7　（略）
（変更命令等）
第17条　景観行政団体の長は，良好な景観の形成のために必要があると認めるときは，特定届出対象行為（前条第1項第1号又は第2号の届出を要する行為のうち，当該景観行政団体の条例で定めるものをいう。（中略））について，景観計画に定められた建築物又は工作物の形態意匠の制限に適合しないものをしようとする者又はした者に対し，当該制限に適合させるため必要な限度において，当該行為に関し設計の変更その他の必要な措置をとることを命ずることができる。（以下略）
2　前項の処分は，前条第1項又は第2項の届出をした者に対しては，当該届出があった日から30日以内に限り，することができる。
3～9　（略）

### ① はじめに

本問では，本案上の問題は問われず，法的手段の選択，訴訟要件の検討が求められている。設問2では多様な結論が考えられるが，答案構成を十分に行い，自己の見解を矛盾なく論述することが求められよう。

### ② 設問1について

本設問は，「どのような訴訟を提起すべきか」という設問ではなく，「どのような法的手段を採ることが必要か」という設問である。単に訴訟選択するだけでなく，仮の救済も検討する必要がある。

#### 1 訴訟選択

Cの要求は，本件計画に適合するように本件マンションの設計を変更させることにある。そして，問題文で本件マンションの建築は，法17条1項の特定届出対象行為に該当することも示されている。そこで，Cの要求を達成する訴訟として，法17条1項の変更命令の義務付け訴訟（行政事件訴訟法3条6項）が思いつく。義務付け訴訟には，申請型義務付け訴訟（行政事件訴訟法3条6項2号）と非申請型義務付け訴訟（行政事件訴訟法3条6項1号）が存在し，両者は申請制度の有無によって区別される。本問で問題とされる変更命令は，法令に基づいて許認可等を求める国民の行為に応答義務を負って応答する行為ではないため，申請制度はないという結論になろう。したがって，非申請型義務付け訴訟を提起することになる。この点は簡単に確認すれば足りよう。

#### 2 仮の救済

本問では，法17条2項で，変更命令は，「届出があった日から30日以内に限り」できると規定されている。Bによる届出は7月10日にされ，相談があったのは同月14日である。したがって，訴訟を提起したとしても，7月10日から30日が経過すれば，訴えの利益（行政事件訴訟法9条1項）が消失し，Cの要求は達成されないことになる。そこで，仮の救済として，仮の義務付け（行政事件訴訟法37条の5第1項）を申し立てる必要がある。

このような検討をすれば，「法的手段を採ることが必要な理由を，これらの法律の定めを踏まえて」説明せよという設問の要求にも応えることができる。

#### 3

以上からすれば，変更命令処分の直接型義務付け訴訟を提起し，それにあわせて同処分の仮の義務付けを申し立てるという手段が適切となろう。なお，設問で「法的手段を具体的に示す」ことが求められていることから，単に非申請型義務付け訴訟と仮の義務付けとするのではなく，変更命令処分の非申請型義務付け訴訟と仮の義務付け，と明記したい。これは，本設問のような要求がなくとも，常に意識して記載したい。

### ③ 設問2について

上述のとおり非申請型義務付け訴訟を提起するため，同訴訟の訴訟要件を検討する必要がある。

#### 1 「一定の処分」

2014（平成26）年司法試験の出題趣旨や採点実感等で，「一定の処分」該当性についても言及することが求められている。本設問でも確認する必要があるだろう。変更命令は典型的な行政行為であるから，「処分」であることは明らかである。加えて，「一定の」処分であることを確認する必要がある。裁判所が審理可能な程度に特定されていれば「一定の」処分といえるところ，変更命令処分として特定されていることを簡単に確認すればよい。

#### 2 「重大な損害を生ずるおそれ」（行政事件訴訟法37条の2第1項）

同要件は，原状回復や金銭賠償によっては損害の補填が困難な場合にみたされると解されるが，検討にあたっては行政事件訴訟法37条の2第2項に従って検討する必要がある。

本問で問題とされる利益は，景観利益である。景観利益に関して，最判平成18年3月30日は，「良好な景観に近接する地域内に居住し，その恵沢を日常的に享受している者は，良好な景観が有する客観的な価値の侵害に対して密接な利害関係を有するものというべきであり，これらの者が有する良好な景観の恵沢を享受する利益（以下「景観利益」という。）は，法律上保護に値する」として，景観利益が民法709条の不法行為責任における「法律上保護される利益」にあたると判断し

ている。同判決は,「景観利益の内容は,景観の性質,態様等によって異なり得るものであるし,社会の変化に伴って変化する可能性のあるものでもある」との指摘もしている。

これを前提に,本件マンションが建築されると,景観利益という法律上保護される利益が,直接的・継続的に侵害されることになること,一度破壊されれば景観利益の回復が困難であることを指摘すれば,事後的な回復が困難であり,重大な損害が生じるおそれがあるといえるだろう。他方,前記平成18年判決でも現時点では「権利性を有するものを認めることはできない」とされており,景観利益の侵害に伴う損害は重大でないとして,同要件を否定することもできよう。

3 「その損害を避けるため他に適当な方法がないとき」(行政事件訴訟法37条の2第1項)

法で特別の救済手段が定められていないから,この点に問題はないことも簡単に確認したい。

4 原告適格

「法律上の利益を有する者」(行政事件訴訟法37条の2第3項)に原告適格が認められる。

(1) まず,「法律上の利益を有する者」の意義を確認する必要がある。取消訴訟の場合と同義と考えられるところ,最大判平成17年12月7日は,「当該処分により自己の権利若しくは法律上保護された利益を侵害され,又は必然的に侵害されるおそれのある者をいうのであり,当該処分を定めた行政法規が,不特定多数者の具体的利益を専ら一般的公益の中に吸収解消させるにとどめず,それが帰属する個々人の個別的利益としてもこれを保護すべきものとする趣旨を含むと解される場合には,このような利益もここにいう法律上保護された利益に当たり,当該処分によりこれを侵害され又は必然的に侵害されるおそれのある者は,当該処分の取消訴訟における原告適格を有する」とする。ポイントをおさえて示したい。本設問では,第三者の原告適格が問題となるため,行政事件訴訟法37条の2第4項が準用する9条2項により判断することも示す必要がある。

(2) 次に,具体的に法を解釈し,法律がどのような利益を保護しているのかを確定する作業に入る。ここでは,法17条1項,1条,2条,6条,8条1項,16条1項等から,「良好な景観の恵沢をを享受する利益」が保護されているといえよう。なお,本問では変更命令処分の根拠法令があるのみで,関係法令はない。

そして,当該利益が,個別具体的に保護されているのか否かを検討することになる。

上記「重大な損害」のあてはめのように,景観利益は,直接的・継続的に侵害されることになること,一度破壊されれば景観利益の修復が困難であることを強調すれば,個別的利益として保護されているということができよう。他方,景観利益の感じ方は人それぞれであること,景観の性質,態様によって景観利益の内容が変わりうること,景観計画区域は広範であり,利益が抽象的であること等を指摘すれば,景観利益は一般的公益にすぎず,個別的な利益としてまでは保護されていないといえよう。いずれの結論をとるにせよ,説得的に自説を論じる必要がある。

(3) 上記の検討で,景観利益が個別具体的な利益として保護されているという結論をとれば,景観利益を直接的に侵害されるおそれのある者に原告適格が認められるといえる。Cは,本件マンションの隣のマンションに住んでおり,景観利益を直接的に侵害されるおそれがあるとして,原告適格が肯定されよう。他方,景観利益が一般的公益にすぎないとすれば,そもそも景観利益の侵害を主張する第三者に原告適格が認められる余地はなく,Cの原告適格は否定されよう。

5 まとめ

答案例では,いずれの訴訟要件もみたすという結論で記載した。上述のとおり,「重大な損害」や原告適格を否定する結論もありうると思われるので,しっかりと理由を示し,自己の結論を導く能力が求められよう。

【関連判例】

最大判平成17年12月7日民集59巻10号2645頁(判例シリーズ64事件・小田急高架訴訟大法廷判決)

最判平成18年3月30日民集60巻3号948頁(民法百選Ⅱ89事件)

【参考文献】

試験対策講座6章2節⑧【1】,【3】。判例シリーズ64事件。

答案構成用紙

## 答案例

第1　設問1について
1　Cは，A市長をして本件計画に適合するよう本件マンションの　　　→法的手段の明示
　設計を変更すべき旨の変更命令（法17条1項）をBに対して行わ
　せるために，A市を相手方として（行政事件訴訟法38条1項・11
　条1項1号），変更命令の非申請型義務付け訴訟（行政事件訴訟　　5
　法3条6項1号）を提起したうえで，変更命令の仮の義務付け
　（行政事件訴訟法37条の5第1項）を申し立てる必要がある。以
　下，理由を述べる。
2　まず，法は，景観計画に反する建築物の新築等を行おうとする　　　→理由づけ
　者に対しては，もっぱら変更命令によって是正を図ることとして　　10
　いるから（法16条1項，17条1項参照），本件マンションの設計
　を変更させるためには，義務付け訴訟の提起により，A市長に変
　更命令を義務づけることが必要である。
　　そして，法は，申請に基づき変更命令を行うことを予定してい
　ないから（法17条1項），Cは，非申請型義務付け訴訟を提起す　　15
　べきこととなる。
3　次に，Bは2013年7月10日に法16条1項による届出を行ってい
　るため，同月14日現在，届出日から30日以内という変更命令の期
　限（法17条2項）まであと4週間程度しかなく，その間に上記訴
　訟の認容判決が確定する可能性は低い。そこで，Cは，仮の義務　　20
　付けを申し立てることにより，上記の期限までに変更命令を行わ
　せる必要がある。
4　よって，上記の法的手段を採ることが必要である。　　　　　　　　→結論
第2　設問2について
1　変更命令の義務付け訴訟は，非申請型義務付け訴訟の訴訟要件　　25
　（行政事件訴訟法37条の2第1項）をみたすか。
2　まず，変更命令が「一定の処分」にあたる必要がある。　　　　　　→「一定の処分」につい
　　この点について，変更命令は，公権力の主体たる国または公共　　　　てのあてはめ
　団体が行う行為のうち，直接国民の権利義務を形成し，またはそ
　の範囲を確定することが法律上認められているものであるため，　　30
　「処分」といえる。また，Cが求めているのは，Bに対する，本
　件計画に適合するよう本件マンションの設計を変更すべき旨の変
　更命令であり，裁判所の判断が可能な程度に特定されているから，
　「一定の」処分といえる。
3　次に，「重大な損害を生ずるおそれ」はあるか。行政事件訴訟　　35　　→「重大な損害を生ずる
　法37条の2第2項に従って判断する。　　　　　　　　　　　　　　　　　おそれ」についてのあ
　　これを本問についてみると，現在の設計に基づき建築が行われ　　　　てはめ
　た場合，本件計画が許容する50メートルを大幅に超過する，幅70
　メートルの外壁をもつマンションが建築されることになる。その
　ため，本件マンションの隣接地に居住するCは，本件マンション　　40
　の存在により自宅からの景観が圧迫感のあるものになることから，
　景観利益すなわち良好な景観の恵沢を享受する利益という重要な
　利益を日常的に害されることになる。そのため，本件マンション
　の建築により，重要な利益に対する甚大な損害が生じるといえる。

そして，景観は一度損なわれると原状に戻すことは困難であり，「損害の回復の困難の程度」も大きい。

よって，「重大な損害を生ずるおそれ」が認められる。

4　また，非申請型義務付け訴訟に代わる救済手続は特に法定されておらず，「他に適当な方法がないとき」にあたる。

5　さらに，Cは「法律上の利益を有する者」（行政事件訴訟法37条の2第3項）にあたり，原告適格が認められるか。Cは「処分……の相手方以外の者」であるため，行政事件訴訟法9条2項に従って判断する（行政事件訴訟法37条の2第4項）。

(1)　「法律上の利益を有する者」とは，当該処分がなされないことにより自己の権利もしくは法律上保護された利益を侵害され，または必然的に侵害されるおそれのある者をいう。そして，当該処分を定めた行政法規が，不特定多数者の具体的利益をもっぱら一般的公益のなかに吸収解消させるにとどめず，それが帰属する個々人の個別的利益としてもこれを保護する趣旨を含むと解される場合には，このような利益もここにいう法律上保護された利益にあたる。

(2)　これを本問についてみると，まず，本件マンションの隣地に居住するCの利益として，景観利益が想定できる。

(3)　ここで，法は，良好な景観の形成を目的のひとつとし（法1条），現在および将来の国民が良好な景観の恵沢を享受できるよう，その整備および保全を図ることを基本理念とし（法2条1項），また，良好な景観の形成に協力することを住民の責務としている（法6条）。さらに，法は，建築物の新築等に関する届出制（法16条1項1号）と変更命令（法17条1項）により，良好な景観が害されることを防ごうとしている。そうすると，変更命令の根拠法令たる法17条1項は，景観利益を保護する趣旨目的を有するといえる。さらに，景観利益は，上述のように，重要かつ回復が困難な性質の利益である。

したがって，同項は，景観利益が直接的に害されるおそれのある者の利益を，個々人の個別的利益としても保護する趣旨を含むと解されるから，このような者は「法律上の利益を有する者」にあたる。

(4)　そして，Cは，本件マンションの隣地の居住者であり，自宅からの景観が本件マンションの存在によって害される関係にあるため，景観利益が直接的に害されるおそれのある者といえる。

(5)　よって，Cは「法律上の利益を有する者」にあたり，原告適格が認められる。

6　以上より，上記訴訟は，訴訟要件をみたす。

以上

➡「他に適当な方法がないとき」についてのあてはめ
➡「法律上の利益を有する者」についてのあてはめ

➡規範定立

➡あてはめ

➡結論

第1　設問1について
　1　まず，CはA市を被告（行政事件訴訟法（以下法令名省略）38
　　条1項・11条1項1号）として，非申請型義務付け訴訟（3条6
　　項1号）を提起することが考えられる。
　　⑴　Cは当該変更命令の名あて人ではなく，申請権も有しないか
　　　ら，申請型義務付け訴訟（同項2号）ではなく，非申請型義務
　　　付け訴訟を提起すべきである。
　　⑵　また，法17条1項は「良好な景観の形成のために必要がある
　　　と認めるとき」には条例で定める規定に適合させるに必要な限
　　　度において，当該設計の変更その他の必要な措置をとることを
　　　命ずることができると定めている。したがって，「行政庁がそ
　　　の処分をしないことがその裁量権の範囲を超え若しくはその濫
　　　用となると認められるとき」（37条の2第5項）に当たり，変
　　　更命令が出されると考えられる。
　　⑶　そして，非申請型義務付け訴訟の判決には，行政庁に対する
　　　拘束力（38条1項・33条1項）が認められるから，行政庁は変
　　　更命令を出す義務を負うことになる。
　2　もっとも，30日が経過してしまうと変更命令は出せなくなり
　　（法17条2項），狭義の訴えの利益が消滅し訴えが却下されるか，
　　事実上の回復困難性を理由に事情判決（31条1項）がなされるこ
　　とになってしまう。そこで，Cは前述の非申請型義務付け訴訟の
　　提起後，仮の義務付け（37条の5第1項）を申し立てる必要があ
　　る。
第2　設問2について
　1　まず，「一定の処分」（37条の2第1項）といえるか。
　　⑴　一定の処分が要求される趣旨は，裁判所が審理可能な程度に
　　　審判の対象を明確化する点にある。したがって，義務付ける処
　　　分を明確にしなくても合理的に判断できる程度であれば「一定
　　　の処分」といえる。
　　⑵　本問では，法17条1項が「必要な限度において」「変更その
　　　他の必要な措置をとること」ができると定めているから，本件
　　　計画に適合するように設計を変更させることを求めることで足
　　　りると解する。
　　⑶　したがって，「一定の処分」といえる。
　2　「重大な損害を生ずるおそれ」（37条の2第1項）があるとい
　　るか。その意義が問題となる。
　　⑴　「重大な損害を生ずるおそれ」とは，権利の性質にかんがみ，
　　　その回復困難性をも考慮して個別具体的に判断すべきと解する。
　　⑵　本問ではいったん建築計画に適合しない建物が建築されれば，
　　　Cの景観利益の回復は事実上困難であるといえる。
　　⑶　したがって，「重大な損害を生ずるおそれ」があるといえる。
　3　次に，Cに原告適格があるといえるか（同条3項）。Cは処分の
　　名あて人でないため，「法律上の利益を有する」といえるかが問
　　題となる。

右側コメント：
○端的に問いに答えている
△本問では検討不要
○なぜ仮の義務付けが必要かについて，問題文の事情を使って検討できている
○問いに答えている
○趣旨から規範を導いている
△重大な損害のあてはめがやや薄い
○問題の所在が示されている

(1) 主観訴訟たる非申請型義務付け訴訟においては，「法律上の 45
　利益を有する」者のみに原告適格が認められる。自己の法律上
　の利益を有する者とは，自己の権利若しくは法律上保護され
　た利益を侵害され又は必然的に侵害されるおそれがある者をいう。
　そして，当該処分を定めた行政法規が，不特定多数者の具体的
　利益を，専ら一般公益に吸収解消させるにとどめず個々人に帰 50
　属する個別的利益としても保護すべき趣旨を含むと解する場合
　には，法律上保護された利益といえると解する。以下，景観法
　の規定の解釈によりCの原告適格を検討する。

← ○規範が正確

(2)ア　法は，1条において，「良好な景観の形成」を掲げ，「生活
　　環境の創造及び個性的で活力ある地域社会の実現を図り，も 55
　　って国民生活の向上並びに国民経済及び地域社会の健全な発
　　展に寄与することを目的」としている。また，6条において，
　　良好な景観の形成のための協力を住民の責務と定めている。
　　また，17条においては，景観計画に適合しない場合の変更命
　　令の規定を定めている。 60

← ○条文から丁寧に検討している

　　イ　このような規定に照らせば，法は，景観利益を不特定多数
　　　者の具体的利益として保護しているといえる。

(3)　では，かかる利益が個々人に帰属する個別的利益としても保
　護されているといえるか。
　　ア　景観を害する行為は，生命及び身体に対する危険をもたら 65
　　　すものではない。もっとも，景観利益は一旦侵害されれば回
　　　復が困難であり，良好な環境で生活する利益は環境権の一環
　　　として保障されるべき重要な権利である。また，環境計画に
　　　適合しないマンションに近接すれば近接するほど景観利益が
　　　害されるおそれが高まるのであり，近接した一定地域に居住 70
　　　する住民の景観利益は特に保護される必要がある。

← ○景観利益の特殊性について検討できている

　　イ　したがって，法は環境計画に適合しない建築物に近接する
　　　一定地域の住民の景観利益を個々人に帰属する個別的利益と
　　　しても保護する趣旨を含んでいると解する。

(4)　そして，Cは本件マンション建築予定地の隣のマンションに 75
　居住しているから，個別的利益を有し，原告適格が認められる。

← ○規範に対応したあてはめ

4　したがって，非申請型義務付け訴訟の訴訟要件は認められる。
　　　　　　　　　　　　　　　　　　　　　　　　　　以上

　本問は，事案に即して，また関係行政法規を踏まえて，行政訴訟についての基本的な知識及び理解を運用する基本的な能力を試す趣旨の問題である。具体的には，マンションの建設計画に対し近隣住民が景観計画の遵守を求めるための行政事件訴訟法上の手段について問うものである。景観法による変更命令の期間制限に照らして，実際上仮の義務付けの申立てが必要なこと，及び，当該申立てを行うには非申請型（直接型）義務付け訴訟の提起が必要なことを説き，申立て及び請求の趣旨を具体的に示した上で，原告適格を中心とする訴訟要件の論点について，景観法の趣旨及び景観という利益の性質に即して論じることが求められる。

## 優秀答案における採点実感 ||||

### ① 全体

　全体として，本答案は適切に問題点を把握して丁寧な論述ができている。さらに，問題文の事実を満遍なく拾い，事案の特殊性に応じた丁寧なあてはめができている。加えて，法的三段論法を徹底した姿勢が見受けられ，非常に論理的で読みやすい答案となっている。

### ② 設問1について

　条文の正確な引用や問題文の事情の使い方が上手くできている。特に，なぜ仮の義務付けが必要なのかを参照条文を用いて端的に検討している点が非常に優れている。ただ，1(2)の部分は本設問を回答するうえで不要であったため，ここにかけた時間と紙面をほかに割くことができれば，この答案はより高い評価を受けていたと思われる。

### ③ 設問2について

　原告適格について景観利益の特殊性について配慮しながら，問題文の事情を使って丁寧に検討している点はとても評価できる。原告適格は司法試験でも出題される頻出論点であり，このような基本的な論点を正確かつ丁寧に検討できたからこそ他の受験生と差をつけることができたのだと思われる。

　もっとも，この答案では「重大な損害を生ずるおそれ」について触れてはいるものの，そのあてはめが非常に薄い。行政事件訴訟法37条の2第2項にあげられている考慮要素をより丁寧に検討するべきであった。

　また，本設問では特に問題とならないが，この答案では多くの受験生が検討するであろう「他に適当な方法がない」の検討をしていないのが残念である。

　A県に存するB川の河川管理者であるA県知事は，1983年，B川につき，河川法第6条第1項第3号に基づく河川区域の指定（以下「本件指定」という。）を行い，公示した。本件指定は，縮尺2500分の1の地図に河川区域の境界を表示した図面（以下「本件図面」という。）によって行われた。

　Cは，2000年，B川流水域の渓谷にキャンプ場（以下「本件キャンプ場」という。）を設置し，本件キャンプ場内にコテージ1棟（以下「本件コテージ」という。）を建築した。その際，Cは，本件コテージの位置につき，本件図面が作成された1983年当時と土地の形状が変化しているため不明確ではあるものの，本件図面に表示された河川区域の境界から数メートル離れており，河川区域外にあると判断し，本件コテージの建築につき河川法に基づく許可を受けなかった。そして，河川法上の問題について，2014年7月に至るまで，A県知事から指摘を受けることはなかった。

　2013年6月，A県知事は，Cに対し，本件コテージにつき建築基準法違反があるとして是正の指導（以下「本件指導」という。）をした。Cは，本件指導に従うには本件コテージの大規模な改築が必要となり多額の費用を要するため，ちゅうちょしたが，本件指導に従わなければ建築基準法に基づく是正命令を発すると迫られ，やむなく本件指導に従って本件コテージを改築した。Cは，本件コテージの改築を決断する際，本件指導に携わるA県の建築指導課の職員Dに対し，「本件コテージは河川区域外にあると理解しているが間違いないか。」と尋ねた。Dは，A県の河川課の担当職員Eに照会したところ，Eから「測量をしないと正確なことは言えないが，今のところ，本件コテージは河川区域外にあると判断している。」旨の回答を受けたので，その旨をCに伝えた。

　2014年7月，A県外にある他のキャンプ場で河川の急激な増水による事故が発生したことを契機として，A県知事は本件コテージの設置場所について調査した。そして，本件コテージは，本件指定による河川区域内にあると判断するに至った。そこで，A県知事は，Cに対し，行政手続法上の手続を執った上で，本件コテージの除却命令（以下「本件命令」という。）を発した。

　Cは，本件命令の取消しを求める訴訟（以下「本件取消訴訟」という。）を提起し，本件コテージが本件指定による河川区域外にあることを主張している。さらに，Cは，このような主張に加えて，本件コテージが本件指定による河川区域内にあると仮定した場合にも，本件命令の何らかの違法事由を主張することができるか，また，本件取消訴訟以外に何らかの行政訴訟を提起することができるかという点を，明確にしておきたいと考え，弁護士Fに相談した。Fの立場に立って，以下の設問に答えなさい。なお，河川法及び同法施行令の抜粋を資料として掲げるので，適宜参照しなさい。

〔設問1〕

　本件取消訴訟以外にCが提起できる行政訴訟があるかを判断する前提として，本件指定が抗告訴訟の対象となる処分に当たるか否かを検討する必要がある。本件指定の処分性の有無に絞り，河川法及び同法施行令の規定に即して検討しなさい。なお，本件取消訴訟以外にCが提起できる行政訴訟の有無までは，検討しなくてよい。

〔設問2〕

　本件コテージが本件指定による河川区域内にあり，本件指定に瑕疵はないと仮定した場合，Cは，本件取消訴訟において，本件命令のどのような違法事由を主張することが考えられるか。また，当該違法事由は認められるか。

**【資　料】**

○河川法（昭和39年7月10日法律第167号）（抜粋）

（河川区域）

第6条　この法律において「河川区域」とは，次の各号に掲げる区域をいう。

　一　河川の流水が継続して存する土地及び地形，草木の生茂の状況その他その状況が河川の流水が継続して存する土地に類する状況を呈している土地（中略）の区域

　二　（略）

　三　堤外の土地（中略）の区域のうち，第1号に掲げる区域と一体として管理を行う必要があるものとして河川管理者が指定した区域〔注：「堤外の土地」とは，堤防から見て流水の存する側の土地をいう。〕

2・3　（略）

4　河川管理者は，第1項第3号の区域（中略）を指定するときは，国土交通省令で定めるところにより，その旨を公示しなければならない。これを変更し，又は廃止するときも，同様とする。

5・6　（略）

（河川の台帳）

第12条　河川管理者は，その管理する河川の台帳を調製し，これを保管しなければならない。

2　河川の台帳は，河川現況台帳及び水利台帳とする。

3　河川の台帳の記載事項その他その調製及び保管に関し必要な事項は，政令で定める。

4　河川管理者は，河川の台帳の閲覧を求められた場合においては，正当な理由がなければ，これを拒むことができない。

（工作物の新築等の許可）

第26条　河川区域内の土地において工作物を新築し，改築し，又は除却しようとする者は，国土交通省令で定めるところにより，河川管理者の許可を受けなければならない。（以下略）

2〜5　（略）

（河川管理者の監督処分）

第75条　河川管理者は，次の各号のいずれかに該当する者に対して，（中略）工事その他の行為の中止，工作物の改築若しくは除却（中略），工事その他の行為若しくは工作物により生じた若しくは生ずべき損害を除去し，若しくは予防するために必要な施設の設置その他の措置をとること若しくは河川を原状に回復することを命ずることができる。

　一　この法律（中略）の規定（中略）に違反した者（以下略）

　二・三　（略）

2〜10　（略）

第102条　次の各号のいずれかに該当する者は，1年以下の懲役又は50万円以下の罰金に処する。

　一　（略）

　二　第26条第1項の規定に違反して，工作物の新築，改築又は除却をした者

　三　（略）

○河川法施行令（昭和40年2月11日政令第14号）（抜粋）

（河川現況台帳）

第5条　（略）

2　河川現況台帳の図面は，付近の地形及び方位を表示した縮尺2500分の1以上（中略）の平面図（中略）に，次に掲げる事項について記載をして調製するものとする。

　一　河川区域の境界

　二〜九　（略）

## ① はじめに

　設問1は問われていることが明白なので，設問の要求に即しつつ，条文の構造，効果を意識して解答したい。他方，設問2の違法事由は，判例を知らないと対応に困るかもしれない。しかし，現場で問題文に現れた事実から，自分なりに判断基準を定立して何とかかたちにしたい。

## ② 設問1について

1　本設問では処分性が問われていることから，まずは，「公権力の主体たる国または公共団体が行う行為のうち，その行為によって，直接国民の権利義務を形成しまたはその範囲を確定することが法律上認められているもの」（最判昭和39年10月29日）との定義を記載することになる。

2　本件指定の処分性

(1)　本件指定は，河川法6条1項3号に基づくものであるが，一定の区域を河川地域と指定するものであり，特定の者を名宛人としているものではない。そこで，指定に伴う国民への影響は一般的抽象的な効果にすぎないのか，それとも具体的な法効果性が認められるのかが問題となる。

(2)　そこで，具体的な法効果が生じるかを検討する必要がある。

　河川法では，指定（河川法6条1項3号）がなされると，工作物の新築等について，河川管理者の許可を得なければならなくなる（河川法26条1項）。そして，許可なく新築等をした場合，監督処分（河川法75条1項1号）がだされる可能性があり，刑事罰が科されうる（河川法102条2号）。このような仕組みからすれば，指定によって，工作物の新築等が自由にできなくなるという効果が生じるといえる。

　都市計画区域内での工業地域の指定について判例（最判昭和57年4月22日）は，「建築等をすることができない」という「当該地域内の土地所有者等に建築基準法上新たな制約を課し，その限度で一定の法状態の変動を生ぜしめるものであることは否定できないが，かかる効果は，あたかも新たに右のような制約を課する法令が制定された場合におけると同様の当該地域内の不特定多数の者に対する一般的抽象的なそれにすぎ」ないとして，処分性を否定している。また，土地区画整理事業の事業計画の処分性を肯定した最大判平成20年9月10日は，建築制限等に触れてはいるものの，「換地処分を受けるべき地位に立たされるものということができ，その意味で，その法的地位に直接的な影響が生ずるものというべきであり，事業計画の決定に伴う法的効果が一般的，抽象的なものにすぎないということはできない」としている。

　これらを前提とすれば，新築等が制限されるという効果だけでは，直接具体的法効果性を肯定することは困難と考えられる。ただし，前記平成20年判決の涌井補足意見は，建築制限等の効果によって直接具体的法効果性を肯定できるとしているため，これを参考に直接具体的法効果性を肯定することも可能だろう。

　新築制限等だけでは直接具体的法効果性を肯定できないと考える場合，以上に続いて平成20年判決にならって「処分を受けるべき地位に立たされる」か否かを検討すると，より厚みのある答案となろう。本問では，上記の条文構造から，監督処分がだされる可能性がある。しかし，監督処分は，許可なく新築等をしないかぎりだされるものではないし，その文言，専門的判断を要すること等から効果裁量が認められ，たとえ許可なく新築等をしても監督処分がなされるか否かは確定的ではない。したがって，監督処分を受けるべき地位に立たされるとはいえないだろう。

　他方，涌井補足意見のように，新築制限等で法効果が生じると考えた場合，一定の区域を対象としており，特定性がないのではないかという点についても配慮した記載ができると，更によいだろう。たとえば，指定された河川区域内の土地に関する利用者として特定されているとして処分性を肯定するか，他方，土地利用者は不特定多数であるので特定されていないということも可能であろう。保育所廃止条例に関する最判平成21年11月26日も参照できよう。

(3)　そして，近時の判例（最大判平成20年9月10日等）は実効的権利救済の観点に言及しているため，一言触れておきたい。処分性を否定する結論をとるのであれば，後続する新築等の不許可処分や監督処分の段階で争えば実効的権利救済を図りうるなどと論じることになるだろう。他方，処分

性を肯定するのであれば，監督処分の取消訴訟で争うとする場合，かりに敗訴すれば建築に要した費用が無駄になるため，実効的権利救済を図れないなどと論じることになるだろう。

以上のように，いずれの結論もありうると思われるので，自説を丁寧に論じてほしい。答案例は，処分性を否定する結論を採用している。

③　設問2について

本設問では，本案上の主張が問われている。問題文上，「行政手続法上の手続を執った上で」本件命令がだされたとのことであるから，手続違法の検討は不要である。

本件河川区域内にあり，本件指定に瑕疵はないと仮定されているため，Cは，本件コテージを許可なく建築しているから河川法26条1項に違反しており，河川法75条1項1号をみたしているため，要件不充足という主張は求められていない。そこで，事案を丁寧にみると，本件命令にいたるまでに以下のような経緯がある。Cは，本件コテージが河川区域外にあるか否かを県職員に尋ね，河川課担当職員Eによる「本件コテージは河川区域外にあると判断している」との回答を受けて，やむなく本件指導に従って本件コテージを改築した。ところが，A県知事により本件コテージは河川区域内にあるとして，本件命令がだされた。この経緯からすれば，Cは県の職員の行為を信頼した結果，本件コテージの改築費用を無駄に出費せざるをえなかったということができる。そこで，信頼を不当に破棄したものとして，信義則に反して違法であるという主張が考えられる。

このような信義則の適用が問題となる場面では，法律による行政の原理による違法活動を是正する要請がはたらく一方，信頼を保護するために現状維持すべきであるとの要請が対立する。この問題状況を調整するように，判断基準を立て，信義則違反があるかを検討する必要がある。

ここで，最判昭和62年10月30日は，租税法律関係における信義則の適用について，具体的な考慮要素として，「右特別の事情が存するかどうかの判断に当たっては，少なくとも，税務官庁が納税者に対し信頼の対象となる公的見解を表示したことにより，納税者がその表示を信頼しその信頼に基づいて行動したところ，のちに右表示に反する課税処分が行われ，そのために納税者が経済的不利益を受けることになったものであるかどうか，また，納税者が税務官庁の右表示を信頼しその信頼に基づいて行動したことについて納税者の責めに帰すべき事由がないかどうかという点の考慮は不可欠のものであるといわなければならない」としている。同判決は租税法律関係の事案であるが，租税法律主義は法律による行政の原理を厳格化したものであることから，本設問においても参考にできよう。そうすれば，たとえば，①公的見解の表示の有無，②国民の信頼に基づく行動，③信頼に関する帰責事由の有無，④被る損害の程度などの諸事情を考慮し，法の要請を犠牲にしてもなお，信頼を保護すべき特段の事情がある場合，信頼した相手方に不測の損害を与えたとして信義則に反し違法である，などといえよう。

とはいえ，同判決をもとに判断基準を用意している受験生は多くはないとも思われる。その場合，事案から事実を抽象化して判断基準を定立したい。上記のように，Cによる問合せ，職員Eの回答の存在，回答に対するCの信頼，信頼に基づき多額の費用を投下しての改築，同信頼が破棄されたという事実の経緯を抽象化できれば，判例類似の判断基準が定立できるだろう。

あてはめでは，上記事実を各考慮要素に即して検討すれば足り，信義則に反して違法との結論になろう。なお，河川法75条1項には，効果裁量が認められるところ，信義則に反した場合，著しく合理性を欠く判断であって裁量権の逸脱・濫用があり違法，という構成も可能であると思われる。

【関連判例】

最判昭和39年10月29日民集18巻8号1809頁（判例シリーズ44事件・東京都ごみ焼却場事件）
最判昭和57年4月22日民集36巻4号705頁（判例シリーズ54事件・盛岡用途地域指定事件）
最大判平成20年9月10日民集62巻8号2029頁（判例シリーズ53事件）
最判昭和62年10月30日判時1262号91頁（判例シリーズ4事件）
最判平成21年11月26日民集63巻9号2124頁（判例シリーズ50事件）

**【参考文献】**
試験対策講座6章2節③【1】，3章2節②。判例シリーズ4事件，44事件，50事件，53事件，54事件。

答案構成用紙

第1　設問1について

　1　本件指定は処分性（行政事件訴訟法3条2項）を有するか。　　　　➡問題提起

　2　ここで，「処分」とは，公権力の主体たる国または公共団体が　　　➡規範定立
　　行う行為のうち，その行為によって，直接国民の権利義務を形成
　　しまたはその範囲を確定することが法律上認められているものを　　5
　　いう。具体的には，①公権力性および②直接具体的法効果性によ
　　り判断する。

　3　本件指定は，A県知事が優越的地位に基づき一方的に行ったも　　　➡あてはめ
　　のであるため，①公権力性が認められる。

　4　河川区域指定は，河川法（以下「法」という）6条1項3号に　　10
　　基づき河川管理者によりなされる。これにより，区域内において
　　工作物の新築等をするためには河川管理者たる県知事の許可が必
　　要となる（法26条1項）。そして，法26条1項による許可を受け
　　ずに工作物の新築等をした場合には刑罰により罰せられる（法
　　102条2号）。さらに，許可なく工作物の新築等をした場合には河　　15
　　川管理者によって監督処分がなされることがあり（法75条1項柱
　　書，法75条1項1号），工作物の除却命令がなされた場合には，
　　工作物を撤去等すべき法令上の義務が生じる。そうだとすれば，
　　本件指定は②直接具体的法効果性を有するとも思える。

　　　しかし，河川区域指定には名宛人が存在しない。また，河川法　　20
　　上，河川区域を利用しようとする者は，河川管理者の許可（法26
　　条1項）の申請をすることができ，不許可処分を受けた場合に取
　　消訴訟を提起して争えば足りる。さらに，河川区域指定による効
　　果は，あたかも新たにこのような制約を課する法令が制定された
　　場合と同様に，区域内における不特定多数者に対する一般的抽象　　25
　　的な制約にすぎない。

　　　そうだとすれば，本件指定は②直接具体的法効果性を有すると
　　はいえない。

　　　したがって，本件指定は公権力の主体たる国または公共団体の
　　行う行為のうち，その行為によって直接国民の権利義務を形成し，　30
　　またはその範囲を確定することが法律上認められる「処分」にあ
　　たらない。

　5　よって，本件指定は処分性を有しない。　　　　　　　　　　　　➡結論

第2　設問2について

　1　Cは本件取消訴訟において，本件命令は信義則（民法1条2　　　　35　➡問題提起
　　項）から導かれる禁反言の法理に違反し，裁量権の逸脱・濫用と
　　して違法であると主張することが考えられる。この主張は認めら
　　れるか。

　　⑴　まず，本件命令は法75条1項1号に基づいてなされている。　　　➡裁量の有無
　　　そして，法75条1項柱書は，監督処分につき「できる」という　　40
　　　文言を規定している。また，監督処分は河川区域内の工作物に
　　　ついて個々の危険性を判断して行う必要がある。そして，その
　　　判断は，河川区域周辺の地理や形状に精通し，平素からその危
　　　険性を判断している河川管理者の専門的・技術的な判断に委ね

るほかない。そうだとすれば，監督処分を行うか否かについて 45
は，河川管理者の広範な裁量に委ねられている。

(2)　もっとも，広範な裁量が認められるとしても，裁量権行使に
は一定の限界が存在する。そして，裁量権行使も法の一般原則
に違反することは許されない。

　　そこで，行政権の限界を画する信義則に違反することは裁量 50 ▶規範定立
権の逸脱・濫用として違法となると考える（行政事件訴訟法30
条）。具体的には，公的見解の表示の有無，その信頼とそれに
基づく行動，表示に反する処分により不利益を被ったか，信頼
に基づいて行動したことについて帰責性の有無を考慮して判断
する。 55

(3)　本問では，たしかに，河川区域の指定を行う権限を有するの ▶あてはめ
は河川管理者であるA県知事であり，同知事は河川の区域につ
いて明示的に見解を表示していない。そして，A県河川課の担
当職員Eも「測量をしないと正確なことは言えないが，今のと
ころ」という留保を付しており，正式な見解ではないというこ 60
とが示されているため，公的見解の表示はないとも思える。

　　しかし，本件コテージが設置されてから14年もの間，CはA
県知事から何らの指摘も受けておらず，本件コテージが河川区
域外にあるという見解が黙示的に表示されていたといえそうで
ある。また，河川区域の境界は河川現況台帳に記載されるため 65
（法12条3項，河川法施行令5条2項1号），公的見解は河川
現況台帳により表示されているとも思えるが，本件コテージの
設置された場所は台帳作成当時から地形が変化しており，河川
現況台帳は公的見解として機能していない。そのため，河川現
況台帳の記載よりも，河川管理者の判断が公的見解として機能 70
するような状況にあったといえる。本問では，Eが「本件コテ
ージは河川区域外にあると判断している。」と回答し，この回
答が公的見解の表示行為として機能しているといえる。そのた
め，本件コテージが河川区域外にあるということについての公
的見解が表示されていたといえる。 75

　　さらに，Cは本件指導を受け，上記公的見解を信頼し，多額
の費用を支払って改築した。しかし，本件命令を発するやむを
えない事情がないものの，代償措置も講じられず，本件命令に
よって，大きな経済的不利益を被っている。

　　また，Cとしては河川現況台帳を確認し，河川課の担当職員 80
Eからの回答も受けており，Cとしてはほかに公的見解が正し
いか否か確認する手段もなく，確認義務は尽くしたといえるた
め，公的見解の信頼につきCに帰責事由はない。

(4)　したがって，本件命令については，公的見解に反する処分に
よりCが帰責性なく重大な損害を被っており，信義則違反によ 85
る裁量権の逸脱・濫用があるといえる。

2　よって，本件命令には違法があり，Cの主張は認められる。 ▶結論

以上

設問1

1　本件指定（河川法（以下「法」とする）6条1項3号）に処分性（行訴法3条2項）が認められるかにつき，以下検討する。

2(1)　処分性は，①公権力性，②直接具体的な法効果性がある場合に認められる。　　　　　　　　　　　　　　　　　　　　　　　5

⬅△処分性の定義を正確に示したほうがよい

(2)ア　本件指定は行政庁であるA県知事が公権力の主体として行ったものであるため，公権力性が認められる。

イ　そうだとしても，本件指定は，一般的抽象的になされるものであることから，直接具体的な法効果性が認められないのではないか，以下検討する。　　　　　　　　　　　　　　　10

確かに，本件指定がなされると，河川区域内の土地で工作物を新築等する者は河川管理者の許可を受けなければならないことになり（法26条1項），これに違反した場合には工作物の除却命令（法75条1項1号），罰金等（法102条2号）がなされるおそれがある。そうすると，本件指定は直接具体的 15 な法効果性が認められるとも思える。

⬅○条文に即した検討ができている

しかし，本件指定は，あたかも新たな法律が制定されたのと同様に当該地域内の不特定多数者に対する一般的抽象的な効果を有するにすぎず，個別具体的に個人に対してなされるものではない。　　　　　　　　　　　　　　　　　　　20

⬅○判例をふまえたあてはめができている

また，本件指定に違反した場合には，前述のように後に除却命令がなされ得るため，工作者はその段階で争えばよく，本件指定の段階では未だ紛争の成熟性がないといえる。

⬅○処分性を否定する事情を多く拾えている

さらに，法には，指定に対して，処分の場合には通常用意されるような不服申立ての制度が用意されていない。　　　25

これらのことからすれば，本件指定には直接具体的な法効果性が認められない。

⬅○規範に対応している

3　よって，本件指定には処分性が認められない。

設問2

1　Cは，本件取消訴訟において，本件命令は裁量権を逸脱・濫用 30 している（行訴法30条）という違法事由を主張することが考えられる。かかる主張が認められるかを以下，検討する。

⬅○端的に問題提起ができている

2(1)　まず，本件命令は河川区域内にある工作物について除却するよう命ずるものであり，専門技術的な性格を有する。また，法75条1項柱書が「命ずることができる」としているのは，上記 35 のように除却命令等が専門技術的な判断を要することに鑑み，河川管理者に裁量を与える趣旨であると考えられる。これらのことから，本件命令についてはA県知事に裁量権が認められるといえる。

⬅○裁量を導くため丁寧な検討がなされている

もっとも，裁量行為であっても，裁量権を逸脱・濫用した場 40 合には，違法となる。具体的には，行政行為が信義則に反する場合には，裁量権の逸脱・濫用となる。

⬅△民法1条2項を指摘したほうが望ましい
⬅△判例の考慮要素をあげたほうが望ましい

(2)ア　河川区域の指定がなされた場合，これを知らしめるべく河川現況台帳が作成される（法12条1項）。これには河川区域

⬅○判例を意識したあてはめができている

の境界が記載されている（河川法施行令5条2項1号）。本 45
件でも，本件指定に伴い，本件図面が作成されている。そし
て，Cは本件コテージを建築する際に，本件図面を確認し，
河川区域外であったことから，本件コテージを建築するに至
っている。このように，Cは河川法上作成が義務付けられる
河川現況台帳の記載を信頼して本件コテージを建築している。50
　　また，2013年6月には，CはDを介して，A県河川課の担
当職員Eに本件コテージが河川区域外にあるかを尋ねており，
これに対してEは「河川区域外にある」旨の回答をしている。
そして，CはこのようなEの回答を信頼したからこそ，多額
の費用を支払って本件コテージを改築している。 55
　　このように，A県は，Cに本件コテージは河川区域外にあ
るという信頼を形成させている。
　イ　それにもかかわらず，Eの上記回答からわずか約1年1か
　　月後に，本件コテージは河川区域内にあるとして本件命令を
　　することは，上記のように形成されたCの信頼を破壊し，C 60
　　に多額の損害を生じさせるものである。 ⬅○問題文の事実を多く
拾えている
　ウ　したがって，本件命令は信義則に反するといえる。 ⬅○規範に対応している
(3)　したがって，A県知事に認められた裁量権を逸脱・濫用して
　いるといえる。
3　よって，Cの上記違法事由の主張は認められる。 65
　　　　　　　　　　　　　　　　　　　　　　　　　　　以上

　本問は，事案及び関係行政法規に即して，行政訴訟及び行政法の一般原則についての基本的な知識及び理解を運用する能力を試す趣旨の問題である。設問1は，河川管理者による河川区域の指定の処分性を問うものである。特定の者を名宛人とせずに特定の区域における土地利用を制限する行政庁の決定の処分性に関する最高裁判所の判例の趣旨を踏まえ，河川区域の指定の法的効果を河川法及び同法施行令の規定に即して検討し，処分性認定の要件に結びつけて論じることが求められる。設問2は，河川区域内に無許可で設置され改築された工作物の除却命令の違法性を問うものである。最高裁判所昭和62年10月30日第三小法廷判決（判時1262号91頁）の趣旨を踏まえ，河川区域内における工作物の設置を規制する河川法の趣旨との関係で，信義則が適用されるのはどのような場合か，そして，信義則の適用に当たっては，行政庁による公的見解の表示の有無，相手方が当該表示を信頼したことについての帰責事由の有無等の考慮が不可欠ではないかを検討した上で，本問の具体的な事実関係に即して，信義則の適用により除却命令が違法となるか否かについて論じることが求められる。

## 優秀答案における採点実感 |||

### 1　全体

　全体として基本的事項をバランスよく論じられている。また，いずれの設問においても，問題文の事実を網羅的に拾えており，このような姿勢が高評価につながったと思われる。

　さらに規範，あてはめ，結論といった法的三段論法が貫徹されていて非常に読みやすく，好印象である。

### 2　設問1について

　河川法および同法施行令の規定に即しながら，河川区域の指定の法的効果を丁寧に説明することができている。また，処分性の有無を法効果性，実効的権利救済の観点からも検討できており，処分性の正確な理解が示せていて印象がよい。

　もっとも，多くの受験生がおさえているであろう処分性の定義が書けていない点は残念である。この点を除けば出題趣旨に合致した優秀な答案である。

### 3　設問2について

　この答案では，公的見解の表示の有無，その信頼，表示に反する処分により不利益を被ったか，信頼に基づいて行動したことについて帰責性の有無等の判例（最判昭和62年10月30日）の考慮要素をあげることなく，あてはめでいきなりこれらの事情を検討している点が残念である。この判例は百選にも掲載されている重要な判例であるため，正確に表現するほうが望ましいと思われる。

　もっとも，この答案では，なぜ本件命令が信義則に違反するかについて丁寧かつ説得的な検討ができており，このような姿勢が高評価につながったと思われる。

産業廃棄物の処分等を業とする株式会社Aは，甲県の山中に産業廃棄物の最終処分場（以下「本件処分場」という。）を設置することを計画し，甲県知事Bに対し，廃棄物の処理及び清掃に関する法律（以下「法」という。）第15条第1項に基づく産業廃棄物処理施設の設置許可の申請（以下「本件申請」という。）をした。

Bは，同条第4項に基づき，本件申請に係る必要事項を告示し，申請書類及び本件処分場の設置が周辺地域の生活環境に及ぼす影響についての調査の結果を記載した書類（Aが同条第3項に基づき申請書に添付したもの。以下「本件調査書」という。）を公衆の縦覧に供するとともに，これらの書類を踏まえて許可要件に関する審査を行い，本件申請が法第15条の2第1項所定の要件を全て満たしていると判断するに至った。

しかし，本件処分場の設置予定地（以下「本件予定地」という。）の周辺では新種の高級ぶどうの栽培が盛んであったため，周辺の住民及びぶどう栽培農家（以下，併せて「住民」という。）の一部は，本件処分場が設置されると，地下水の汚染や有害物質の飛散により，住民の健康が脅かされるだけでなく，ぶどうの栽培にも影響が及ぶのではないかとの懸念を抱き，Bに対して本件申請を不許可とするように求める法第15条第6項の意見書を提出し，本件処分場の設置に反対する運動を行った。

そこで，Bは，本件申請に対する許可を一旦留保した上で，Aに対し，住民と十分に協議し，紛争を円満に解決するように求める行政指導を行った。これを受けて，Aは，住民に対する説明会を開催し，本件調査書に基づき本件処分場の安全性を説明するとともに，住民に対し，本件処分場の安全性を直接確認してもらうため，工事又は業務に支障のない限り，住民が工事現場及び完成後の本件処分場の施設を見学することを認める旨の提案（以下「本件提案」という。）をした。

本件提案を受けて，反対派住民の一部は態度を軟化させたが，その後，上記の説明会に際してAが，(ア)住民のように装ったA社従業員を説明会に参加させ，本件処分場の安全性に問題がないとする方向の質問をさせたり意見を述べさせたりした，(イ)あえて手狭な説明会場を準備し，賛成派住民を早めに会場に到着させて，反対派住民が十分に参加できないような形で説明会を運営した，という行為に及んでいたことが判明した。

その結果，反対派住民は本件処分場の設置に強く反発し，Aが本件処分場の安全性に関する説明を尽くしても，円満な解決には至らなかった。他方で，建設資材の価格が上昇しAの経営状況を圧迫するおそれが生じていたことから，Aは，本件提案を撤回し，説明会の継続を断念することとし，Bに対し，前記の行政指導にはこれ以上応じられないので直ちに本件申請に対して許可をするように求める旨の内容証明郵便を送付した。

これを受けて，Bは，Aに対し，説明会の運営方法を改善するとともに再度本件提案をすることにより住民との紛争を円満に解決するように求める行政指導を行って許可の留保を継続し，Aも，これに従い，月1回程度の説明会を開催して再度本件提案をするなどして住民の説得を試みたものの，結局，事態が改善する見通しは得られなかった。そこで，Bは，上記の内容証明郵便の送付を受けてから10か月経過後，本件申請に対する許可（以下「本件許可」という。）をした。

Aは，この間も建設資材の価格が上昇したため，本件許可の遅延により生じた損害の賠償を求めて，国家賠償法に基づき，甲県を被告とする国家賠償請求訴訟を提起した。

他方，本件予定地の周辺に居住するC1及びC2は，本件許可の取消しを求めて甲県を被告とする取消訴訟を提起した。原告両名の置かれている状況は，次のとおりである。C1は，本件予定地から下流側に約2キロメートル離れた場所に居住しており，居住地内の果樹園で地下水を利用して新種の高級ぶどうを栽培しているが，地下水は飲用していない。C2は，本件予定地から上流側に約500メートル離れた場所に居住しており，地下水を飲用している。なお，

環境省が法第15条第3項の調査に関する技術的な事項を取りまとめて公表している指針において，同調査は，施設の種類及び規模，自然的条件並びに社会的条件を踏まえて，当該施設の設置が生活環境に影響を及ぼすおそれがある地域を対象地域として行うものとされているところ，本件調査書において，Ｃ２の居住地は上記の対象地域に含まれているが，Ｃ１の居住地はこれに含まれていない。

　以上を前提として，以下の設問に答えなさい。

　なお，関係法令の抜粋を【資料】として掲げるので，適宜参照しなさい。


〔設問１〕

　Ａは，上記の国家賠償請求訴訟において，本件申請に対する許可の留保の違法性に関し，どのような主張をすべきか。解答に当たっては，上記の許可の留保がいつの時点から違法になるかを示すとともに，想定される甲県の反論を踏まえつつ検討しなさい。


〔設問２〕

　上記の取消訴訟において，Ｃ１及びＣ２に原告適格は認められるか。解答に当たっては，①仮に本件処分場の有害物質が地下水に浸透した場合，それが，下流側のＣ１の居住地に到達するおそれは認められるが，上流側のＣ２の居住地に到達するおそれはないこと，②仮に本件処分場の有害物質が風等の影響で飛散した場合，それがＣ１及びＣ２の居住地に到達するおそれの有無については明らかでないことの2点を前提にすること。


【資料】

○　廃棄物の処理及び清掃に関する法律（昭和45年法律第137号）（抜粋）

（目的）

第1条　この法律は，廃棄物の排出を抑制し，及び廃棄物の適正な分別，保管，収集，運搬，再生，処分等の処理をし，並びに生活環境を清潔にすることにより，生活環境の保全及び公衆衛生の向上を図ることを目的とする。

（産業廃棄物処理施設）

第15条　産業廃棄物処理施設（廃プラスチック類処理施設，産業廃棄物の最終処分場その他の産業廃棄物の処理施設で政令で定めるものをいう。以下同じ。）を設置しようとする者は，当該産業廃棄物処理施設を設置しようとする地を管轄する都道府県知事の許可を受けなければならない。

2　前項の許可を受けようとする者は，環境省令で定めるところにより，次に掲げる事項を記載した申請書を提出しなければならない。

　一～九　（略）

3　前項の申請書には，環境省令で定めるところにより，当該産業廃棄物処理施設を設置することが周辺地域の生活環境に及ぼす影響についての調査の結果を記載した書類を添付しなければならない。（以下略）

4　都道府県知事は，産業廃棄物処理施設（中略）について第1項の許可の申請があつた場合には，遅滞なく，第2項（中略）に掲げる事項，申請年月日及び縦覧場所を告示するとともに，同項の申請書及び前項の書類（中略）を当該告示の日から1月間公衆の縦覧に供しなければならない。

5　（略）

6　第4項の規定による告示があつたときは，当該産業廃棄物処理施設の設置に関し利害関係を有する者は，同項の縦覧期間満了の日の翌日から起算して2週間を経過する日までに，当該都道府県知事に生活環境の保全上の見地からの意見書を提出することができる。

（許可の基準等）

第15条の2　都道府県知事は，前条第1項の許可の申請が次の各号のいずれにも適合していると認めるときでなければ，同項の許可をしてはならない。

一　その産業廃棄物処理施設の設置に関する計画が環境省令で定める技術上の基準に適合していること。

二　その産業廃棄物処理施設の設置に関する計画及び維持管理に関する計画が当該産業廃棄物処理施設に係る周辺地域の生活環境の保全及び環境省令で定める周辺の施設について適正な配慮がなされたものであること。

三　申請者の能力がその産業廃棄物処理施設の設置に関する計画及び維持管理に関する計画に従つて当該産業廃棄物処理施設の設置及び維持管理を的確に，かつ，継続して行うに足りるものとして環境省令で定める基準に適合するものであること。

四　（略）

2～5　（略）


○　廃棄物の処理及び清掃に関する法律施行規則（昭和46年厚生省令第35号）（抜粋）

（生活環境に及ぼす影響についての調査の結果を記載した書類）

第11条の2　法第15条第3項の書類には，次に掲げる事項を記載しなければならない。

一　設置しようとする産業廃棄物処理施設の種類及び規模並びに処理する産業廃棄物の種類を勘案し，当該産業廃棄物処理施設を設置することに伴い生ずる大気質，騒音，振動，悪臭，水質又は地下水に係る事項のうち，周辺地域の生活環境に影響を及ぼすおそれがあるものとして調査を行つたもの（以下この条において「産業廃棄物処理施設生活環境影響調査項目」という。）

二　産業廃棄物処理施設生活環境影響調査項目の現況及びその把握の方法

三　当該産業廃棄物処理施設を設置することが周辺地域の生活環境に及ぼす影響の程度を予測するために把握した水象，気象その他自然的条件及び人口，土地利用その他社会的条件の現況並びにその把握の方法

四　当該産業廃棄物処理施設を設置することにより予測される産業廃棄物処理施設生活環境影響調査項目に係る変化の程度及び当該変化の及ぶ範囲並びにその予測の方法

五　当該産業廃棄物処理施設を設置することが周辺地域の生活環境に及ぼす影響の程度を分析した結果

六　大気質，騒音，振動，悪臭，水質又は地下水のうち，これらに係る事項を産業廃棄物処理施設生活環境影響調査項目に含めなかつたもの及びその理由

七　その他当該産業廃棄物処理施設を設置することが周辺地域の生活環境に及ぼす影響についての調査に関して参考となる事項

## 1 はじめに

　本問は産業廃棄物処理施設の設置の際の住民紛争を題材とするものである。設問1については，行政指導の継続を理由とした許可の留保の違法性，設問2については，廃棄物処理施設の設置許可の取消訴訟における周辺住民の原告適格が問題となっている。いずれの問題も判例で述べられた規範を示したうえで，問題文記載のいかなる事実が，その規範との関係でいかなる意味をもつのかを述べ，自分の結論を示す必要がある。

## 2 設問1について

### 1　Aの主張について

　Aとしては，国家賠償請求訴訟において，Aの本件申請は許可基準を充足しているにもかかわらず，甲県知事Bが許可の留保を行ったことは「違法」であると主張すると考えられる。

(1)　「違法」とは，「公務員」が，職務上通常尽くすべき注意義務を尽くさなかったことをいう（職務行為基準説）。この点は，主要な論点として問われているわけではないので，端的に規範を示せば足りる。

(2)　本問において，Aは，内容証明郵便という形式により，甲県知事Bに対してこれ以上行政指導には従うことができない意思を表明しており，真摯かつ明確な意思表明がなされているといえる。それにもかかわらず，行政指導を継続して許可を留保することは，Bが職務上尽くすべき注意義務を尽くさなかったものといえる。

　よって，Aが内容証明郵便を送付した以後の許可留保は，「違法」となる。

### 2　甲県の反論をふまえた対立点について

　これに対して，甲県は，本件においてAの申請が許可要件を充足しており，かつ内容証明郵便によって行政指導に従えない旨の意思を表明していたとしても，行政指導へのAの不協力が社会通念上正義の観念に反する特段の事情があるといえるため，「違法」ではないと主張することが考えられる。

(1)　この点について，許可基準を充足していたとしても，ただちに許可処分を行うとすれば，かえって法の目的を阻害することがある。そこで，許可の根拠法令の目的，趣旨などを参照し，行政庁に対し，応答を留保することができる趣旨を読み取れる場合には，社会通念上合理的と認められるかぎりにおいて，応答を留保することができると解する。ただし，申請者が，行政指導にもはや協力できないとの意思を真摯かつ明確に表明した場合には，申請者が受ける不利益と行政指導の目的とする公益上の必要性を比較衡量し，不協力が社会通念上正義の観念に反するといえるような特段の事情がないかぎり，それ以降の許可処分の留保は，職務上通常尽くすべき注意義務を尽くしたものとは評価できないから，「違法」となるというべきであろう。

(2)　では，Bが本件申請の応答を留保したことが，「違法」となるか。

　Aは，内容証明郵便によって，これ以上行政指導に協力しない意思を表明している。たしかに，Aは内容証明郵便を送付した後も説明会を開催する等，行政指導に応じているかのような事情もある。しかし，建設資材の価格が上昇し，Aの経営状況を圧迫するおそれが生じていたことを考慮すると，内容証明郵便という形式をもって，行政指導への不協力を真摯かつ明確に表明したものと評価できる。

　そこで，Aの不協力が，社会通念上正義の観念に反するといえるかどうかについてみると，たしかに，周辺住民との紛争が解決していない以上，公益上の必要性があるといえよう。しかしながら，廃棄物の処理及び清掃に関する法律（以下「廃棄物処理法」という）15条の2第1項の要件を充足している以上，住民の施設の設置に関する懸念は根拠を欠くといえ公益上の必要性が高くないと評価できる。そのうえ，建設資材の価格の上昇により経営状況が圧迫しているAにとっては，留保による不利益はきわめて大きいものといえる。

　たしかに，Aは，説明会においてA社従業員を住民のように装って参加させたり，あえて手狭な説明会場を準備し，反対派住民が参加できないようにしたことからすれば，行政指導に対する

不誠実な態様の協力であった一面がある。しかし，反対派住民がまったく参加できなかったわけではない。そうだとすれば，Aの不協力が，社会通念上正義の観念に反するような特段の事情があるものとは評価できない。

　　　よって，Bが内容証明郵便を受領した時点以降の留保は，「違法」である。

## ③　設問2について

1　原告適格は「法律上の利益を有する者」（行政事件訴訟法9条1項）に認められる。そのため，「法律上の利益を有する者」の定義を，小田急高架訴訟大法廷判決（最大判平成17年12月7日）をふまえ，「当該処分により自己の権利若しくは法律上保護された利益を侵害され，又は必然的に侵害されるおそれのある者」であることを示す必要がある。そのうえで，C1，C2は処分の名宛人ではないため，いかなる利益が法律上保護された利益にあたるかを，9条2項を参照しながら，論述することになろう。

## 2　C1，C2の原告適格

(1)　まず，想定されるC1，C2の利益の摘示が不可欠である。

　　　この点は，問題文において，C1は「本件予定地から下流側に約2キロメートル離れた場所に居住」「果樹園で地下水を利用して新種の高級ぶどうを栽培」等の事情があげられており，一方C2に関しては，「本件予定地から上流側に約500メートル離れた場所に居住」「地下水を飲用」等の事情があがっている。そのため，これらの点を考慮したうえで，どのような利益が想定できるかを考え，答案に示すべきである。答案例では，地下水の汚染等により生活環境が害されない利益と，農業を営む利益とを想定しつつ，論じている。

(2)　次に，廃棄物処理法がいかなる利益を保護しているのかを検討することになろう。

　　　この点，法がいかなる利益を保護しているのかを判断するにあたっては，まず根拠法令を指摘する必要がある。そして，目的条項，法やその委任命令およびそれと趣旨を同じくする関連法令等を参照し（行政事件訴訟法9条2項），許認可要件や申請書において要求される事項等を抜きだし，いかなる利益を保護しているのかを類型的に示す必要がある。本件設置許可は，廃棄物処理法15条1項に基づくものであるから，廃棄物処理法が根拠法令である。また，廃棄物処理法15条3項の委任を受けて規定された廃棄物の処理及び清掃に関する法律施行規則（以下「規則」という）も根拠法令である。廃棄物処理法は，その目的条項（廃棄物処理法1条）では廃棄物の適切な処理による生活環境の保全をあげていることから，生活環境上の利益を保護しているものといえる。一方で，農業を営む利益に配慮する規定は，法を参照しても特に見受けられないことからすれば，法は，農業を営む利益を保護するものとはいえないだろう。そのため，法の保護範囲にあるのは，生活環境上の利益のみであることを指摘する必要がある。そのうえで，いかなる生活上の利益を保護しているのかを，許可基準（廃棄物処理法15条の2第1項）や申請書の添付書類の1つである調査書において要求されている事項（廃棄物処理法15条3項，規則11条の2各号）等を考慮して，判断すべきである。

　　　そのうえで，法から導かれる利益が不特定多数者のなかに吸収解消されてしまうものではなく個別的利益として保護されるものであるということも，生活環境というものが重要かつ回復困難な性質であることにも触れながら，論述することになろう。具体的には，法は，地下水の汚染等により生活環境に著しい被害を直接的に受けるおそれのある者の利益を個々人の個別的利益として保護する趣旨を含んでいると解するのが妥当である。

(3)　さらに，C1，C2の利益が個別的利益として保護されるのかを検討することになろう。

　　　特に，問題文にはC1，C2のそれぞれに関する具体的な事情が数多くあげられているため，このような事実をできるかぎり摘示し，自分なりに評価することが重要となってくる。

　　　具体的に検討するに，C1については，C1の生活上の不利益が法律上保護された利益に該当するか否かを，本件予定地からのC1の居住地までの距離，本件申請書に添付されている調査書の調査対象地域外に居住していること，高級ブドウ栽培において地下水を利用していること，設問2にある前提事実等を考慮して判断すべきである。

　　　また，C2の生活上の不利益についても，C1と同様に本件予定地からのC2の居住地までの

距離，設問２にある前提事実等を考慮したうえで法律上保護されるかを判断すべきといえる。なお，その際には，本件予定地から居住地までの距離がＣ１よりも近いこと，Ｃ２は調査書の調査区域内に居住していることなど，Ｃ１の事案との違いを意識したうえで論述すべきである。同様の事案として判例（最判平成26年７月29日）があり，この判例においては原告適格が認められているが，問題文の事情を積極的に拾い，評価する姿勢を示すことができていれば，結論はどちらでもよいであろう。

**【関連判例】**
最判昭和60年７月16日民集39巻５号989頁（判例シリーズ33事件・品川マンション事件）
最大判平成17年12月７日民集59巻10号2645頁（判例シリーズ64事件・小田急高架訴訟大法廷判決）
最判平成26年７月29日民集68巻６号620頁

**【参考文献】**
試験対策講座４章４節②【４】(2)，６章２節③【２】(2)・(3)・(4)・(5)(b)。判例シリーズ33事件，64事件。

　設問1は，産業廃棄物処理施設の設置許可の申請に対し，知事が許可を留保した上で，周辺住民との紛争を調整する行政指導を行った事例について，国家賠償法上の違法性の検討を求めるものである。

　マンションの建築確認を留保して周辺住民との紛争を調整する行政指導を行った事案である最判昭和60年7月16日民集39巻5号989頁を踏まえ，行政指導が継続されている状況の下で許可の留保が違法になる要件として，申請者において許可を留保されたままでの行政指導にはもはや協力できないとの意思を真摯かつ明確に表明したこと，及び，申請者が受ける不利益と行政指導の目的とする公益上の必要性とを比較衡量して，申請者の行政指導への不協力が社会通念上正義の観念に反するといえるような特段の事情がないことの二つを適切に示すことが求められる。

　その上で，問題文中に示された事実を適切に上記の要件に当てはめて，許可の留保の違法性を主張することが求められる。具体的には，真摯かつ明確な意思の表明に関する事情として，内容証明郵便の送付が挙げられる。次に，特段の事情の有無に関わる事情として，①Aの受ける不利益（建設費用の高騰による経営の圧迫），②行政指導の目的とする公益（周辺住民との十分な協議による紛争の円満解決），③社会通念上正義の観念に反する事情（説明会におけるAの不誠実な対応やAが示した譲歩策の撤回）が挙げられる。これらの事実を示した上で説得力ある主張を展開することが求められる。なお，上記①及び③の事情については，意思表明の真摯性と関係付けて論じることも考えられる。

　設問2は，付近住民が産業廃棄物処理施設の設置許可に対する取消訴訟を提起した場合に，原告適格が認められるか否かを問うものである。「法律上の利益」の解釈を踏まえ，行政事件訴訟法第9条第2項の考慮要素に即して，関係する法令の規定や原告らの置かれている利益状況を適切に考慮して，その有無を判断することが求められる。

　まず，法令の趣旨・目的の検討については，廃棄物の処理及び清掃に関する法律第1条の目的規定に定める「生活環境の保全及び公衆衛生の向上」や第15条第6項の定める利害関係者の意見提出権，第15条の2第1項第2号の許可基準の定める「周辺地域の生活環境の保全」等が原告適格を基礎付ける要素に当たるか，また，同法施行規則第11条の2が「周辺地域の生活環境に及ぼす影響」の調査を求めていることが原告適格を基礎付ける要素に当たるかを検討することが求められる。

　次に，設置許可において考慮されるべきC1及びC2それぞれの利益の内容・性質について検討することが求められる。本件処分場がもたらす環境影響として，有害物質の飛散と地下水の汚染がもたらす健康被害や生業上の損害（農作物への被害）が考えられるが，これらの利益の内容及び性質（重要性や回復可能性等）や侵害の可能性を踏まえて判断することが求められる。

　さらに，原告適格が認められる者の具体的範囲について，本件調査書における「対象地域」をどのように考慮し得るかが問題となる。近時の判例（最判平成26年7月29日民集68巻6号620頁）では，本問と類似の事案において，具体的な権利侵害の証明がされない場合でも，対象地域内に居住すること等を考慮して原告適格が認められており，この判断を踏まえた検討がされることが望ましい。

第1　設問1について

1　国家賠償請求訴訟において，Aは本件申請に対する許可の留保の「違法」（国家賠償法1条1項）性に関し，以下の主張をすると考える。 ➡Aの主張

(1)　「違法」とは，職務上通常尽くすべき注意義務を尽くさなかったことをいうと解する。 ➡規範定立 5

(2)　本問では，AがBに内容証明郵便を送付して行政指導にはこれ以上応じられないとの意思を真摯かつ明確に表明しているにもかかわらず，Bが指導の継続を理由に許可を留保することは，職務上通常尽くすべき注意義務を尽くさなかったものとして，「違法」である。 ➡あてはめ

2　これに対して，甲県は，行政指導へのAの不協力が社会通念上正義の観念に反する特段の事情が存在するため「違法」でないと反論する。 ➡甲県の反論 10

(1)　この点，行政指導にもはや協力できないとの意思を真摯かつ明確に表明しているような場合には，当該相手方が受ける不利益と行政指導の目的とする公益上の必要性を比較衡量し，不協力が社会通念上正義の観念に反するといえるような特段の事情がないかぎり，それ以降の申請に対する許可の留保は，職務上通常尽くすべき注意義務を尽くさなかったものとして，「違法」となると解する。 ➡規範定立 15

(2)　本問では，内容証明郵便送付時に建設資材の価格が上昇し，Aの経営状況を圧迫するおそれが生じていたことを考慮すると，内容証明郵便を送付したことにより，Aは行政指導に協力しない意思を真摯かつ明確に表明したといえる。 ➡あてはめ 20

次に，特段の事情が存するか検討するに，たしかに，周辺住民との紛争が解決していない以上公益上の必要性はあるが，法15条の2第1項の要件を充足している以上，住民の施設の設置に関する懸念は根拠を欠くといえ，公益上の必要性が高くない。また，建設資材の価格の上昇により経営状態が圧迫しているAにとって留保による不利益はきわめて大きい。そして，たしかに，Aは住民のように装ったA社従業員を説明会に参加させ，本件処分場の安全性に問題がないとする方向の質問，意見を述べさせたことや，あえて手狭な説明会場を準備し，反対住民が十分に参加できないようなかたちで説明会を開催していることは，社会通念上正義の観念に反するとも思える。しかし，反対派住民がまったく参加できなくなったわけではなく，意見表明する機会もあった。また，説明会の開催に問題はあっても，その報告内容に虚偽があったなどの事実はない。そうだとすれば，Aの不協力が社会通念上正義の観念に反するような特段の事情はないといえ，Bが内容証明郵便を受領した時点以降の留保は「違法」である。 ➡結論 25 30 35

第2　設問2について

C1，C2は「法律上の利益を有する者」（行政事件訴訟法9条1項）にあたり，原告適格が認められるか。C1，C2は「処分……の相手方以外の者」であるため，行政事件訴訟法9条2項に従って判断する。 ➡問題提起 40

1　「法律上の利益を有する者」とは，当該処分により自己の権利もしくは法律上保護された利益を侵害され，または必然的に侵害されるおそれのある者をいう。そして，当該処分を定めた行政法規が，不特定多数者の具体的利益を個々人の個別的利益としてもこれを保護する趣旨を含む ➡規範定立

と解される場合には，このような利益もここにいう法律上保護された利益にあたる。 45

2　まず，C1固有の利益として，農業を営む利益が想定できる。また，C1，C2共通の利益として，健康・生活環境上の利益を想定できる。 ➡具体的利益

3　次に，本件設置許可は法15条1項に基づくものだから，法が根拠法令である。また，法15条3項の委任を受けて規定された廃棄物の処理及び 50 清掃に関する法律施行規則（以下「規則」という）も根拠法令である。そして，法は生活環境の保全等を目的とし（法1条），許可申請書には周辺地域の生活環境に及ぼす影響についての調査の結果を記載した書類を添付することを要求し（法15条3項），許可申請があった場合には申請書等を公衆の縦覧に供しなければならず（法15条4項），当該産業廃 55 棄物処理施設の設置に関し利害関係を有する者に生活環境の保全上の見地から意見書を提出することを認め（法15条6項），許可要件として周辺地域の生活環境の保全等についての適正な配慮を要求し（法15条の2第2号），規則11条の2第6号は大気質，地下水にかかる事項を法15条3項の書類に添付しなかった理由を記載することを求めている。以上に 60 より法は地下水の汚染等により周辺住民の健康または生活環境が害されない利益を保護していると考えられる。一方，法は農業を営む利益に配慮する規定を設けていないため，このような利益を保護しているとは考えられない。 ➡保護範囲

　　ここで，健康または生活環境が害されない利益は個々人の個別的利益 65 としても保護されるか検討するに，健康または生活環境は重要で一度侵害されれば回復困難な性質の利益である。

　　したがって，法は地下水の汚染等により生活環境に著しい被害を直接的に受けるおそれのある者の利益を個々人の個別的利益としても保護する趣旨を含むと解されるから，このような者は「法律上の利益を有する 70 者」にあたる。 ➡規範定立

4　本問では，本件処分場の有害物質が地下水に浸透した場合，下流側のC1の居住地に到達するおそれはあるが，C1は地下水を飲用していない。さらに，C1は本件予定地から2キロメートルの場所に居住しているが，本件処分場の有害物質が風等の影響で飛散した場合，C1の居住 75 地に到達するおそれの有無については明らかでない。しかも，本件調査対象地域にC1の居住地は含まれていない。したがって，C1は生活環境に著しい被害を直接的に受けるおそれのある者とはいえず，「法律上の利益を有する者」にあたらない。 ➡あてはめ

　　他方，C2は地下水を飲用しているが，有害物質が浸透した場合，上 80 流側にあるC2の居住地に到達することはない。また，C1同様，有害物質がC2の居住地に到達するおそれの有無については明らかではない。しかし，C2は本件予定地から500メートルと近接した場所に居住しており，調査対象地域に含まれていることからすれば，有害物質が到達するおそれを想定するべきものといえる。したがって，C2は生活環境に 85 著しい被害を直接的に受けるおそれのある者といえ，「法律上の利益を有する者」にあたる。

5　よって，C2にのみ原告適格が認められる。 以上 ➡結論

第1　設問1

1　Aは，本件申請は，法15条の2第1項所定の要件を具備しているにもかかわらず，Bが行政指導の継続を理由として，その許可を留保したことは違法である旨の主張をするといえる。一方で，甲県は，法15条の2はその所定の要件を具備しないかぎり「許可をしてはならない」としているのみで，その要件を具備したとしても，法15条1項の許可をいつ行うかについては県知事に裁量が認められ，本件許可の際の留保についても，その裁量の範囲内と反論することが考えられる。

← ○自分なりに悩みを示している

2　以下，その当否について検討する。

(1)　まず，法15条1項の許可を行う際には，法15条の2の文言から，その許可の留保については裁量が認められる以上，行政指導の継続を理由とした留保も，その裁量の範囲内であれば適法といえる。もっとも，行政指導といえども，無制限に許容されているわけではなく，行政手続法33条においては行政指導に従う意思がない旨を申請者が示した場合にはその権利行使を妨げることが禁止されている。このことをふまえると，行政指導の継続を理由とした許可の留保についても，①行政指導に従わない旨を申請者が真摯かつ明確に表明したことと，②その留保によって申請者への不利益を考慮しても，なお行政指導を継続せねば社会通念上正義に反するといえるような特段の事情がない場合にはその拒絶をした時点からは違法なものになる。

← ○判例の規範をほぼ正確にあげることができている

(2)　本件について検討する。

Aは内容証明郵便という確実な方法でBからの行政指導に従わない旨を表示していることから，真摯かつ明確な意思表示がなされたものといえる。(①充足)

← △問題文の事実を引用することはできているものの，評価が加えられておらず，論述の流れが悪い

まず，本件での行政指導は，本件予定地周辺の住民とAとの紛争解決を図るために行われたものである。

本件許可をする段階まではなおAの説明会に不正があり，円満な解決にいたってなかった以上，なお行政指導を継続する必要があったと思える。しかし，本件申請は，法15条の2所定の要件を具備しており，また留保期間中の資材の高騰により，Aの経営状況が圧迫されるほどになっていたことをふまえると，Aの不利益のほうがより大きく，上記の事情は特段の事情とはいえない。(②充足)

3　以上のことから，本件許可の留保は，AがBに対して行政指導に応じない旨の内容証明郵便を送付した時点で国賠法上違法なものといえる。

← ○問いに答えることができている

第2　設問2

1　原告適格は，「法律上の利益を有する者」(行政事件訴訟法〔以下「行訴法」という〕9条1項)つまりその処分によって，権利または法律上保護された利益を侵害されるものを指す。そして，法律上保護された利益か否かは，その処分の根拠法規が当該利益を一般的公益として吸収解消されるにとどまらず，個々人の個別

← ○判例の規範をほぼ正確にあげることができている

的な利益として保護しているかで判断される（行訴法9条2項参照）。

2　本件について検討する。

(1)　本件許可によって損なわれる利益としては，C1は高級ブドウ栽培による経済上の利益および清潔な空気享受による生活上の利益が，C2は清潔な地下水・大気を享受するという生活上の利益が考えられる。

⬅○C1およびC2の被る不利益を具体的に検討できている

(2)　法がいかなる利益を個別的な利益として保護しているのかを判断する。

法は廃棄物の適正な処理による生活環境の保全を目的としており（法1条），許可基準（法15条の2第1項）においても，生活環境の保全への適切な配慮（同項3号）があげられており，その設置許可の際に生活上の利益への配慮がなされている。そして，申請書に生活環境の調査結果報告書（法15条3項）の添付が要求されており，そのなかでは大気質，地下水に関わる事項の記載が要求されている（廃棄物の処理及び清掃に関する法律施行規則11条の2第1号，6号）。このことをふまえると，調査書における調査区域に居住し，本件施設の設置によりその生活上の不利益が重大な者の利益は保護されたものといえる。

⬅○根拠法たる法15条の2第1項から，保護範囲を論じられており，説得的である

⬅△当該処分において考慮されるべき利益の内容および性質についての言及がなされていない

(3)　C1，C2それぞれ検討する。

ア　まず，C1の高級ブドウ栽培による利益は経済上の利益であるから，個別的な利益として保護していない。そして，生活上の利益についても，C1は調査書の対象地域に含まれていない以上設置許可の際に考慮されたとはいえず，その住宅も本件予定地から2キロメートルも離れており，本件施設から汚染物質が風により飛散しても，その被害は軽微なものといえる。よって，C1の利益は個別的な利益として法が保護しているとはいえず，原告適格が認められない。

⬅△経済上の利益がなぜ個別的な利益として保護されないのかについて，理由がなく，説得力に欠ける

イ　C2は，調査対象地域に居住している以上，その生活上の不利益は本件許可の際に考慮されていたといえる。そして，本件施設からの汚染物質が風により飛散する危険があり，その危険はC2が本件予定地から500メートルの距離に居住する以上，生命身体を害するほどのものといえ，その生活上の不利益は個別的な利益として保護されているといえる。

⬅△規範とあてはめが対応していない

3　よって，C2にのみ原告適格が認められる。

以上

## 優秀答案における採点実感 |||

### 1 全体

　全体としては，問題文における指示や前提となる事実を正確に理解したうえで，判例の規範を用いて，法のしくみ解釈や事実に対する法的評価を行い，適切なあてはめができている。行政法においては，抽象的な議論に終始することなく，問題文中にある具体的事実や参照法令への言及をすることが高評価を得るうえで必須である。分量も十分であり，そのうえ各解答の量的なバランスもとれている。

　ただ，全体的にあてはめにおける事実の評価が不十分である，という印象を受けた。判例を意識して規範を立てることができているため，的確に事実をあげてそれに対する評価をもっと書けていれば，かなりの上位答案になったと思われる。問題提起──→判例を意識した規範の定立──→事実を拾いそれを評価──→結論，このサイクルを端的にかつ正確にできるように，過去問演習で訓練してほしい。

### 2 設問1について

　品川マンション事件の規範をふまえたうえで問題文中の事実を拾い，適切なあてはめがなされている。忘れやすい「いつの時点から違法になるか」という指示にもしっかり解答できており，問いに答える姿勢をうかがうことができる。問題にあげられた事実を丁寧に拾うことができている。

　ただ，拾った事実に対して十分な評価ができているとはいえない。また，同判決は，行政庁に時の裁量がないことを前提としたものであるのに対し，優秀答案での違法性判断の枠組みは裁量の逸脱・濫用を前提としており，ちぐはぐ感が否めない。

### 3 設問2について

　原告適格の規範を小田急高架訴訟大法廷判決に基づいて示したうえで，廃棄物処理法のしくみを解釈し，どのような利益が類型的に保護されているか，そして，C1，C2の利益がその利益に該当するかをそれぞれ分けて書けている点が高評価につながったと思われる。それぞれが主張すると考えられる利益を明示できている点も，好印象である。

　一方，法のしくみ解釈の場面では，ただ単に条文を羅列しただけに思える。条文をあげたうえで，その趣旨をふまえた解釈を展開してほしかった。また，規範とあてはめも，十分に対応しているとはいえない。この2点を修正できれば，より高評価につながるだろう。

A県は，漁港漁場整備法（以下「法」という。）に基づき，漁港管理者としてB漁港を管理している。B漁港の一部には公共空地（以下「本件公共空地」という。）があり，Cは，A県の執行機関であるA県知事から，本件公共空地の一部（以下「本件敷地」という。）につき，1981年8月1日から2014年7月31日までの期間，3年ごとに法第39条第1項による占用許可（以下「占用許可」とは，同法による占用許可をいう。）を受けてきた。そして，1982年に本件敷地に建物を建築し，現在に至るまでその建物で飲食店を経営している。同飲食店は，本件公共空地の近くにあった魚市場の関係者によって利用されていたが，同魚市場は徐々に縮小され，2012年には廃止されて，関係施設も含め完全に撤去されるに至った。現在Cは，観光客などの一般利用者をターゲットとして飲食店の営業を継続し，2013年には，客層の変化に対応するために店内の内装工事を行っている。他方，A県知事は，魚市場の廃止に伴って，観光客を誘引するために，B漁港その他の県内漁港からの水産物の直売所を本件敷地を含む土地に建設する事業（以下「本件事業」という。）の構想を，2014年の初めに取りまとめた。なお，本件事業は，法第1条にいう漁港漁場整備事業にも，法第39条第2項にいう特定漁港漁場整備事業にも，該当するものではない。

　Cは，これまで受けてきた占用許可に引き続き，2014年8月1日からも占用許可を受けるために，本件敷地の占用許可の申請をした。しかし，A県知事は，Cに対する占用許可が本件事業の妨げになることに鑑みて，2014年7月10日付けで占用不許可処分（以下「本件不許可処分」という。）をした。Cは，「Cは長期間継続して占用許可を受けてきたので，本件不許可処分は占用許可を撤回する処分と理解すべきである。」という法律論を主張している。A県側は，「法第39条第1項による占用許可をするか否かについて，同条第2項に従って判断すべき場合は，法第1条の定める法の目的を促進する占用に限定されると解釈すべきである。Cによる本件敷地の占用は，法第1条の定める法の目的を促進するものではないので，Cに対し本件敷地の占用許可をするかどうかについては，その実質に照らし，地方自治法第238条の4第7項が行政財産の使用許可について定める基準に従って判断するべきである。」という法律論を主張している。なお，B漁港は，A県の行政財産である。

　A県の職員から，Cがなぜ上記のような法律論を主張しているのか，及び，A県側の法律論は認められるかについて，質問を受けた弁護士Dの立場に立って，以下の設問に解答しなさい。なお，法の抜粋を資料として掲げるので，適宜参照しなさい。

〔設問1〕

　本件不許可処分を，占用許可申請を拒否する処分と理解する法律論と，占用許可の撤回処分と理解する法律論とを比べると，後者の法律論は，Cにとってどのような利点があるために，Cが主張していると考えられるか。行政手続法及び行政事件訴訟法の規定も考慮して答えなさい。

〔設問2〕

(1)　Cによる本件敷地の占用を許可するか否かについて，法第39条第2項に従って判断する法律論と，A県側が主張するように，地方自治法第238条の4第7項の定める基準に従って判断する法律論とを比べると，後者の法律論は，A県側にとってどのような利点があるか。両方の規定の文言及び趣旨を比較して答えなさい。

(2)　本件において，A県側の上記の法律論は認められるか，検討しなさい。

【資　料】　漁港漁場整備法（昭和25年法律第137号）（抜粋）
（目的）

第1条　この法律は，水産業の健全な発展及びこれによる水産物の供給の安定を図るため，環境との調和に配慮しつつ，漁港漁場整備事業を総合的かつ計画的に推進し，及び漁港の維持管理を適正にし，もつて国民生活の安定及び国民経済の発展に寄与し，あわせて豊かで住みよい漁村の振興に資することを目的とする。

（漁港の保全）

第39条　漁港の区域内の水域又は公共空地において，（中略）土地の一部の占用（中略）をしようとする者は，漁港管理者の許可を受けなければならない。（以下略）

2　漁港管理者は，前項の許可の申請に係る行為が特定漁港漁場整備事業の施行又は漁港の利用を著しく阻害し，その他漁港の保全に著しく支障を与えるものでない限り，同項の許可をしなければならない。

3〜8　（略）

## 思考過程

### ① はじめに

本問は，法律論を比較しつつ，一方の法律論の利点を検討させるという特徴的な出題である。翌2015（平成27）年以降は同様の形式での出題はされていない。そのため，今後このような形式で出題される可能性は低いが，行政法の世界の横断的な分析をとおして，当事者にとって有利な法律論を探すという実務的な感覚を養うことができると思われる。比較が求められている以上，まずは設問の誘導にのりつつ，各主張を分析したい。そのうえで利点を指摘するという形式で書けば，読みやすい答案となろう。

### ② 設問1について

「行政手続法及び行政事件訴訟法の規定も考慮して」という要求があるため，それぞれの法律との関係で，各法律論を分析する必要がある。

**1 行政手続法上の利点について**

(1) 占用許可申請を拒否する処分と理解する場合，申請（行政手続法2条3号）に対する拒否処分には，行政手続法5条から11条までが適用されるから，審査基準の設定（行政手続法5条1項），公表（行政手続法5条3項），理由の提示（行政手続法8条）が必要になる。なお，申請に対する拒否処分は不利益処分ではない（行政手続法2条4号ロ）。

(2) 撤回処分と理解する場合，撤回は，占用許可という授益的処分の効果を消滅させて占用権を制限する「不利益処分」（行政手続法2条4号）にあたるから，行政手続法12条から31条までが適用される。したがって，理由の提示（行政手続法14条）だけでなく，「許認可等を取り消す不利益処分」（行政手続法13条1項1号イ）として聴聞手続が必要になる。したがって，聴聞手続でみずからの意見を主張する機会が与えられ，同手続がとられなければ処分の違法事由として主張することができる。

(3) これらを比較すると，撤回処分と理解する法律論では，聴聞手続において意見を主張する機会が与えられる，手続上の違法事由が増える可能性があるという行政手続上の利点がある。

**2 行政事件訴訟法上の利点について**

(1) 占用許可申請を拒否する処分と理解する場合，本問でCは，本件敷地の占用を継続したいと考えていると思われるため，Cの要求を達成するためには，占用許可の申請型義務付け訴訟（行政事件訴訟法3条6項2号）を提起し，本件不許可処分の取消訴訟を併合提起する必要がある（行政事件訴訟法37条の3第3項2号）。すなわち，2つの訴えを提起する必要がある。また，申請型義務付け訴訟を提起する場合，本案勝訴要件は単なる処分の違法では足りず，行政事件訴訟法37条の3第5項に規定されるように，処分をすべきであるのにしなかったと主張する必要がある。仮の救済としては，占用許可の仮の義務付け（行政事件訴訟法37条の5第1項）を申し立てることになる。仮の義務付けでは，「償うことのできない損害を避けるため緊急の必要」があること，「本案について理由があるとみえる」ことという厳格な要件が要求されている。

(2) 占用許可の撤回処分と理解する場合，撤回処分の取消訴訟（行政事件訴訟法3条2項）で勝訴すれば占用を継続できるため，同訴訟だけ提起すればよい。本案勝訴要件は，処分の違法で足りる。さらに，仮の救済は撤回処分の効力の執行停止（行政事件訴訟法25条2項）となる。「重大な損害を避けるため緊急の必要」（行政事件訴訟法25条2項）が要件とされ，仮の義務付けにおける「償うことのできない損害」ほど重くない。

(3) これらを比較すると，占用許可の撤回処分と理解する法律論のほうが，本件不許可処分の取消訴訟を提起すれば足りる，本案勝訴要件としても処分が違法であることを主張すれば足りる，仮の救済が認められやすいという利点がある。

**3 実体法上の違法事由の主張における利点について**

(1) 占用許可申請を拒否する処分と理解する場合，漁港漁場整備法（以下「法」という）39条2項には裁量が認められると考えられるため，裁量権の逸脱・濫用を主張する必要がある。

(2) 占用許可の撤回処分と理解する場合，いわゆる授益的処分の撤回の制限法理が妥当する。すな

わち，授益的処分の場合，相手方の利益または信頼保護のため行政行為の効力を維持する要請がはたらくため，生じた事情，行政庁の介入の目的，相手方の有責性の有無・程度，相手方や第三者が被る不利益や影響，代償措置の可能性の有無などを比較衡量し，撤回によりCが被る不利益を上回る必要性が認められる場合にかぎり，比例原則に反しないで撤回が認められると考えられる。

(3)　これらを比較すると，撤回制限の法理により裁量権の逸脱・濫用が主張できるという利点がある。

3　設問2(1)について

「両方の規定の文言及び趣旨を比較して」という要求に応える必要がある。また，根拠条文は要件と効果を定めているから，主張の利点については，A県にとって処分要件が有利か，不許可処分をしたいA県にとっていずれが違法となりにくいかという視点で分析できるとよいと思われる。

1　法39条2項に従って判断する法律論について

法39条2項は，「漁港の保全に著しく支障を与えるものでない限り」，「許可をしなければならない」と規定する。法の趣旨は，国民生活の安定，国民経済の発展への寄与，漁村の振興にあり（法1条），このような法の趣旨を達成するために，原則として漁港が有効に占用されることを許可すべきものであり，「漁港の保全に著しく支障を与える」場合には例外的に不許可としうるという条文構造になっているといえよう。これを前提とすれば，効果裁量は認められず，要件裁量は狭い，あるいは認められないということができ，不許可処分は違法になりやすいといえよう。

2　地方自治法238条の4第7項に従って判断する法律論について

地方自治法238条の4第7項は，「その用途又は目的を妨げない限度」で「許可することができる」と定めている。行政財産とは，普通地方公共団体が公用または公共用に供し，または供することを決定した財産である（地方自治法238条4項）。行政財産は，公に供されることで市民のだれもが自由に使用できるものであり，特定の者が排他的・独占的に占用することは想定されていないといえる。すなわち，市民による自由利用が原則であり，特定の者による占用は例外的だといえる。これをふまえると，条文の文言，独占的な地位を例外的に与えること，多様な利害関係を調整する視点の必要性などから，要件裁量，効果裁量ともに，広範に認められているということができよう。そうすると，裁量権の行使の結果として不許可処分をすることも認められやすく，不許可処分は適法となりやすいといえる。

3　以上から，A県側の主張のほうが適法となりやすいという利点があるとの結論が導けよう。

4　設問2(2)について

A県の法律論は，①占用許可の判断にあたって法39条2項が適用されるのは，法1条の定める法の目的を促進する場合にかぎられる，②Cによる本件敷地の占用は，法1条の目的を促進しないため，地方自治法238条の4第7項によって判断されるという2つに分解される。したがって，A県の主張の当否を検討するにあたっては，それぞれが認められるかを検討すると考えやすいだろう。

1　法39条2項の適用される場面について

問題文において，B漁港は，A県の行政財産であると指摘されている。これを手掛かりにすれば，法で規律されるのは，行政財産のうち漁港という一部の行政財産であると考えられる。そうすると，地方自治法と法は，一般法と特別法の関係にあると考えられる。したがって，法の目的を促進するときにかぎり特別法である法が適用され，そのような関係が認められない場合には，一般法に立ち返り，地方自治法が適用される関係にあると説明することができよう。

このように考えれば，A県の主張①は認められると結論づけることができる。

2　Cによる本件敷地の占用に関する具体的検討について

上記A県の主張が正当だと考えれば，国民生活の安定，国民経済の発展への寄与，漁村の振興という法1条の目的を促進するか否かを検討することになる。Cは現在，一般利用者のみをターゲットに飲食店の営業を行っている。本件事業が漁港漁業整備事業（法1条）や，特定漁港漁場整備事業（法39条2項）にあたらないことから，観光客誘致は漁村の振興を促進しないとして，A県の主張は認められると論じられるだろう。他方，本件事業が観光客誘致を目的としていることもふまえ，

Cの営業は観光客増加に貢献し，B漁港を中心とする漁村の振興を促進するということもできよう。このように考えればA県の主張は認められないと結論づけることも可能だろう。答案例は前者によっている。

**【関連判例】**

最判昭和63年6月17日判時1289号39頁（判例シリーズ29事件・実子あっせん指定医師取消事件）

東京高判平成22年9月15日判タ1359号111頁

**【参考文献】**

試験対策講座4章2節⑤【2】，6章2節④【6】，6章2節⑧【2】・【3】。判例シリーズ29事件。

答案構成用紙

# 答案例

第1　設問1について
　1　行政手続法上の利点
　　⑴　本件不許可処分を，占用許可申請を拒否する処分と理解する
　　　法律論（以下「法律論①」という）によれば，本件不許可処分
　　　は申請に対する処分にあたるため，A県知事は審査基準の設定，　5
　　　公表（行政手続法5条1項，3項），理由の提示（行政手続法
　　　8条）等の手続上の義務を負う。

➡項目を立てる

➡法律論①の考え方の分析

　　⑵　これに対し，本件不許可処分を，占用許可の撤回処分と理解
　　　する法律論（以下「法律論②」という）によれば，本件不許可
　　　処分は不利益処分（行政手続法2条4号）であるため，A県知　10
　　　事は，聴聞（行政手続法13条1項1号イ），理由の提示（行政
　　　手続法14条）等の手続上の義務を負う。

➡法律論②の考え方の分析

　　⑶　よって，法律論②のほうが聴聞手続等，主張できる手続上の
　　　違法事由が増える可能性があるという利点がある。

➡法律論②の利点を論じる

　2　行政事件訴訟法上の利点　　　　　　　　　　　　　　　　　15

➡項目を立てる

　　⑴　法律論①によれば，取消訴訟（行政事件訴訟法3条2項）に
　　　より本件不許可処分を取り消したとしても，拘束力はA県知事
　　　が改めて処分をするという点にのみ及び（行政事件訴訟法33条
　　　2項），再度不許可処分がされる可能性が残る。そのため，C
　　　が本件敷地の占用許可を受けるためには，取消訴訟に併合し申　20
　　　請型義務付け訴訟（行政事件訴訟法3条6項2号）を提起し，
　　　仮の義務付けの申立て（行政事件訴訟法37条の5第1項）をす
　　　る必要がある。

➡法律論①の考え方の分析

　　⑵　これに対し，法律論②によれば，Cが上記目的を達成するに
　　　は，本件不許可処分の取消訴訟を提起し，執行停止の申立て　25
　　　（行政事件訴訟法25条2項）をすれば足りる。

➡法律論②の考え方の分析

　　⑶　よって，法律論②のほうが，訴訟要件，本案勝訴要件および
　　　仮の救済手段の申立要件がよりゆるやかな取消訴訟を提起でき
　　　るという利点がある。

➡法律論②の利点を論じる

　3　実体法上の違法事由の主張における利点　　　　　　　　　　30

➡項目を立てる

　　⑴　法39条2項は，要件が抽象的で，法1条の目的を達成するた
　　　め政策的判断が必要だから，占用許可の許否についてA県知事
　　　に裁量が認められているといえる。そのため，法律論①によれ
　　　ば，実体法上の違法事由として，A県知事の判断が裁量の逸
　　　脱・濫用であることを主張する必要がある。　　　　　　　　35

➡法律論①の考え方の分析

　　⑵　これに対し，法律論②によれば，Cは同様に裁量の逸脱・濫
　　　用を主張する必要があるが，本件不許可処分はCに本件敷地の
　　　占用を認めるという授益的処分の撤回であり，Cの信頼を害し，
　　　不利益を及ぼすことになるため，撤回によりCが受ける不利益
　　　を上回るだけの必要性が認められる場合にかぎり，撤回が認め　40
　　　られると考えるべきである。

➡法律論②の考え方の分析

　　⑶　よって，法律論②のほうが，裁量の逸脱・濫用が認められや
　　　すく，実体法上違法になりやすいという利点がある。

➡法律論②の利点を論じる

　4　よって，法律論②は，以上の点で法律論①よりCにとって利点

➡結論

があるため，Cが主張していると考えられる。 45

第2　設問2について

1　小問(1)について

(1)　法39条2項は，「許可の申請に係る行為が特定漁港漁場整備
事業の施行又は漁港の利用を著しく阻害し，その他漁港の保全
に著しく支障を与えるものでない限り」，許可を「しなければ 50
ならない」と規定しており，文言上許可をするのが原則となっ
ている。そして，法39条2項の趣旨は，行政財産の使用につい
ての一般法である地方自治法の特別法として，魚港区域内の公
共空地や水面の一部について，漁港等の整備，運営のため，水
産業の健全な発展等という法の目的（法1条）に適った利用を 55
積極的に認める点にある。

　　したがって，文言および趣旨から，法39条2項によれば，公
共空地の占用は認められやすいといえる。

→法39条2項に基づく法
律論の考え方の分析

(2)　これに対し，地方自治法238条の4第7項は，「行政財産は，
その用途又は目的を妨げない限度において」，使用を許可する 60
ことが「できる」と規定しており，文言上許可をするか否かに
ついて行政庁に広範な裁量が認められている。また，地方自治
法238条の4第7項の趣旨は，公共用財産については，住民の
共通の財産であって，住民のだれもが自由に使用できるもので
あり，一私人が排他的独占的かつ継続的な使用をすることは想 65
定されていないため，許可権者に，その許否についての広範な
裁量を認め，例外的に使用を許可した点にある。

　　したがって，文言および趣旨から，地方自治法238条の4第
7項によれば，公共空地の占用は認められにくいといえる。

→地方自治法238条の4
第7項に基づく法律論
の考え方の分析

→裁量の認定

(3)　よって，法39条2項に従って判断する法律論よりも，地方自 70
治法238条の4第7項の定める基準に従って判断する法律論の
ほうが，本件敷地の占用を認めない本件不許可処分が適法とな
りやすいという利点がある。

→法律論の対比

2　小問(2)について

(1)　前述の法39条2項と地方自治法238条の4第7項の関係およ 75
び趣旨から，どちらの基準により公共空地の占用許可を判断す
るかは，申請にかかる利用が水産業の健全な発展等という法の
目的に関連するか否かにより決すべきである。

→規範定立

(2)　これを本問についてみると，Cの経営する飲食店は，当初は
魚市場の関係者が利用しており，法の目的に関連するものであ 80
った。しかし，現在，Cは観光客などの一般利用者のみをター
ゲットとしている。そして，観光客の誘致事業は，法1条にい
う漁港漁場整備事業にも法39条2項にいう特定漁港漁場整備事
業にもあたらない。そうだとすれば，Cの申請にかかる利用は
法の目的に関連するとはいえない。 85

(3)　よって，Cの申請は，地方自治法238条の4第7項により判
断すべきであり，A県側の法律論は認められる。

→結論

以上

第1　設問1について
　1　手続の観点
　　⑴　前者の法律論では，漁港漁場整備法39条1項の許可の申請が「申請」（行政手続法（以下行手法）2条3号）に当たり，許可が申請に対する処分となるから，行政手続法第2章の手続による。後者の場合には，撤回が，「不利益処分」（行手法2条4号）に当たるから，行手法第3章の規定によることとなる。

　　⑵　後者の法律論によれば，本件撤回が，「許認可」を「取り消す」処分にあたるので，聴聞手続がなされる（行手法13条1項1号）。これによりCは，文書の閲覧（行手法18条）や主宰者による処分の説明を受けることができ（行手法20条），手厚い手続の保障が与えられる。前者の法律論では，このような事前手続はなされず，Cの手続保障として不十分である。

　　⑶　よって，後者の法律論はCにとって利益である。

　2　訴訟法的観点
　　⑴　前者の法律論による場合には，Cは直接的な救済を受けるべく義務付けの訴え（行政事件訴訟法（以下行訴法）3条6項2号，37条の3第1項2号）を提起し，営業上の損害を避けるべく，仮の義務付けの申立てをすると考えられる（行訴法37条の5第1項）。しかし，仮の義務付けでは，要件として「償うことのできない損害を避けるため」が必要であり，要件が厳格で，Cの救済が不十分となるおそれがある。

　　⑵　後者の法律論によれば，取消訴訟を提起することとなる（行訴法2条3項）。そして，仮の救済については，執行停止の申立てをすることになる（行訴法25条2項）が「重大な損害を避けるため」が要件としてあり，前者の場合よりも緩やかな要件で認められる。

　　⑶　よって，後者の法律論ではCの利益が救済されやすくなるという利益がCにとってある。

第2　設問2⑴について
　1　文言について
　　法39条2項では，「同項の許可をしなければならない」としており，漁港管理者に効果裁量を認めていないと読める。これに対して，地方自治法238条の4第7項では，「許可することができる」としており，許可するか否かを行政庁に委ねており，効果裁量を認めていると考える。これにより，後者の法律論によればAの本件処分が裁量の逸脱濫用でない限り適法となる（行訴法30条）から，後者の方がAにとって利益である。

　2　趣旨について
　　法39条2項が前述のような文言の形式を定めたのは，行政財産の使用についても，財産権（憲法29条1項）に配慮したためであると考える。そこで，原則許可，例外的に不許可という記載をしたと考える。これに対して，地方自治法238条の4第7項が原則不可（同条1項），裁量権の行使として許可の形式を定めたのは，

5

10

15

20

25

30

35

40

◁○条文に丁寧にあてはめをしている

◁○手続的な観点から後者の法律論のメリットを指摘できている

◁×申請型義務付け訴訟の場合，取消訴訟の併合提起が訴訟要件となる

◁○「償うことのできない損害」の要件が厳格であると指摘できている

◁×正しくは，「行訴法3条2項」

◁○後者の法律論による場合のメリットを端的に指摘できている

◁×実体法上の違法事由の観点から後者の法律論のメリットを検討していない
◁○条文の文言に着目して両者の比較ができている

◁○条文から趣旨を導き，問題文に丁寧に答えている

財産権の行使に配慮していないからである。そして、このように 45
考えると、同条7項の不許可に際して財産権に配慮する必要もな
いので、広範な裁量が認められ、Aの処分が適法となる可能性が
高くなるから、後者の法律論はAにとって利益である。

第3　設問2(2)について

1　法39条2項が財産権に配慮したために原則自由・例外不許可と 50
　していると考えると、法の目的（法1条）に反する使用は、財産
　権行使について配慮する必要がない（憲法29条2項参照）から、
　Aが主張するように、本件処分は地方自治法238条の4第7項の
　判断によるべきである。

2　よって、Aの法律論は認められる。 55

以上

⬅️△法の目的の具体的内
　容を示したほうがよい

⬅️○形式的に問いに答え
　ている

　本問は，漁港において公共空地の占用許可を継続的に受けてきた事業者が，引き続き占用許可を申請したところ，不許可処分を受けたという事例に即して，行政手続，行政訴訟及び行政処分の違法事由についての基本的な知識及び理解を試す趣旨の問題である。設問1では，申請拒否処分と不利益処分について行政手続法が定める規律の相違や抗告訴訟で争う場合の行政事件訴訟上の規定の相違及び授益処分の撤回の制限法理について論じること，設問2では，行政財産の目的外使用許可と行政庁の裁量についての理解を前提とした上で，行政庁が占用許可についてどのような法的基準を用いて判断するべきかを，関係規定及び関係制度の文言や趣旨並びに本件の事実関係に照らして論じることが，それぞれ求められている。

## 優秀答案における採点実感 ▌▌▌

### ① 全体

　全体として基本的事項に対する正確な理解を丁寧に説明することができている。また，本問は過去の出題と異なる出題形式であったが，この答案は条文や基本的な知識から正確に解答を導いており非常に優秀である。

　もっとも，時間不足のせいか設問2(2)の検討がやや不十分であり，この点が残念である。

### ② 設問1について

　この答案では行政手続法および行政事件訴訟法の規定を考慮しながら2つの法律論を比較しており，問いに忠実に答えている。また，ナンバリングを手続的観点，訴訟法的観点や前者の法律論，後者の法律論に分けて検討しており，非常に読みやすい答案となっている。

　申請型義務付け訴訟の場合，取消訴訟の併合提起が訴訟要件（行政事件訴訟法37条の3第3項）であるにもかかわらず，この点を落としており残念である。このような条文に載っている基本的な知識は正確におさえたうえで答案上に示すことが望ましい。

### ③ 設問2(1)について

　答案例では，前者の法律論と後者の法律論を規定の文言および趣旨を考慮しながら比較しており，どのような利点がA県側にあるのかについても問いに忠実に答えている。また，問題文の事情を満遍なく使って着実に点を取りにいこうという姿勢がうかがえる。このように未知の問題に対して，条文から考えて問いに答えるという姿勢を崩さなかったからこそ，ほかの受験生に差をつけたものと思われる。未知の問題であっても，試験の現場で条文，趣旨から考えることができたよい答案であるから，是非とも参考にしてほしい。

### ④ 設問2(2)について

　他の設問との記述に比べてバランスが悪くなっているのが非常に残念である。特に国民生活の安定，国民経済の発展への寄与，漁村の振興という法1条の具体的内容に触れていないのは印象がやや悪い。

# 論点・論証一覧

## [行政法の基本原理]
### ○法律留保の原則 第7問

法律の根拠なく公表を行うことは，法律の留保の原則に反し，違法ではないか。法律の留保の原則の及ぶ範囲が問題となる。

> この点について，行政活動のすべてについて法律の留保の原則が及び，法律の根拠が必要であると考えると，円滑な行政運営を害し妥当でない。
> そこで，円滑な行政運営と自由主義の調和の見地から，国民の権利を制限し，義務を課す侵害的な行政活動についてのみ法律の留保の原則が及び，法令の根拠が必要となると考える（侵害留保説）。
> そうすると，公表は事実を伝える非権力的な事実行為にすぎず，国民の権利を制限し義務を課すものであるとはいえないため，法律の留保の原則が及ばず，法令の根拠は必要でないとも思える。
> もっとも，公表には，①情報提供を主たる目的として行われるものと，②違反行為等に対する制裁や行政指導への不服従を理由に一定の行為を強制することを主たる目的として行われるものとがある。
> そして，②行政指導への不服従に対する制裁としてなされる場合，公表による社会的信用の失墜や経済的損失等を回避するために，国民に行政指導への服従を間接的に強制させるに等しい。
> これは，実質的に国民の権利を制限し義務を課すものといえるから，法律の留保の原則を及ぼすべきである。
> そこで，行政指導に従わない場合に，制裁を目的として公表が行われたときには，当該公表に法律の留保の原則が及び，法律の根拠が必要であると考える。

### ○法律による行政の原理と国民の信頼保護 第1問

地方公共団体が一定内容の将来にわたって継続すべき施策を変更したために私人が損害を受けた場合，地方公共団体は損害賠償をする必要があるか。

> そもそも，私人は行政計画に内在する可変性を考慮して行動すべきであり，変更による損害を受忍しなければならないのが原則である。
> そこで，国家賠償法上の違法性が認められるためには，特定の私人の信頼保護の必要性が強いことに加え，損害が受忍限度を超える場合であることが必要であると考える。
> 具体的には，①施策の決定が，単に一定内容の継続的な施策を定めるにとどまらず，特定の者に対して特定内容の活動をすることを促す個別的，具体的な勧告または勧誘を伴うものであること，②その活動が相当長期にわたる当該施策の継続を前提としてはじめてこれに投入する資金または労力に相応する効果を生じうる性質のものであること，③社会観念上看過することのできない程度の積極的損害を及ぼすこと，④地方公共団体において損害を補償するなどの代償措置を講じなかったこと，⑤代償措置なく計画変更することがやむをえない客観的事情によるのでないことが必要であると解する。

## [行政活動]
### ○行政行為の効力 第2問

行政行為が違法であることを理由として国家賠償の請求をするためには，あらかじめその行政行為の取消または無効確認の判決を得ておく必要があるか。

> そもそも，行政行為が公定力を有するとされる根拠は，立法者が取消訴訟という訴訟類型を特に設けた以上，処分になんらかの違法があるときには，もっぱらこの手続で争うことが想定されており，それ以外の訴訟類型で処分の有効性を争うことは原則としてできないと考えられるからである。
> そして，このような根拠から，公定力とは取消訴訟の排他的管轄の効果として行政行為を有効なも

のとして扱う効力にすぎず，行政行為を適法なものとする効力までは有していないといえる。

　したがって，取消訴訟以外の訴訟で当該行政行為の違法性を主張することは，行政行為の有効性を争わないかぎり，行政行為の公定力に反せず，許されると解する。

## ○取り消しうる瑕疵と無効の瑕疵の区別　　　　　　　　　　　　　　　　　　　第3問
　行政行為が無効であるといえるためには処分に重大かつ明白な瑕疵がなければならないが，明白性の要件は常に必要か。

　　そもそも，瑕疵の明白性が要求される趣旨は，行政行為の有効性に対する第三者の信頼を保護する点にある。

　　このような趣旨から，行政行為を無効とすることによって第三者の信頼を害さないのであれば，瑕疵が明白でない場合にも行政行為を無効とすることに不都合はない。

　　また，瑕疵ある行政行為によって不利益を受ける国民の救済のためには，一律に明白性の要件をみたすことを要求すべきではない。

　　そこで，第三者の信頼保護を考慮する必要がない行政処分については，瑕疵が重大であることのみをもって，行政行為を無効とすることができると解する。

## ○違法性の承継　　　　　　　　　　　　　　　　　　　　　　　　第13問，第20問
　先行行為の出訴期間経過後に，後行処分の取消訴訟において，先行処分の違法性を主張することは認められるか。違法性の承継が認められるかが問題となる。

　　そもそも，行政行為によって形成された行政上の法律関係はできるだけ早期に確定し安定を維持すべきであるから，これを妨げる違法性の承継は原則として認めるべきではない。

　　しかし，取消訴訟の排他的管轄に服する行為については，出訴期間が経過すると争うことができなくなるので，先行する行政行為の性質や，先行行為と後行行為との関係によっては，違法性の承継をいっさい認めないこととするのは国民の権利保護の観点から合理的でない場合もある。

　　そこで，①連続する複数の行為が結合して1つの法効果の発生をめざしており，②先行処分の段階で処分を争う手続保障が十分に与えられていない場合には，違法性の承継が認められると解する。

## ○撤回　　　　　　　　　　　　　　　　　　　　　　　　　　　　　　　　　第4問
　法律の根拠なく許認可等を撤回することは，法律による行政の原理に反し許されないのではないか。

　　この点について，許認可等を与えられた者が，当該許認可等を付与した趣旨に抵触する違法行為を行った場合には，撤回を許す旨の法律の規定がなくとも撤回が可能であると解する。

　　なぜなら，行政の公益適合性の回復の必要があるからである。

　　もっとも，授益的処分の撤回は，処分の相手方に不利益をきたすことになる。

　　そこで，相手方の帰責性，撤回されようとする行政処分の性質等に照らし，当該行政行為の撤回により相手方が被る不利益を考慮しても，なお撤回すべき公益上の必要性が高いと認められる場合でなければ，撤回は違法になると解する。

## ○行政裁量(1)　　　　　　第5問，第21問，第22問，第23問，第27問，第28問，第30問
　いかなる場合に行政庁に裁量が認められるか。

　　行政庁の裁量権の有無は，法令の文言，行政機関が行う判断の性質を考慮して判断すべきであると解する。

## ○行政裁量(2)　　　　　　　　第5問，第21問，第22問，第23問，第27問，第28問，第30問

いかなる場合に行政庁の判断に裁量権の逸脱・濫用が認められるか。

> そもそも，複雑な過程を経て形成された行政判断の適否の審査にあたっては，判断結果だけではなく，判断過程についても審査を加えるべきである。
> そこで，行政庁の判断の結果および過程が，重要な事実の基礎を欠くかまたは社会通念上著しく妥当性を欠く場合に，裁量権の逸脱・濫用があるとして違法となると解する。

## ○行政指導(1)　　　　　　　　　　　　　　　　　　　　　　　　第6問，第31問

いかなる場合に「当該行政指導に従う意思がない旨を表明した」（行政手続法33条）といえるか。「当該行政指導に従う意思がない旨を表明した」の意義が問題となる。

> そもそも，行政指導の本質は相手方の拒否，反発を説得することにあるので，相手方が単に不服従の意思を示すだけで行政指導が許されないとすると，行政指導の機能が果たされないことになる。
> そこで，「当該行政指導に従う意思がない旨を表明した」とは，確固たる不服従の意思が明確化した場合，つまり，相手方が行政指導には応じられないとの意思を真摯かつ明確に表明しているような場合をいうものと解する。

## ○行政指導(2)　　　　　　　　　　　　　　　　　　　　　　　　第6問，第31問

申請に対する留保は「行政指導を継続すること等により当該申請者の権利の行使を妨げ」（行政手続法33条）た場合といえるか。「行政指導を継続すること等により当該申請者の権利の行使を妨げる」の意義が問題となる。

> そもそも，申請に対する留保は，それによって申請者の申請権の行使を妨げているので，原則として，「行政指導を継続すること等により当該申請者の権利の行使を妨げるようなこと」にあたる。
> もっとも，当該行政指導に対する申請者の不協力が，当該申請者が受ける不利益と行政指導の目的とする公益上の必要性とを比較衡量して，行政指導に対する不服従が社会通念上正義の観念に反するといえるような特段の事情がある場合には，上記要件にあたらないと解する。

## [行政活動の手続的統制]
## ○理由の提示(1)　　　　　　　　　　　　　　　　　　第8問，第23問，第28問

不利益処分については理由が同時に提示されるのが原則であるが（行政手続法14条1項本文），いかなる程度の理由の提示が必要かが問題となる。

> 理由提示が求められる趣旨は，行政庁の恣意抑制，国民の不服申立ての便宜にあるから，十分な理由提示か否かは，いかなる事実，法規により当該処分がされたかを，処分の相手方において当該記載自体から了知できるか否かによって判断すべきである。

## ○理由の提示(2)　　　　　　　　　　　　　　　　　　第8問，第23問，第28問

不利益処分については理由が同時に提示されるのが原則であるが（行政手続法14条1項本文），いかなる程度の理由の提示が必要かが問題となる。

> 行政処分において理由の提示が要求される趣旨は，行政庁の判断の慎重と公正を担保して恣意を抑制するとともに，不利益処分の理由を被処分者に対し明示することにより争訟の便宜を与えることにある。
> そこで，①根拠法令の規定内容，②処分基準の存否，内容，公表の有無，③処分の性質，内容，④原因となる事実関係の内容等を総合考慮し，上記趣旨を実質的に確保できる程度の理由の提示が必要だと考える。

## ○手続の瑕疵と行政処分の効力
第8問，第23問，第28問

処分の手続に瑕疵がある場合に，それが処分の取消事由になるかが問題となる。

> 　手続は実体的に正しい処分を生みだすための手段にすぎないと考えれば，手続の瑕疵が処分の取消事由になるかは，手続が結果に対して及ぼす影響を考慮して決せられることになる。
> 　しかし，行政手続法が，適正な行政手続を構成するための重要な要素として，①意見聴取手続，②理由の提示，③文書閲覧，④基準の設定・公表という4本柱を明確に掲げたことを考えると，少なくともこれらの要素に関しては，適正手続によってのみ処分を受けるという意味での手続的権利が国民に保障されていると考えるべきである。
> 　そこで，聴聞を欠くことや十分な程度の理由の提示を欠くことは，権利侵害として当然に，処分の取消事由になる。

## ［行政争訟法］
## ○処分性
第9問，第10問，第20問，第24問，第26問，第27問，第29問，第30問

抗告訴訟の対象となる「処分」（行政事件訴訟法3条2項）の意義が問題となる。

> 　「処分」とは，公権力の主体たる国または公共団体が行う行為のうち，その行為によって，直接国民の権利義務を形成しまたはその範囲を確定することが法律上認められているものをいう。
> 　具体的には，①公権力性，②直接具体的法効果性により判断する。

## ○原告適格
第11問，第12問，第16問，第25問，第29問，第31問

処分の取消訴訟の原告適格が認められるのは，当該処分の取消しを求めるにつき「法律上の利益」を有する者である（行政事件訴訟法9条1項）。そこで，「法律上の利益」の意義が問題となる。

> 　「法律上の利益」を有する者とは，当該処分により自己の権利もしくは法律上保護された利益を侵害され，または必然的に侵害されるおそれのある者をいう。
> 　そして，当該処分を定めた行政法規が，不特定多数者の具体的利益をもっぱら一般的公益のなかに吸収解消させるにとどめず，それが帰属する個々人の個別的利益としてもこれを保護すべきものとする趣旨を含むと解される場合には，このような利益もここにいう法律上保護された利益にあたると解する。

## ○狭義の訴えの利益
第13問，第17問，第28問

訴えの利益（行政事件訴訟法9条1項括弧書）がなければ，訴えは却下されるところ，訴えの利益の判断基準が問題となる。

> 　訴えの利益の有無は，処分が判決時において判決によって除去されるべき法的効果を有しているか否か，処分を取り消すことで回復されうる権利利益が存在するか否かという観点から判断される。

## ○執行停止
第14問

執行停止の申立ては「重大な損害を避けるため」（行政事件訴訟法25条2項）に行われる必要があるところ，その判断基準が問題となる。

> 　「重大な損害」の有無は行政事件訴訟法25条3項の規定に照らして検討する。その際には，本要件の趣旨が，被処分者の権利保護（損害の性質・程度）と，執行停止による公共の福祉や申立人以外の者に与える影響（処分の内容・性質）を比較衡量して，執行停止をすることが適切かを判断する点にあることから，その観点から判断する。

## ○無効等確認訴訟
第17問

「現在の法律関係に関する訴えによつて目的を達することができない」(行政事件訴訟法36条)の意義が問題となる。

> 無効確認訴訟は時機に後れた取消訴訟であるが，取消訴訟には，原状回復機能のほかに，差止め・再度考慮・法律関係の合一確定という，現在の法律関係に関する訴えでは達成困難な機能もある。そうすると，原告が，これらの機能に期待して無効確認訴訟を提起した場合にも，訴えの利益を認めるべきである。
>
> そこで，「現在の法律関係に関する訴えによつて目的を達することができない」場合とは，当該処分に基づいて生ずる法律関係に関し，処分の無効を前提とする当事者訴訟・民事訴訟では，その処分のため被っている不利益を排除することができない場合はもとより，当該処分の無効を前提とする当事者訴訟または民事訴訟と比較し，当該処分の無効確認を求める訴えのほうがより直截的で適切な争訟形態であるとみるべき場合をも意味すると解する。

## ○仮の義務付け訴訟
第15問

仮の義務付けの申立ては「償うことのできない損害」(行政事件訴訟法37条の5第1項)を避けるために行われる必要があるところ，その意義が問題となる。

> 「償うことのできない損害」とは，金銭賠償による損害回復が不可能または社会通念上著しく不合理と評価される損害をいう。

## ○実質的当事者訴訟
第9問

実質的当事者訴訟(行政事件訴訟法4条後段)として確認訴訟を提起するためには，確認の利益が認められることが必要であるところ，いかなる場合に確認の利益は認められるかが問題となる。

> そもそも，確認の対象は，論理的には無限定であるため，紛争解決にとって無益な確認の訴えを排除する必要がある。
>
> そして，確認の利益の有無は，①即時確定の利益，②確認対象選択の適否，③確認訴訟という方法選択の適否を基準に判断される。

## [国家補償法]
## ○国家賠償法1条(1)
第19問

国家賠償法の適用を受ける不法行為について加害公務員も直接責任を負うか。国家賠償法が加害公務員の個人責任について規定していないことから問題となる。

> そもそも，公務員に個人責任を認めると，公務員を委縮させ，公務の適正な執行を妨げるおそれがある。また，国が賠償責任を負担すれば，被害者に対する救済としては十分である。
>
> したがって，公務員個人は直接責任を負わないと解する。
>
> このように解しても，被害者の報復感情の満足や違法行為の抑止については，国による求償や懲戒処分，刑事責任の追及によっても目的を達成することができるので問題ないといえる。

## ○国家賠償法1条(2)
第18問

「公権力の行使」(国家賠償法1条1項)の意義が問題となる。

> 「公権力の行使」とは，国または公共団体の作用のうち，純粋な私経済作用と国家賠償法2条によって救済される営造物の設置または管理作用を除くすべての作用と考える。

## ○国家賠償法１条⑶

「過失」（国家賠償法１条１項）の意義が問題となる。

> そもそも，「過失」とは，被害者救済の観点から，客観的な注意義務違反をいうと解する。
> そして，結果発生についての予見可能性と結果回避可能性があったにもかかわらず，結果回避義務を尽くさなかった場合に注意義務違反があり，「過失」が認められると解する。

## ○国家賠償法１条⑷

「違法」（国家賠償法１条１項）の意義が問題となる。

> そもそも，違法性の判断基準として行政活動の法規範適合性が重要であるので行為に着目すべきである。
> そして，行政事件訴訟と国家賠償請求訴訟とは制度趣旨を異にしており，それらの訴訟における違法性は別個に判断されると考えられる。
> そこで，「違法」とは，職務上通常尽くすべき注意義務を尽くさなかったことをいうと解する。

## ○国家賠償法１条⑸

いかなる場合に規制権限の不行使が「違法」（国家賠償法１条１項）となるかが問題となる。

> 行政庁による規制権限の不行使は，その権限を定めた法令の趣旨・目的や，権限の性質等に照らし，具体的事情のもとにおいて，不行使が許容される限度を逸脱して著しく合理性を欠くと認められる場合に，国家賠償法１条１項の適用上，違法となると解する。
> 具体的な考慮要素としては，被侵害法益の重要性，予見可能性の存在，結果回避可能性の存在，期待可能性の存在といった要素を総合考慮すべきと解する。

## ○国家賠償法２条

「瑕疵」（国家賠償法２条１項）の意義が問題となる。

> 「瑕疵」とは，営造物が通常有すべき安全性を欠き，他人に危害を及ぼす危険性のある状態をいい，この危険性の有無は当該営造物の構造，用法，場所的環境および利用状況等，諸般の事情を考慮して判断する。

♠伊藤　真（いとう　まこと）

　1958年東京で生まれる。1981年，大学在学中に1年半の受験勉強で司法試験に短期合格。同時に，司法試験受験指導を開始する。1982年，東京大学法学部卒業，司法研修所入所。1984年に弁護士登録。弁護士としての活動とともに，受験指導を続け，法律の体系や全体構造を重視した学習方法を構築する。短期合格者の輩出数，全国ナンバー1の実績を不動のものとする。

　1995年，憲法の理念をできるだけ多くの人々に伝えたいとの思いのもとに，15年間培った受験指導のキャリアを生かし，伊藤メソッドの司法試験塾をスタートする。現在は，予備試験を含む司法試験や法科大学院入試のみならず，法律科目のある資格試験や公務員をめざす人たちの受験指導のため，毎日白熱した講義を行いつつ，「一人一票実現国民会議」および「安保法制違憲訴訟の会」の発起人となり，社会的問題にも積極的に取り組んでいる。

　「伊藤真試験対策講座〔全15巻〕」（弘文堂刊）は，伊藤メソッドを駆使した本格的テキストとして受験生のみならず多くの読者に愛用されている。他に，「伊藤真ファーストラックシリーズ〔全7巻〕」「伊藤真の判例シリーズ〔全7巻〕」「伊藤真新ステップアップシリーズ〔全6巻〕」「伊藤真実務法律基礎講座」など読者のニーズにあわせたシリーズを刊行中である。
（一人一票実現国民会議 URL：https://www2.ippyo.org/）

伊藤塾
〒150-0031　東京都渋谷区桜丘町17-5　03(3780)1717
https://www.itojuku.co.jp

行政法［第2版］【伊藤塾試験対策問題集：予備試験論文⑧】

2017(平成29)年10月30日　初　版1刷発行
2021(令和3)年12月15日　第2版1刷発行

監修者　伊藤　真
発行者　鯉渕友南
発行所　株式会社　弘文堂　　101-0062　東京都千代田区神田駿河台1の7
　　　　　　　　　　　　　　TEL 03(3294)4801　　振替 00120-6-53909
　　　　　　　　　　　　　　https://www.koubundou.co.jp

装　丁　笠井亞子
印　刷　三美印刷
製　本　井上製本所

ISBN978-4-335-30429-3

# 伊藤真試験対策講座

論点ブロックカード・フローチャートなど司法試験受験界を一新する勉強法を次々と考案し、導入した伊藤真が、全国の受験生・法学部生・法科大学院生に贈る、初めての本格的な書き下ろしテキスト。伊藤メソッドによる「現代版基本書」！

- ●論点ブロックカードで、答案の書き方が学べる。
- ●フローチャートで、論理の流れがつかめる。
- ●図表・2色刷りによるビジュアル化。
- ●試験に必要な重要論点をすべて網羅。
- ●短期集中学習のための効率的な勉強法を満載。
- ●司法試験をはじめ公務員試験、公認会計士試験、司法書士試験に、そして、大学の期末試験対策にも最適。

弘文堂

＊価格（税別）は2021年11月現在

# 伊藤真の判例シリーズ

厳選された重要判例の読み方・学び方を、伊藤メソッドを駆使して伝授！
各判例は、論点と結論、事実、裁判の経緯、判決の流れ、学習のポイント、
判決要旨、伊藤真のワンポイント・レッスン、等の順にわかりやすく解説。
試験に役立つ学習書に徹した伊藤真による初めての判例ガイド、誕生！

| | |
|---|---|
| 憲法[第2版] | 3800円 |
| 民法[第2版] | 3500円 |
| 刑法[第2版] | 3500円 |
| 行政法[第2版] | 3800円 |
| 刑事訴訟法 | 3800円 |
| 民事訴訟法 | 3500円 |
| 商法 | 3500円 |

# 伊藤真の条文シリーズ

法律の学習は、条文に始まり条文に終わる！　基本六法を条文ごとにわかり
やすく説明する逐条解説シリーズ。条文の意味・趣旨、解釈上の重要論点、
要旨付きの関連判例をコンパクトに整理。「事項索引」「判例索引」の他に、「条
文用語索引」で検索機能も充実。基礎的な勉強に、受験に、そして実務でも
役立つ伊藤メソッドによるスーパー六法。

| | |
|---|---|
| 民法Ⅰ【総則・物権】 | 3200円 |
| 民法Ⅱ【債権・親族・相続】 | 3200円 |
| 商法・手形法小切手法 | 2700円 |
| 憲法 | 3000円 |
| 刑法 | 3300円 |
| 民事訴訟法 | 2800円 |
| 刑事訴訟法 | 3100円 |

# 伊藤真の全条解説 会社法

平成26年改正をふまえた会社法の全条文をオールマイティにわかりやすく解説。
全ての条文に、制度趣旨、定義、口語訳、論点、関連判例、重要度ランク、
過去問番号が入り、さらに引用条文・読替条文の内容をダイレクトに付記。
実務書として学習書として、安心して利用できる便利なコンメンタール。6400円

## 弘文堂

＊価格（税別）は2021年11月現在

# 伊藤塾呉明植基礎本シリーズ

愛弟子の呉明植が「伊藤真試験対策講座」の姉妹シリーズを刊行した。切れ味鋭い講義と同様に、必要なことに絞った内容で分かりやすい。どんな試験でも通用する盤石な基礎を固めるには最適である。　　　　伊藤塾塾長　**伊藤　真**

▶どこへいっても通用する盤石な基礎を固める入門書
▶必要不可欠かつ必要十分な法的常識が身につく
▶各種資格試験対策として必要となる論点をすべて網羅
▶一貫して判例・通説の立場で解説
▶シンプルでわかりやすい記述
▶つまずきやすいポイントをライブ講義感覚でやさしく詳説
▶書き下ろし論証パターンを巻末に掲載
▶書くためのトレーニングもできる
▶論点・項目の重要度がわかるランク付け
▶初学者および学習上の壁にぶつかっている中級者に最適

弘文堂　　　　　＊価格(税別)は2021年11月現在

# 伊藤真実務法律基礎講座

伊藤メソッドで実務法律を学ぼう！「伊藤真試験対策講座」の実務法律版。
実務に役立つ各法律の全体像とどうしても知っておきたい基礎知識を短時間
でマスターできるコンパクトなテキスト。実務に必要な重要論点・法律問題
をピックアップし、法的問題に取り組むための基本的な考え方を示す通説・
判例をすっきり整理。実務で起こる具体的な紛争を解決するための基礎力が
身につく、実務法律を初めて学ぶ人に最適のシリーズ！

- ➲「伊藤真試験対策講座」の実務法律版。
- ➲ 実務法律を初心者にもわかりやすく解説。
- ➲ 実務で起こる様々な紛争を解決するための基礎力を養成。
- ➲ 実務法律の全体像を短時間でマスター可能。
- ➲ 実務に必要な基礎知識を網羅。
- ➲ 図表の多用・2色刷によるビジュアルな構成。
- ➲ 具体的な事例と判例を重視した内容。
- ➲ 各種試験を突破して実務の世界にいままさに入ろうとしている人、
  実務家として走り出したばかりの人、
  企業の法務部や現場で実務法律と格闘しているビジネスパーソン、
  さらに、各種資格試験のみならず大学の学部試験対策にも最適。

| | |
|---|---|
| 労働法［第4版］ | 2400円 |
| 倒産法［第2版］ | 2100円 |
| 知的財産法［第5版］ | 2000円 |
| 国際私法［第3版］ | 2200円 |
| 民事執行法・民事保全法 | 2500円 |
| 経済法［第2版］ | 2100円 |
| 国際公法 | 2200円 |

（以下、随時続刊）

**弘文堂**

＊価格（税別）は2021年11月現在

# 伊藤塾試験対策問題集

## ●予備試験論文

伊藤塾が満を持して予備試験受験生に贈る予備試験対策問題集！
過去問と伊藤塾オリジナル問題を使って、合格への最短コースを示します。
合格者の「思考過程」、答案作成のノウハウ、復習用の「答案構成」や「論証」など工夫満載。出題必須論点を網羅し、この1冊で論文対策は完成。

| | | | | | |
|---|---|---|---|---|---|
| 1 | 刑事実務基礎 | 2800円 | 6 | 民法[第2版] | 2800円 |
| 2 | 民事実務基礎[第2版] | 3200円 | 7 | 商法[第2版] | 2800円 |
| 3 | 民事訴訟法[第2版] | 2800円 | 8 | 行政法[第2版] | 2900円 |
| 4 | 刑事訴訟法[第2版] | 2800円 | 9 | 憲法 | 2800円 |
| 5 | 刑法[第2版] | 2800円 | | | |

## ●論文

司法試験対策に最適のあてはめ練習ができる好評の定番問題集！
どんな試験においても、合格に要求される能力に変わりはありません。問題を把握し、条文を出発点として、趣旨から規範を導き、具体的事実に基づいてあてはめをし、問題の解決を図ること。伊藤塾オリジナル問題で合格に必要な能力を丁寧に養います。

| | | | | | |
|---|---|---|---|---|---|
| 1 | 刑事訴訟法 | 3200円 | 4 | 憲法 | 3200円 |
| 2 | 刑法 | 3000円 | 7 | 行政法 | 3200円 |

## ●短答

短答式試験合格に必須の基本的知識がこの1冊で体系的に修得できる！
伊藤塾オリジナル問題から厳選した正答率の高い良問を繰り返し解き、完璧にマスターすれば、全範囲の正確で確実な知識が身につく短答問題集です。

| | | | | | |
|---|---|---|---|---|---|
| 1 | 憲法 | 2800円 | 4 | 商法 | 3000円 |
| 2 | 民法 | 3000円 | 5 | 民事訴訟法 | 3300円 |
| 3 | 刑法 | 2900円 | | | |

# 新 伊藤塾試験対策問題集

## ●論文

合格答案作成ビギナーにもわかりやすい記述試験対策問題集！
テキストや基本書で得た知識を、どのように答案に表現すればよいかを伝授します。
法的三段論法のテクニックが自然に身につく、最新の法改正に完全対応の新シリーズ。
「伊藤塾試験対策講座」の実践篇として、効率よく底力をつけるための論文問題集です。

| | | | | | |
|---|---|---|---|---|---|
| 1 | 民法 | 2800円 | 3 | 民事訴訟法 | 2900円 |
| 2 | 商法 | 2700円 | | | |

弘 文 堂

＊価格（税別）は 2021年11月現在